U1070151

为了人与书的相遇

THE ANALECTS OF CONFUCIUS

论语

英译及评注

[美]金安平 译注　评注 鄢秀 译

广西师范大学出版社
· 桂林 ·

THE ANALECTS
Copyright © 2014, Annping Chin
Simplified Chinese edition copyright:
2019 Beijing Imaginist Time Culture Co., Ltd.
All rights reserved

图书在版编目(CIP)数据

论语英译及评注：汉、英 / (美) 金安平译注，鄢秀译.
—桂林：广西师范大学出版社，2019. 6

ISBN 978-7-5598-1778-5

Ⅰ. ①论… Ⅱ. ①金… ②鄢… Ⅲ. ①儒家②《论语》－注释－汉、英
Ⅳ. ①B222.2

中国版本图书馆CIP数据核字(2019)第088482号

广西师范大学出版社出版发行

广西桂林市五里店路 9 号　邮政编码：541004
网址：www.bbtpress.com

出 版 人：张艺兵
全国新华书店经销
发行热线：010-64284815
山东鸿君杰文化发展有限公司印刷

开本：1230mm × 880mm　1/32
印张：14.875　字数：347千字
2019年6月第1版　2019年6月第1次印刷
定价：78.00元

如发现印装质量问题，影响阅读，请与出版社发行部门联系调换。

自 序

《论语》是中国历史上独一无二最重要的一部书。但对于不明就里的人来说，实在很难理解，因为书中的主角孔子，经常是在应答，在作评论，或是仅仅在独白。《论语》说，孔子“述而不作”，不自以为是(“毋我”)。他的方式很个人化,因此即使一个普通人(“鄙夫”)问他问题，他也要“叩其两端而竭焉”。

在蒙田（Montaigne）散文英译的导言中，唐纳德·弗雷姆（Donald Frame）告诉我们：“蒙田不易界定……然而这一难题正好指向了答案：书即是人。”或许孔子与《论语》也是如此。但《论语》不是孔子自己写下的著作，只是他说的话。以后世的角度来看，这是孔子将自己呈现给世界的面貌，虽然这并非他的本意，因为这本书是他的弟子及再传弟子们辑录而成的。那么这本书怎么会成为过去两千五百年来中国历史上学者、思想家、统治者、参与决策者，乃至几乎任何人援引的焦点呢？孔子的声音怎么就变成了中国人权威的依据？人们或许会说，是因为努力和机遇的结合。

就在公元前 479 年他故去之后几年间，关于孔子学说的各种诠释，有助于他的声名与思想留存世间。在接下来的两百年里，两位追随者，孟子和荀子，以不同取向发展他的学说，从自身到社会乃至自然，涵盖面颇广。他们探讨人的天性、公私职责，公正与误导的判断，还有许多人生中难解的道德疑惑，像是远远超出孔子提出的问题，但在他们的时代世界已经改变。人们要求才学之士发挥更大的作用，因为人际关系与个人和政府的关系出现了更多变数。更多学派竞相登场，孟子和荀子对不同学说绝非袖手而观。他们自然得做好准备，与当时思想最敏锐的人论战。但更重要的是，他们也不断满足自身对知识的渴求。经过他们的努力，孔子的名声与地位提高了。

公元前二世纪中国统一之后，得到汉代皇家的赞助，孔子在政治制度中有了长远的地位。官僚体制、法律、教育、社会机构以及礼仪实践所依据的原则，全都受到孔子思想和信念的影响。但这并不意味着孔子学说未经过低谷时期。最长的一段，历时近七百年，从六朝（220—589）初期到唐朝（618—907）末年，中国人着迷于外来的佛教，之后又将佛教塑造得犹如中国人自己的宗教。宋朝（960—1279）初年开始，中国人应对丧失文化特色的威胁，感到必须恢复儒家思想。这场运动渐渐展开，到宋朝末年几乎一切都笼罩在新儒学之中：从深奥的理论到实际事物，从形而上学到修身养性，从学术研究到学习和教育，从官员遴选到施政原则。

到了元朝（1279—1368），儒学顾问们说服蒙古裔的统治者，收紧科举考试的重点，集中在四书及朝廷认可的注疏。《论语》是四书之一。在这个社会里，大多数人以科考成功，取得官职为提高社会地位之道。这就意味着，《论语》，连同其他三本相关文本，成了莘莘学子必读之书。这些满怀希望的考生自小就要将书背熟，而且几乎每日都要复习。假以时日，这本书就会帮他们形成世界观，甚至帮他们找到道德支撑。但是有关《论语》的故事并未到此为止。如果说宋朝儒学复兴缘自外来宗教的竞争，那么传统内部关于如何解读《论语》的分歧，使得这部书历久弥新，也使得儒家的创始者直到今日仍然生机勃发，与我们息息相关。

不过，大多数的英文翻译却不能反映出解读《论语》的丰富传统，反而独钟一种解释，就是十二世纪朱熹的注释。经过五百年朝廷支持的朱注已经标准化了，也是科举考试唯一接受的诠释。我的译本采取不同方式。我仰仗过去三百年的学者——他们把研究置于意识形态之上，向我展示了争鸣性的诠释，以及如何理解一字、一句、一段的各种可能。我的翻译是考虑了摆在面前的纷纭众说之后才做的选择。我当然希望能够恢复孔子话语中的模棱与精微之处，而这在相信一种声音、一种观点的情形下通常是要失去的。

本书导言简略地介绍了孔子的生平，以及该如何读《论语》这本书。我也解释了为什么需要传统注疏来读懂这本书，并说明我如何尝试处理过去两千年经学的大量知识信息。在本书的英译本中我还列有中国历代年表。

译文中极少的篇章中有前言概要，因为书中任何特定部分，通常并没有总纲来贯穿。因此，除非有很好的理由，我都不提供概要，避免造成阅读障碍与限制或引人误入歧途。人名与术语的汇释恐怕也会面临同样的风险。我的方法是，专名在第一次出现的时候，在注疏中做详细的描述，再次出现时就加注。我在表述的同时设想像子贡或子路这样一个弟子的性格，设想孔子说的“仁”或“命”究竟是什么意思。我希望读者读到书尾，可以自己对某人或某个思想概念得到结论。不过我在附录 1 中仍然把《论语》内出现的孔门弟子和历史人物做了索引；附录 2 中做了术语与议题的索引；附录 3 也将评注中引用的中国学者和思想家做了索引。此外，英译本中还附上了《论语》原文，因为越来越多的西方读者对此表示兴趣。同时一部由注释（作为专项学科，也通过翻译呈现）主导的著作更是理当如此。

像《论语》这么古老的书，自然有很多问题留存下来，关于它的起源与发展，关于这部著作在成书之前的早期编撰情况等。考古界发现了一部公元前一世纪上半叶的版本——1973 年在河北省定州汉朝贵族墓中发现的竹简，但状况极差。多年前盗墓者失手的残迹显示，墓中失火，烧毁了一半以上的竹简，剩下的也损坏严重。学者们花了二十年时间的录写，出版了定州本《论语》。将此版本与传世本比较，我们注意到一些语助词、用字、分段的差异，但基本无大分别，不会改变我们对标准本的看法。

自从定州本发现之后，更多出土的文献重见天日。有些是汉代头一百年的，还有公元前 300 年或更早，属于战国时代的。上海博物馆收藏的四十五种战国简中，有八种里面出现了孔子，大部分都是他跟弟子和政治人物的对话。这些发现增加了我们对孔子及其世界的了解，也丰富了我对《论语》的思考。但对于《论语》成书的问题，还有待更多的证据出现之后才能解答。然而研究方法已经有所修正。过去广泛接受的观点是，像《论语》或《老子》这样历史久远的著作，在固定成书之前，一定是从单一的母本线性发展而来。但越来越多的学者开始放弃这个理论，因为出土材料，尤其是《老子》的相关资料表明，在一开始就有多条线头交互影响。这对于《论语》而言，意味着追本溯源比我们原先想的更加困难，只不过有相当机会找到更多的早期样本。同时，我们从眼下这本书里还有很多需要吸取的。

导　言

金安平

我成年后大部分时间都在钻研《论语》这部书，尤以前十年为甚，简直为之痴迷。一路走来，艰辛程度未尝稍减，但研究也给我带来从未减弱的快乐。求之愈殷，《论语》文意就愈丰富，愈给予我知识。《论语》如是，孔子亦如是。我加倍努力追寻，夫子的言行风貌也越来越清晰地展现。这正是我一直以来渴望的。我要找寻的孔子不是抽象的概念，他能思能言，以人的各种本能应对世事，而且明白自己的局限。在我与《论语》长期相处之中，有些更重要的事情发生了。似乎这本书蜕去了早期作为研究对象的性质，读着它，我深深地沉浸入自己的生活。对于生命周遭，有了更敏锐的感受：家庭、朋友、学生、家国政治、童年的记忆、对父母的记忆。

十八世纪的学者程瑶田这样说过："吾学其文而有获，不啻亲炙焉，而诏我以语之，呼我以喻之也。不啻相依焉，而骊我以举之，掖我以回之也。"《论语》即属于这一种文类，然几无可以入门之处。即使是最用功的初学者，也难得窥门径，但却并非由于语言深奥难懂。《论语》不是奥义知识的集结，而是一部记录孔夫子生活和教书的著作。它是吉光片羽——点点滴滴记载了孔夫子与门徒及其他人的谈话，或是对同代人或前人所做的评论。这些片段虽然串在一起以篇章方式呈现，却时常是孤立而不连贯的。这也是为什么这部书难以入门的原因之一。人名是另一个问题。书中人名很多，却极少解释这些人是谁，仅在偶然情况下会告诉我们为什么提到某人，为什么一段对话会发生。过去两千年里，注疏堆积成山，目的是帮助我们理解这些意义模糊的篇章，解释谜团。但光光是这些文献的重量和体积，就能把读者压垮。我想就此做些说明，呈现新的翻译和注疏，反映出千百年来的学术研究，避免繁重。我希望带着读者穿越这些篇章，又不会让他们半途退出。第十四章中的一个例子可以帮助说明这一点：

> 14.44 阙党童子将命。或问之曰："益者与？"子曰："吾见其居于位也，见其与先生并行也。非求益者也，欲速成者也。"

"益"和"成"二字，对我们理解孔子如何评价这个男孩十分关键。但是孔子宣布该男孩是"成"而非"益"之前，他说看到这孩子与长辈"居于位"，与他们"并行"。而根据当时的道德观念，这是有违礼制的。因此这个男孩在孔子眼中不可能是"求益者"，而仅是"欲速成者也"。证据是做判断的关键。孔子将此原则用于判断人的性格，后来的学者将其延伸到其他篇章的解读。思想是一致的，这也是我们弄懂这位道德思想者以及各种评注的法门。这一篇记录也表明，孔子如何仔细地观察人的行为，即使不过是一个小男孩的行为。而该男孩来自阙——孔子家乡所在地，还说明这是第一手的知识。

经解注释工作中更困难的，是寻找一个贯穿《论语》记录的线索，以呈现更宏大的故事，展现孔子思想的博大精深。如果议题关乎政治，读者可以先看第十三篇。孔子在该章中评论如何统治，谁适合统治；政治如何运作，为谁服务；何时宽松何时严厉；什么是有秩序的社会，是否该使用极刑。他对于治国之道的看法在13.3章中可以看到。该章中，他说治国必先正名，因为“名不正，则言不顺；言不顺，则事不成”。意思是说，如果政权不先正名，就无人相信政府的话，结果什么也做不成。刑罚也变成武断的决定。孔子认为，这样“则民无所措手足”。而一旦政府停止运作，政权就要败亡了。

孔子坚信要以诚信与德行治国。但他并不死板，在实际应用中允许灵活掌握，鼓励官吏们应以常识作为行动准则。13.2章里，孔子的门徒接受任命做了总管，孔子对他说，“先有司”，“赦小过”，“举贤才”。门徒问：“焉知贤才而举之？”孔子答曰：“举尔所知；尔所不知，人其舍诸？”在13.9章中孔子被问及，如若已经吸引众多人口来到国中，统治者应该先做什么？他说，“富之”，然后“教之”。

这些例子或许让人觉得务实才是孔子政治主张的驱动力，但仔细看记录，仅从第十三篇而言，就能看出，孔子即使有时让道德考量退居次位，也从未迷失方向，目标永远是为更多的人谋取更大的利益。他有时看似前后矛盾，那或许是他自言自语，反复思考问题的正反两面，寻求精准的平衡点。因此，他坚决反对将犯法之人处以极刑，无论过犯有多严重，因为他相信只有通过道德教化与示范才能使人改过自新。但他也指出，“善人为邦百年，亦可以胜残去杀矣”。从这个例子，可见他的务实也有长远的目光，即使心急达成目标，也避免采用极端的手段，因为他知道，手段极端会引发另类的残酷。

孔子就是这样解决大部分的生活难题。作为读者，你必须先领会事物的两端，才能听懂孔子谈信、仁、学、知、义、谅这些概念。追寻夫子特有的声音，会带来至大的满足。这便是我作为翻译、诠释者，为什么要专注孔子这个人，收集他生平点滴的证据，将他置于他自身的世界来理解。我希望我们都能够想像他怎么想，怎么说话，怎么反复思考问题。因此我没有将他的见解当作一套能在西方哲学传统中找到对应的概念及类别来处理。如果这部书采用那种方式来处理，那么就糟蹋了种种发现的愉悦及惊喜。

此外，孔子避免去创制理论，凭空揣测（“毋意”）。他不推测人的内在性向，也不辩论知识的本质。但他喜欢谈论诗与礼，因为诗与礼和日常言行是分不开的。他宣称，诗教与礼教能使人耳聪目明，兼有德行与礼仪的敏感。16.13 章中，孔子告诫其子，“不学诗，无以言”。他的意思是，你或许可以将一些字串在一起，但这并不等同于言说，因为这字串既没有诗句考究的音律，也没有诗歌感兴的能量。对于最早结集的《诗经》，孔子评曰：“诗，可以兴，可以观，可以群，可以怨。”他将诗中的驱动原理与在荒野里驱赶马群相比：从不偏离路径，“思无邪”。在鞭策与勒马之间取得平衡，正是学习的关键。孔子所希望的，正是以此作为人们言行举止的规范，但同时也切望将知识付诸实践。在 13.5 章中，他说：“诵《诗》三百，授之以政，不达；使于四方，不能专对；虽多，亦奚以为？”在中国古代，代表国君出使，对于东道主选来娱宾的诗歌，使者应该是深谙其中的审美意味和政治涵义的。使者还会请宫廷乐师代他吟诵他挑选的诗歌，作为回应。在这个场合的考验，就是使者是否能做到“专对”。如果他选的诗恰如其分，那他就是“不辱使命”了。这种形式的折冲樽俎，以对诗歌的知识来评估彼此的实力，在孔子出生前很久就存在了。但他从其中发现了道德层面，并在他的教学过程中进一步发扬光大。

他以同样的方式教授礼。根据最早为他立传的汉朝史家司马迁的记载，孔子儿时的游戏是：“常陈俎豆，设礼容。”（《史记 · 孔子世家》）即使没有文献记载来证明这个说法，我们也可以想象这个场景。一个早熟的孩子，注定要成就大业，怎会不对青铜重器、钟磬礼乐肃然起敬呢？孔子玩的礼器是质朴的木制品，但他一定见过祭祖的礼仪。他会受到庄严肃穆场合的吸引，一定对仪式的流畅与均衡感到满意。因此他在16.13章中对他儿子说，“不学礼，无以立”。“立”这里指的是人的行为举止。但若一个人只是为了扬名立万而“立”，就未得要领了。孔子在17.12章中说：“色厉而内荏，譬诸小人，其犹穿窬之盗也与？”如果一个人货真价实，他会希望礼带来内在变化：“人而不仁，如礼何？”达到仁，是人生命旅程的开头，也是结尾。孔子教导说，“克己复礼，为仁”。当孔子将这个理念当作政治行为的指引，就更生动形象了。他说，“出门如见大宾，使民如承大祭”。这些教导中的行动原则，是“己所不欲，勿施于人”。这样行事，责任重大，一个“内荏”之人，是做不到的。孔子——西文称Confucius，是拉丁文音译Kong fuzi（Master Kong）而来——生于公元前551年，中国历史上称为“春秋”（公元前770—前486年）的末期。他居鲁，位于中国山东。

鲁国的孔氏属于普通的士，没有世袭的资格与特权。普通的士，在周朝（公元前1046—前256年）的社会等级制度里，只比普通百姓高一个等级，可在军队或行政部门任职，因为他们受过礼、乐、射、御、书、数六艺的训练。孔子的父亲先在军中任职，其后在鲁国做地区管事（陬邑大夫）。生孔子时，他年事已高。他原婚生有九个女儿和一个足部畸形的儿子，而孔子则是健康的子嗣。但孔子出生不久他就死了，留下年轻的寡妇自谋生路。

孔子并不隐讳自己的家庭背景。他说自己因为“少也贱”，不像显赫子弟那样容易进入政府，所以他“多能鄙事”。他先在季孙氏那里做事。季氏为世袭贵族，世代为鲁国正卿，达数十年。他在季孙氏那里担任低微职务，管理仓库与厩房，从封邑总管做到鲁国政府的重要位置—— 由大司空升大司寇。

根据当时的记录，作为大司寇，孔子解决法律、治安问题十分得心应手，更出色的是处理外交事务：他知道何时显露实力，何时妥协让步，如何成功完成艰难的谈判。然而由于卷入内部政治斗争，他在鲁国的任职中断了。公元前 498 年，为了重振国君的权势，他被怀疑是摧毁世家势力的幕后主使。事败之后，连国君亦不愿支持他。孔子别无选择，只能离职，背井离乡。

他自我放逐的旅程延续了十四年之久。孔子先到鲁国西面的卫国，再往南到宋国，最后到陈、蔡之后，又兜回卫国。大部分的时间，孔子都在寻找愿意受他影响、接纳他以德治国观点的国君。他没找到，却也不肯放弃，因为他急于被“用”。他对质疑他雄心壮志的人说：“吾岂匏瓜也哉？焉能系而不食？”他如何能让他的聪明才智及与生俱来的潜能，仅仅因为前路艰难而浪费掉？我相信，这才是他这句话的真意。

孔子胆气十足地认为他能把世界变好，是因为他所处的时代，容许和他同样出身的人去实现理想。到了公元前六世纪中期，周朝已经延续了近五百年。开国奠基者制定的以家族纽带维系的分封制度，架构依旧。但从春秋时代开始，各个环节已经松动，如果不设法支撑，整体结构就会坍塌。各地诸侯都是周王的亲戚，本应是他最强的支持者，却个个野心勃勃，追逐自己的利益。到了孔子的时代，诸侯们没人关心王朝的安危，也不顾全大局。贵族阶层成员亦如是，他们曾辅佐国君治国，但如今却公然与他竞抢财富与女人。他们的怠惰与无能，使得像孔子这样原先为他们服务的人进入政府，接管行政运作。

一般的士还不能取代贵族，成为社会精英，但他们奋发图强，精明能干，可以在大多政治竞技发挥影响力。更有眼光的人还设了更高的目标：他们看准时机，引进“贤”与“尚”这样的新观念，以此挑战那些支撑旧有社会等级制度的假设。他们提出，是否应以能力与品格作为衡量人的价值；贵族阶层若无能失德，是否应该褫夺其头衔与特权。提出这些问题的人，并不只是寻求政坛上竞争的机会；他们旨在重写规则，以利于有德有才之人。这也部分解释了孔子的教义。他相信少数人的道德决心可以改善多数人的命运。但他认为，个人的操守还远不足够。好人要经受政治的考验。

给孔子以启迪、指引的人是周公，周朝开国之君的弟弟，嗣位幼主的摄政。虽然生活于异代，孔子相信他和周公想法相同——为王朝建立相互信任与承担责任的社会和谐与政治稳定，尽可能少用法律法规。但周公身属王族，孔子是职业官吏。也就是说，如果孔子没有一份政府工作，他就没有社会影响力，也没有谋生的资源。了解他四处奔走的人会想，他这么急于谋求政治职位，是否导致他高估了自己的本领，是否让名声不好的男女充当引荐人而有悖原则。批评他的人包括他的门徒——陪伴他流亡的三四个人。

孔子的门徒比他年轻得多。年轻人来自各种背景，有贵族的子嗣，普通士族的孩子，商贾、农人、工匠、罪犯以及罪犯的儿子，这些人选择跟着他学习技能，希望有朝一日觅得公职。在此过程中，他们学到了很多——君子的教养和道德意识。在孔子的心目中，这是担任公职的必要条件。对他的追随者而言，孔子是“夫子”，而他们是“徒”。他最早的门徒中，有三位在《论语》中表现突出：子贡、子路、颜回。就是这三位，陪伴孔子，漫漫长路，前途未卜。

孔子在公元前484年受邀回到故乡鲁国，行将七十。大概是他的两位门徒，年前在鲁国政府里谋得美差，策划了这次行动。要取得孔子的同意，他们想，国君须得奉送一笔可观的养老金。这个计划成功了。回国后，孔子发现自己境遇舒适。他不再为财务担忧，鲁国人对他呈现出前所未有的尊敬。国君及资政称其为“国老”，会因天灾，或提高赋税，或防范敌国威胁而征兵，向他咨询意见。孔子门徒的数量也增加了。虽然孔子在 2.4 章说，“七十而从心所欲不逾矩”，但他从未老来万事不关心。在晚年的对话里，他衡量历史和人性的冲突，似乎更加透彻了。他也更坦白地谈到自己的挫败与倦怠。然而他的声音是坚定的。那是属于一个真正生活过的旅人的声音。他已经尽力引导世界，避免冲突横暴，但却深知自己的努力对掌权的人无能为力。在生命的暮年，他对门徒子贡表示他想保持缄默，子贡不同意，他回答说：“天何言哉？四时行焉，百物生焉，天何言哉？”

有关孔子的思想与性格，大多可从《论语》中窥知，但若没有历代的注疏以及学者们记录在笔记或流入文章之中的所思所得，我们是无法接近孔子的。比方说，14.39 章。我们得知孔子：击磬于卫，有荷蒉而过孔氏之门者，曰：“有心哉，击磬乎！”既而曰：“鄙哉，硁硁乎！莫己知也，斯已而已矣。‘深则厉，浅则揭。’”如果没有注疏告诉我们“荷蒉”者是一个隐士，已经受够了尘世污浊而遁世，他朗诵的诗歌反映了他的情感和立场，我们是无法理解这段记载的。《论语》中有几个这样的人，但这一位最莫测高深。孔子的回应同样讳莫如深，如一些学者指出的，并非只是针对隐士，而是让我们也了解到孔子内心的秘密。如果此人如此坚决——孔子说，与他自己不同——入世不是一件难事，“末之难矣”。

注疏不仅解释了“荷蒉”者为何人，还说明他传递给孔子的讯息要点。注疏集释做的就更多了。这些集释对任何具体的问题，都给我们提供一组解经材料，指出各家不同的诠释，何时出现的，以及支撑论点的证据为何。大多数情况，这些经解不会告诉我们哪种解读是最好的选择，但我们如果有足够的耐心，又愿意自己琢磨，就能够从存疑的材料中拣出看似可信的，从意识形态影响的解释里找出明智的说法。在这个过程中，我们就认识了一些学者，若非集释编辑的博学与睿智，我们根本不可能知道他们。这些集释，我感觉，是学问道德力量的见证，也见证了学者孜孜不倦，在书房查找，在脑海冥思，为一个可敬之人，或与他交往之人的一字一句，苦苦寻求一个合理的甚或精确的解释。

十九世纪的学者刘宝楠是第一个尝试以广阔的视野来编撰《论语》的集释。他谦虚地将自己的著作包装成汉代经解的辅助注疏。这是他那个时代的习俗，视汉学为清代朴学的基础。然而，一旦开读刘宝楠的《论语正义》，就会发现他的视野是多么兼容并蓄，他的方法又是多么严谨。自他之后，又有其他人尝试此事，最著名的有程树德。但我决定追随刘宝楠，因为清代学者的博学与对考据的信实，让我深感敬佩。

刘宝楠花了二十年编撰《论语正义》，过世的时候尚未成书。我常想，在那些年里究竟是什么在鞭策他。他钻研《论语》的时候，满心想的是什么？是孔子？是学问？是书中的道德谜题？他有解吗？他能够一一捋清吗？我的结论是，刘宝楠并不做出甄别。这也是我跟他学的最后一课：学问让你神交古人，靠近他提出的难题，最后，一切都缠住你不放——学问、其人及其难题。

我认得一些老学者，童年时就会背《论语》，之后就忘了此书，因为兴趣转移到历史、地理、史语，甚或是宇宙学去了。但生活了多少年后，有一天，发现自己背诵孔子在14.31说的话：“不逆诈，不亿不信，抑亦先觉者，是贤乎！”或者1.16章中所说：“不患人之不己知，患不知人也。”《论语》的话语，沉睡了这么久，突然弹回到生活中，成了反思和自我认识的源泉了。但是，他们会加上，这种知识也“携我以举之”，也“掖我以履之也”。

目 录

学而第一

1.1 子曰:“学而时习之，不亦说乎？有朋自远方来，不亦乐乎？人不知而不愠，不亦君子乎？”

The Master said, “Is it not a pleasure to learn [学] and, when it is timely, to practice what you have learned? Is it not a joy to have friends coming from afar? Is it not gentlemanly not to become resentful if no one takes notice of your learning? ”

另一种译法可以是：“Is it not a pleasure to learn and to repeat often what you have learned?”区别在于读此句时如何理解“时习”一词。“时”的意思可以是“适时、合时”或“一次又一次”；“习”字可以是“练习”或“重复”（像鸟儿拍翅学飞）学过的知识。

例如清代学者焦循就引《论语》7.8、6.21 及 11.22 支持他的说法，以“合时”来解释“时”字。他说：“当其可之谓时。说，解悦也。”大多数六朝及宋代学者则倾向另一种解释，如皇侃认为，“时”指的是“所学并日日修习（‘年中’与‘身中’）不暂废也”。我选择焦循的解释，与公元前四世纪时孟子形容孔子是“圣之时者”有关。

孟子相信“圣之时”高于“圣之清”与“圣之任”，认为合乎时的行动是“学”的极致——孔子教导的“学”，不只是知识的堆积，而是能成于“仁”，达到“修齐治平”与道德审美的境界。有了这样的学问，就可以招徕远方之人，即使“人不知”也“不愠”，因为是为了自己而学。

1.2 有子曰：“其为人也孝弟，而好犯上者，鲜矣；不好犯上，而好作乱者，未之有也。君子务本，本立而道生。孝弟也者，其为仁之本与？”

Master You said, “It is rare for a person who is filial to his parents and respectful to his elders to be inclined to transgress against his superiors. And It has never happened that a person who is not inclined to transgress against his superiors is inclined to create chaos. A gentleman looks after the roots. With the roots firmly established, a moral way will grow. Is it not true then that being filial to one’s parents and being respectful to one’s elders are the roots of one’s humanity[仁]?”

有子，就是有若，是比较年轻的孔子弟子。他与曾子、子张、子游可能负责编纂了《论语》的早期版本，帮助这些弟子传布孔子学说。《孟子》一书说，孔子殁后，“子夏、子张、子游以有若似圣人，欲以所事孔子事之”，还强迫曾子加入。曾子拒绝，因为他认为孔子的品格无人可以超越，“皜皜乎不可尚已”。虽然孟子故事说的是忠诚，但也提到孔子殁后，弟子对如何解释与弘扬孔子学说有不同看法。

事实上，比较有子的说法与曾子在 1.4 与 8.7 所说，就会发现，有子认为孝悌之道是社会和谐的根本，而曾子则聚焦于自我体认的省思。他们似乎对孔子学说的理解采取不同方向，然而归根结底，还是试图了解“仁”的根源。

可以有几种不同方式理解本章，最明显的是认为，有子主张尊长敬上，以为社会和谐的便捷之道。但是，这也未免简化了他企图表达礼仪的道德功能的用心。更深刻的理解可以见于汉魏六朝及清代的经解，其中可见学者对本章逐字逐句详加阐释。例如“好”（倾向于，想要）字，六朝的皇侃就引证之前的学者说：“君亲有日月之过，不得无犯颜之谏。然虽屡纳忠规，何尝好之哉？……孝悌之人，当不义而诤之，尚无意犯上，必不职为乱阶也。”这样的理解，与孔子在 4.18 所说是一致的。

1.3 子曰：“巧言令色，鲜矣仁！”

The Master said, “A man of clever words and of a pleasing countenance is bound to be short on humanity.”

《论语正义》的作者清代学者刘宝楠指出，古代经典中，言“巧”、言“令”，并非总是贬义，但若某人只会“巧言令色”，那就“鲜矣仁”了。事实上，他可能是个“佞人”，那是孔子最讨厌与害怕的。因为这样的人“以巧令多由伪作”，有“仁”之貌，而无其实，比有子说的“犯上”之人更为可怕。

1.4 曾子曰："吾日三省吾身：为人谋而不忠乎？与朋友交而不信乎？传不习乎？"

Master Zeng said, "Every day I examine myself on three points. When I worked to benefit someone else, did I do my best? In my relationship with my friends, did I fail to be trustworthy? Did I pass on any knowledge I myself had not put into practice?"

曾子，即曾参，是孔子最年轻的学生，入孔门的时间不会太久。对于他，孔子只有一句评价，"曾也鲁"，说他反应迟钝。也许是因为他经常自省而个性收敛。然而，是曾参对孔子的理解——经其第三代弟子孟子的发扬——成了后世儒家思想的主流。曾子在此章中奠定了孟子"内省"德性的学说，后来更进一步发展成十六世纪王阳明"致良知"学说，主张"知行合一"。王阳明的重要著作《传习录》，就直接联系到曾子自省的问题："传不习乎？"

1.5 子曰："道千乘之国，敬事而信，节用而爱人，使民以时。"

The Master said, "In guiding a state of a thousand chariots, handle all matters with care and respect, and be trustworthy; take a measured approach in your spending, and cherish the people. Employ the common people only at the right time."

历代学者对春秋时期千乘之国究竟有多大，意见纷纭。近代学者杨伯峻以《左传》及《论语》（11.26）为证，认为在春秋早期是指地域广袤的强国，但到了孔子的时代，情况已非如此。（《左传》昭公十三年［公元前 529 年，孔子出生前二十二年］记载，晋国有四千乘。）汉代与清代学者指出，此章“敬”字，有“警”的意思，是说一个人做事自始至终都谨慎而守信，就一定可以成功。“使民有时”，指的是征用民众从事政府工程或军事行动，只有在农闲之时才能进行。宋代思想家程颐说，孔子所列的规制虽然浅近易懂，“至近”，但是，“尧舜之治亦不过此”。

1.6 子曰：“弟子入则孝，出则弟，谨而信，泛爱众而亲仁。行有余力，则以学文。”

The Master said, “A youngster should be filial to his parents when he is at home and respectful to his elders when he is away from his home. He should be prudent in action and trustworthy in words. He should cherish all people but should stay close to the most humane. And if he has energy left to do more, he should devote himself to the arts.”

按照《礼记》的说法，精英家庭的子弟在十岁之前要与父母同住。之后，他应当“出就外传”，到外面去学习。家居之时要学敬爱父母之道，由是，出外之后就懂得尊敬师长。孔子在此章以及《论语》通篇强调的是，年幼之时就掌握人伦的根本，才能立足于社会。因此，孔子觉得，培养正确的品行要先于“学文”。这就给后世学者如宋代朱熹出了个难题：“愚谓力行而不学文，则无以考圣贤之成法，识事理之当然，而所行或出于私意，非但失之于野而已。”

1.7 子夏曰："贤贤易色；事父母，能竭其力；事君，能致其身；与朋友交，言而有信。虽曰未学，吾必谓之学矣。"

Zixia said, "If a person is able to appreciate moral worth as much as he appreciates physical beauty, is able to serve his parents with the utmost effort and his lord with no self-interest, and in his relationship with friends is trustworthy in words, though he may say that he lacks learning, I would surely call him learned."

关于第一句中的"易"字，讨论很多。许多学者认为，这句话讲的是夫妇之道，因为"夫妇为人伦之始"，所以孔子的弟子子夏把"此文叙于事父母、事君之前"，也列在朋友关系之前。但是，子夏试图说明什么是为夫之道却引发争论，因为此章的"易"字，可以是"如也"的意思（《广雅释言》），也可以是"轻略"（颜师古注）。此人可能感念妻子的德性不亚于欣赏她的美貌，也可能只感念妻子的德性而轻忽她的美貌。我以为，第一种解释比较微妙，似乎符合子夏对道德与审美息息相关的认识。例如，在《论语》3.8 中，他提出一个看法，认为妇人在意容貌可以作为进德的修辞比喻。另一个有趣的现象是，此处的子夏并不很合乎孔子对他的形容——"文学：子游、子夏"——因为他在此章的说法引证了孔子在 1.6 的观点：人伦关系的教育比文化的教育更为重要。

1.8 子曰："君子不重则不威；学则不固。主忠信。无友不如己者。过则勿惮改。"

The Master said, "If a man of position [君子] does not have

integrity, he will not inspire awe. And when he tries to learn, he will not persevere to the end. Such a man should stay close to those who do their best and are trustworthy. He should not befriend those who are not his equals. And when he makes a mistake, he should not be afraid to correct it."

此章是《论语》中少有的情况，不把"君子"一词作为"德性高贵之人"或"成德之人"，而以之指"出身高贵之人"或"在位之人"。这种说法在孔子之前的早期中国，是通行的用法。可是，大多数学者仍然认为此章的"君子"是指"成德之人"；有经解指出，这不符合《论语》的语境："成德之君子，则其德已成，于下文各节戒勉语气不合。"除了"君子"一词，"固"字与"主"字也引起一些争论："固"字到底意指"坚"还是"蔽"？"主"字指的是"亲近"还是"以……为主导"？假如"固"的意思是"固蔽"，而"主"是"以……为主导"，第二句及第三句话的意思就是：努力向学，就不会固蔽；让你以忠信为主导。但是我认为，假如孔子所讲的是缺乏立场、不能坚持向学的人，又假如他要求此人"亲近"忠信之人，他就会接着告诉他"无友不如己者"，不要和不如自己的人交友。几乎所有的学者都认为，这里所指的"友"不是在说社会地位的高低，而是指道德品格不如自己的人。交友是为了精进自己，否则交些损友干什么？

1.9 曾子曰："慎终追远，民德归厚矣。"

Master Zeng said, "Tend to the death rites of the recently deceased with utmost care and respect, and do not forget to offer sacrifices to the long-departed; then people will have much to gain in the cultivation of their virtue."

曾子在 19.17 说:"吾闻诸夫子:人未有自致者也,必也亲丧乎。"此处他一定是在劝告君王要如此完善自己,因为孔子在 12.19 中对季康子说:"子欲善,则民善矣。君子之德风,小人之德草。草上之风必偃。"在上者如果注重自己的修养,子民便将受到他的感化。

《礼记·祭统》说:"是故,孝子之事亲也,有三道焉:生则养,没则丧,丧毕则祭。"又说:"祭者,所以追养继孝也。孝者畜也。"

1.10 子禽问于子贡曰:"夫子至于是邦也,必闻其政,求之与?抑与之与?"子贡曰:"夫子温、良、恭、俭、让以得之。夫子之求之也,其诸异乎人之求之与?"

Ziqin asked Zigong, "When the Master goes to another state, he invariably learns about its government. Does he get his information by asking or is it offered to him?"

Zigong said, "The Master acquires his information by being affable, kind, and respectful, and by showing restraint in his action and a willingness to yield. The way the Master asks for information is different from that of other people."

子禽与子贡都是孔子的学生,子禽年纪要小得多。孔子周游列国十四年,子贡基本随侍在侧,子禽则没有,他不知道孔子在列国的举止,因此问了这个问题。

刘宝楠引述同时代的吴嘉宾语:"君所自擅者谓之政,常不欲使人与闻之，况远臣乎？”但是他们遇见孔子，却似乎很自然与他分享国政。子贡解释，这是因为孔子“温良恭俭让”的态度，无关乎恳求或者说服的技巧。

1.11 子曰：“父在，观其志；父没，观其行；三年无改于父之道，可谓孝矣。”

The Master said, “When your father is alive, observe what he would like to do. After your father is dead, reflect on what he has done. If for three years you refrained from altering your father’s ways, you can be called filial[孝].”

北宋学者范祖禹说：“为人子者，父在则能观其父之志而承顺之。”（孟子形容曾子与父亲的关系，即是一例。）这个解释与汉代孔安国与郑玄的说法（“父在，子不得自专，故观其志而已”）不同。清代学者钱大昕赞同范祖禹的说法：“孔子之言论孝乎？论观人乎？……其为论孝，不论观人。”许多经解企图解释为什么孔子认为孝子在父死三年之内不能改其道。要是父亲的作为不够完善呢？清代学者汪中指出，这只是“为孝之道”：“若非其道，虽朝死而夕可改也。”孔安国与刘宝楠都说：“孝子在丧，哀慕犹若父存，无所改于父之道。”

我发现值得注意的是，孔子要求孝子去“观”，而不是去“执行”父亲之愿或去“推动”其行事。如此，即使为父者行为有差，也可以由儿子来弥补父亲的过错或完成父亲未竟之业。不过，总要等到三年之丧以后，经过了对父亲行为的沉潜省思；在此期间，他就应当“无改于父之道”。

1.12 有子曰:“礼之用，和为贵。先王之道，斯为美。小大由之，有所不行。知和而和，不以礼节之，亦不可行也。”

Master You said, “Harmony is what is most prized in the practice of the rites [礼]. It is what makes the way of the former kings beautiful, and this [principle] applies to matters big and small. Yet it does not always work: if you aim only at achieving harmony [in everything] because you know that it is the ideal and do not let the rules of the rites guide your action, it will not work.”

唐末宋初的学者邢昺对此章后半句提供了不同的解释。他相信有子是对君王说话：“言每事大小皆用礼，而不以乐和之，则其政有所不行也。”邢昺认为，有子的意思是君王应该“礼节民心，乐和民声”，即用音乐来教化民众。许多经解都跟随这个解释，当然也有很多学者并不赞同，他们认为，有子所说只涉及“礼”，关注的是达到“和”的每一步骤，“小大由之”。刘宝楠指出:“和是言礼，非谓乐，审矣。”

1.13 有子曰：“信近于义，言可复也。恭近于礼，远耻辱也。因不失其亲，亦可宗也。”

Master You said, “Trustworthiness comes close to rightness because your words can be counted on. Respectfulness comes close to ritual propriety because it allows you to stay clear of shame and disgrace. If you do not lose the affection of those who are your relatives by marriage, then you could have the respect of you clan.”

有子强调“信”只“近于义”，而“恭”只“近于礼”，是为了指出“义”与“礼”都不容易达到。皇侃举鲁国尾生为例，说他信守诺言，但毫无变通，并不合宜：“昔有尾生与一女子期于梁下，每期每会。后一日急暴水涨，尾生先至，而女子不来。而尾生守信不去，遂守期溺死。”唐代学者李翱举春秋时期的历史名人为例，说明“恭”不见得就合乎“礼”。这人就是晋国的世子申生。晋献公迷惑于骊姬，她想为自己的儿子夺取申生的世子地位，便捏造事实，诬陷申生企图谋害父亲。申生拒绝辩明自己的清白，说父亲年老，所眷恋者惟有骊姬，不愿夺其所爱。最后，申生自杀。李翱说这样的人：“恭命而死，君子谓之非礼。若恭而不死，则可得礼也。”

1.14 子曰：“君子食无求饱，居无所安，敏于事而慎于言，就有道而正焉，可谓好学也已。”

The Master said, “A gentleman does not try to stuff himself when he eats and is not worried about the comfort of his dwelling. He is anxious about getting things done and careful about what he says. He gravitates toward those who possess moral integrity because he wants to put himself right. One could say that he is someone who loves learning.”

孔子的学生颜回就示范了此处描写的君子。孔子说“有颜回者好学”，还说“一箪食，一瓢饮，在陋巷，人不堪其忧，回也不改其乐”。因为他乐道好学，所以贫穷与困顿都不成为烦恼。

1.15 子贡曰：“贫而无谄，富而无骄，何如？”子曰：“可也。未若贫而乐，富而好礼者也。”子贡曰：“诗云：‘如切如磋，如琢如磨。’其斯之谓与？”子曰：“赐也，始可与言诗已矣，告诸往而知来者。”

Zigong said, "'Poor but not ingratiating, rich but not arrogant' – what do you think of this saying?"

The Master said, "That is all right, but better still is 'poor but joyful, rich but loving the rites.'"

Zigong said, "The *Odes* says:

'Like bone filed, like tusk smoothed,
Like jade carved, like stone polished.'

Is this what you mean?"

The Master said, "Si, only with you can one discuss the *Odes*. Someone tells you something and you can see its relevance to what is not said."

这段对话是关于修养。孔子就子贡所言发挥得更为精微细密。“贫而乐”或“富而好礼”的人，要比“贫而无谄，富而无骄”者，在精神气度上更进一层。子贡立刻领会老师的意旨，以“如琢如磨”来形容君子的修养。孔子听了十分高兴，因为子贡不但可以“告诸往而知来者”，而且引用《诗经》来阐述想法，所以“始可与言诗已矣”。

1.16 子曰："不患人之不己知，患不知人也。"

The Master said, "Do not worry that other people do not know you. But be concerned that you do not know them."

宋代以来大多数经解都认为，第二句的意思是，要近贤远佞，因此"不知人"就是患害。然而，早期的经解是从人性角度来解释孔子的话。像皇侃就（引李充）说："凡人之情，多轻易于知人，而怨人不知己，故抑引之教兴乎此矣。"

为政第二

2.1 子曰：“为政以德，譬如北辰，居其所而众星共之。”

The Master said, “To rule by virtue is like the way the North Star rules, standing in its place with all the other stars revolving around it and paying court to it.”

“政”，即“正”，意思是“正其身”。孔子在 12.17 中说：“子帅以正，孰敢不止？”清代学者宋翔凤写道，一个真正的君王“上承天之所为”，其权威来自德。但君王不是天，而是人。一个人即便生而有仁，也要努力“下以正其所为”来养成德。许多学者遵循汉代经学家包咸的解释，认为这种为政之道相当于“无为”而治。另一些学者的观点是，“为政以德”是“有为”，只是“有为如无为也”。因此，即便是舜这样“无为而治”的贤君，也要“恭己正南面而已”。

2.2 子曰：“《诗》三百，一言以蔽之，曰‘思无邪’。”

The Master said, “The three hundred poems from *the Book of*

Poetry could be summed up in a single phrase: "They never swerve from the path [思无邪]."

孔子所言“思无邪”引自《诗经》第 297 篇《鲁颂 · 駉》。诗中描绘了在野外驱驾马群的动作——虽然“以车彭彭 / 以车伾伾 / 以车绎绎 / 以车祛祛”，但“思无邪”。一些学者认为“思无邪”是“志无虚邪”的意思，在我看来，这种观点不仅没有呼应原诗，还丢失了孔子学说中很重要的一点：人的天性充满活力，在人生之路上疾驰时，也需要鞭策和驾驭。《论语》3.20 中，孔子借由对爱情诗《关雎》的解读，阐述了“思无邪”的观点。公元前三世纪的儒家荀子提出相似的观点，他说：“《国风》之好色也，《传》曰：‘盈其欲而不愆其止。’”

2.3 子曰：“道之以政，齐之以刑，民免而无耻。道之以德，齐之以礼，有耻且格。”

The Master said, "If you guide the people with ordinances and statutes and keep them in line with [threats of] punishment, they will try to stay out of trouble but will have no sense of shame. If you guide them with exemplary virtue [德] and keep them in line with the practice of the rites [礼], they will have a sense of shame and will know to reform themselves."

2.3 延伸自 2.1，但此处的君王不像北辰那样仅居于一处，以德为政：对于人民，他还要“齐之以礼”。在孔子眼中，西周的封建分封制与理想政治极为接近。周天子凭借既有的权力分封诸侯，为初肇的王朝开辟新的封地，治国的基础是君王的道德及其与诸侯间的信任。礼乐教化进一步巩固国家，因此无须繁琐的律法就可以使民“齐之”。

2.4 子曰：“吾十有五而志于学，三十而立，四十而不惑，五十而知天命，六十而耳顺，七十而从心所欲不逾矩。”

The Master said, “At fifteen, I set my heart on learning. At thirty, I found my balance through the rites. At forty, I was free from doubts [about myself]. At fifty, I understood what Heaven intended me to do. At sixty, I was attuned to what I heard. At seventy, I followed what my heart desired without overstepping the line.”

这是孔子自述其精神之所至，从志于学开始，终至从心所欲之境。在此历程中，他通过学礼而达到自立，进而放下他对自身可能存在的怀疑，并理解了天命。因此，当他最后全然从心所欲时，也可以“思无邪”。正如无为是治国之道的极致，这段话也揭示了道德的最高境界。

2.5 孟懿子问孝。子曰：“无违。”樊迟御，子告之曰：“孟孙问孝于我，我对曰，无违。”樊迟曰：“何谓也？”子曰：“生，事之以礼。死，葬之以礼，祭之以礼。”

Meng Yizi asked about being filial. The Master responded, “Do not abandon [无违][the rites].”

When Fan Chi was driving the chariot, the Master told him about this conversation, saying, "Mengsun asked me about filiality, and I replied, 'Do not abandon [the rites].'"

Fan Chi asked, "What did you mean by that?"

The Master said, "When your parents are alive, observe the rites in serving them; when they die, observe the rites in burying them; observe the rites in sacrificing to them."

孟懿子是鲁国三桓之一孟孙氏的后人，其先祖公子庆父是鲁庄公的兄弟。孟懿子和孔子的关系难以遽定。一些学者认为他是孔子的弟子，另一些则认为他是孔子的政敌，挫败了孔子推翻鲁国三桓的计划，间接导致他周游列国。樊迟是孔子较年轻的弟子，以勇武知名的战士。《左传》记载，公元前 484 年，孔子结束周游回到家乡前不久，樊迟和另一个弟子冉求率领鲁军战胜齐军。

"无违"一词有点问题，若是命令，则缺少对象；放在孟懿子提问的语境，其含义可能是"无违其父母之命"，但这显然不是孔子的原意。孔子对樊迟所说的"孝"是指：对父母"事生""葬死""追祭"时，不可违礼。在之后的 2.6、2.7、2.8 三章中，可以更清晰和具体地认识礼和孝的关系。

2.6 孟武伯问孝。子曰："父母唯其疾之忧。"

Meng Wubo asked about being filial. The Master said, "Give your parents no cause for worry other than your illness."

孟武伯是 2.5 中提到的孟懿子的儿子。对此句的解读，我采取一世纪的经学家马融之说:“孝子不妄为非，惟有疾病然后使父母忧耳。”东汉王充、高诱则提出不同的解释，认为“人子忧父母之疾为孝”。这两种解读都有道理,但马融诠释的“孝”较难理解,因此更为人关注。

2.7 子游问孝。子曰:“今之孝者,是谓能养。至于犬马,皆能有养。不敬，何以别乎？”

Ziyou asked about being filial. The Master said, “Nowadays this is taken to mean being able to feed your parents. But dogs and horses can do as much. If you are not respectful, how are you different?”

子游是孔子较年轻的一位弟子。他出现在《论语》卷十九中，这表明他可能是《论语》的编纂者之一。孔子曾评价说“文学:子游、子夏”，但从 19.12 可以看出，孔子殁后，两人产生分歧。子游批评子夏的教学忽略本原，仅仅着重于旁枝末节。子夏则认为子游未分清楚传授学问的先后主次。

包咸指出，此章第三句的意思可能是“犬以守御，马以代劳，皆养人者”，即犬马也能养人，也可能是犬马也得人之养。两种解读都合理，不过大多数注疏都遵循第一种解释（也是我的解读），而朱熹评注和大多数英文翻译都参照第二种。伯顿 · 华兹生（Burton Watson）这样阐释：“But we do as much for dogs and horses as well. If there is no reverence, how is it any different?”

2.8 子夏问孝。子曰:“色难。有事,弟子服其劳。有酒食,先生馔。曾是以为孝乎?”

Zixia asked about being filial. The Master said, “The difficult part is the facial expression. As for the youngsters taking on the burden when there is work to be done and the older ones being served first when there is food and wine, can this be called filial conduct?”

汉代经学家包咸认为“色”代表父母脸上的神色——人子时刻留意父母的神色、观察其悦和不悦、体会其意愿，是件难事。另一位汉代学者郑玄则认为“色”即人子的神色——侍奉父母时，时常保持和颜悦色，只有真正的孝子才能做到。

2.9 子曰:“吾与回言终日，不违，如愚。退而省其私，亦足以发，回也不愚。”

The Master said, “I can speak to Hui all day, and he does not disagree with me or question what I said. Thus it seems as though he were stupid. But afterward, when I observe what he does on his own, I realize that he is able to give full play to what he has learned. Hui is not stupid at all.”

回，就是颜回，孔子最喜爱的弟子。他安静、谦逊，就连孔子一开始都疑心他是不是迟钝不善思考。但当孔子深入体察后，他发现颜回倾向于“默而识之”，尔后私下实践所学。在 9.11 中，颜回曾感叹，即便有夫子的教导和鼓励，对知识的追寻仍然何其困难。

2.10 子曰："视其所以，观其所由，察其所安。人焉廋哉？人焉廋哉？"

The Master said, "Observe [视] what a person does. Look into [观] what he has done [由]. Consider [察] where he feels at home. How then can he hide his character?"

尽管孔子很少对他人遽下论断，他仍认为了解一个人的本质是可能且有益的。他还鼓励弟子们省察自己（正如孔子省察自身），将自己的长处同了解的人加以比较。

传统注疏指出了"视"和"观"的区别，刘宝楠还提出"察"在《说文》中的含义是"覆审也"。这些注疏都同意"由"字涉及过去的经历或"前日所行事"。

2.11 子曰："温故而知新，可以为师矣。"

The Master said, "A person is worthy of being a teacher if he is able to gain new insights from chewing over what he already knew."

"温故"的字面含义是"保持对已知事情的热度"。"可以为师"，则指学习新知时还能牢记旧学的人，或温习已有学问时还能开悟新意的人。

2.12 子曰："君子不器。"

The Master said, "The gentleman [君子] is not a vessel [器]."

君子精神宽广，心智敏锐，可以解决不同的问题，而且"无所不施"，因此不是仅作专门用途的"器"。大多数注疏都这样诠释。十八世纪的思想史家章学诚则从另一角度理解"器"的含义。章学诚说，孔子的每一位弟子都从老师那里习得一些东西，并放入器中；弟子想要传授给自己学生的，就是放在器中的事物。但这仅代表对孔子学说的一种具体解读，如果其他弟子不赞同这种解读，就会发生纷争，甚至延及后世。章学诚引 19.3 中子张和子夏的弟子的纷歧作为早先的例子，又引十二世纪朱熹学派和陆象山学派之间的门户之争作为其后的例子。然而君子不应这样：他欢迎激烈的辩论，且一开始就不会将自己视作器——有限知识的容器。

2.13 子贡问君子。子曰："先行其言，而后从之。"

Zigong asked about the gentleman. The Master said, "He first puts his words into action. He then lets his words follow his action."

一些学者认为，句读不同，解读也不同："先行，其言而后从之。"无论哪一种解读，孔子的言论在《礼记》中都有很好的诠释："故君子寡言，而行以成其信，则民不得大其美而小其恶。"

2.14 子曰：“君子周而不比，小人比而不周。”

Confucius said , “ The gentleman [君 子] is fair-minded and generous; he is not partisan or divisive. A petty man [小人] is partisan and divisive; he is not fair-minded or generous.”

这里首次将“小人”一词作为“君子”的对立面。刘宝楠指出，“小人”可能是“微贱之人”或“无德之人”，此处孔子的意思是第二种。多数注疏认为君子能“亲爱人”，因为他的行为“主忠信”。小人则“利己”，且“引党以封己”，不利于公众利益。2.14、2.12 及 2.13 为我们描绘出君子的基本特征：宽厚公正；言行忠信；且不“器”。

2 .15 子曰：“学而不思则罔，思而不学则殆。”

The Master said, “If you learn but do not think, you will be dazed. If you think but do not learn, you will be in danger.”

刘宝楠按照两位儒家先哲孟子和荀子的思想解读第一句话。《孟子 · 告子上》第 15 节：“心之官则思，思则得之，不思则不得也。”荀子在《劝学》中写道：“君子之学也，入乎耳，箸乎心，布乎四体，形乎动静。端而言，蝡而动，一可以为法则。小人之学也，入乎耳，出乎口；口耳之间则四寸耳，曷足以美七尺之躯哉？”

对第二句话的解读，刘宝楠引述孔子的原话：“吾尝终日不食，终夜不寝，以思，无益，不如学也。”

2.16 子曰：“攻乎异端，斯害也已。”

The Master said, “To pursue strange theories or to get sidetracked in your studies can only bring harm.”

此处孔子的话不易理解，因为“异端”一词在公元前四世纪之后就指“他技”/“小道”。孟子视杨朱和墨翟的学说为邪说。宋儒也将佛教和道教视作异端。但若这样解读 2.16，就有颠倒时代的问题了。在魏代学者何晏看来，孔子并不认为求学之道只有一种途径。何晏的解释是“善道有统，殊途而同归。异端，不同归者也”。其他的评注指出，19.4 中子夏有言，认为“异端”的意思可能是“小道”，亦有其可观之处，但会让人在学问上偏离正道或停滞不前。“攻”字也需商榷。“攻”的意思可以是“攻伐”或“攻读、研习”。将“攻”理解为“攻伐”的人这样解读：“谓攻其异端，使吾道明，则异端之害人者自止。”但另一些学者，譬如焦循就认为恰好相反：“盖异端者各为一端，彼此互异，惟执持不能通则悖，悖则害矣。”

2.17 子曰：“由！诲女知之乎！知之为知之，不知为不知，是知也。”

The Master said, “You, do you know what I have been trying to teach you? To say that you know something when you know it and to say that you do not know something when you do not know it—this is true knowing [知].”

对第一句话的不同理解有“You, shall I tell you what it means to

know something?”，以及“You, pay close attention to what I am going to teach you.”由，即子路，在孔子离开鲁国前，他是孔子的弟子和政治盟友。子路仅比孔子小九岁，以勇敢和忠诚著称。但他容易生气，行事冲动。孔子在这里的教导理应是针对他而言。荀子在《子道》一文中对2.17加以阐发，而在《儒效》中的解释则更为深刻。谈到“雅儒”——有教养而且深知礼节的人——荀子说，“知之曰知之，不知曰不知，内不自以诬，外不自以欺”。有关2.17中孔子对子路的教导，荀子认为，子路除了要诚实面对自己所知道的，还要确定那些自认为知道的并非虚幻。

2.18 子张学干禄。子曰：“多闻阙疑，慎言其余，则寡尤。多见阙殆，慎行其余，则寡悔。言寡尤，行寡悔，禄在其中矣。”

Zizhang was studying with the hope of obtaining an official position. The Master said, “Use your ears well and widely, and leave out what is suspect; speak with caution about the rest, and you will make few mistakes. Use your eyes well and widely, and stay away from potential perils; act with caution even after the perils are kept at bay, and you will have few regrets. To make few mistakes in your speech and to have few regrets in your action—these are the keys to securing a career as a salaried official.”

子张机敏有口才，是年轻弟子中反应最敏捷的。他的同门认为他自大，即便如此，也承认子张“难能也”。子张会提出犀利的问题。事实上，孔子关于人性和道德修养最精辟的一些见解，都出自他和子张的对话。此处的论点似乎更为实际：子张想要做官，寻求建议，孔子教给他一些专业的窍门。然而几个世纪以来，学者们喜欢为孔子的回答添上道德色彩。比如郑玄就说，"言行如此，虽不得禄，亦同得禄之道"。刘宝楠也引郑玄的评注："古者乡举里选之法，皆择士之有贤行学业而以举而用之，故寡尤寡悔即是得禄之道。"但春秋时期推举制基本被废止。贵族世家独占政府机构。有才能的人隐居起来，大多数绝缘于仕途。因此郑玄认为，"寡尤、寡悔"，虽无由得禄，但也相当于古人所说的得禄之道了。

2.19 哀公问曰："何为则民服？"孔子对曰："举直错诸枉，则民服；举枉错诸直，则民不服。"

Duke Ai asked, "What should I do to make the common people come under my sway?"

Confucius replied, "Promote the upright and place them above the crooked, and the people will be in awe of you and come under your sway [服]. The opposite will happen if you promote the crooked and place them above the upright."

哀公即公元前 484 年邀请孔子回鲁国的鲁哀公。他在位的时间是公元前 494 至前 466 年，但当时鲁国军政几乎都在贵族世家的把持之下，哀公并无威信和实权。因此，刘宝楠等学者将 2.19 中的对话放入历史环境，认为哀公是在向孔子求教，如何从鲁国三桓那里夺回权力。对这位国君，孔子的回答是德行的力量：把正直的人置于邪曲的人之上，人民自然就归顺于你，无需强迫。大多数英文译者将"服"

理解为“服从”（to submit）。传统经典注疏对“服”的解释是：人民因“信服”而“敬服”君王而“为之任使”。因此，我将“服”译为“to come under the sway of”，与 12.19 中孔子对季康子的回答一致。

2.20 季康子问：“使民敬忠以劝，如之何？”子曰：“临之以庄则敬。孝慈则忠。举善而教不能则劝。”

Ji Kangzi asked, “How can I get the common people to be respectful, to do their best, and to encourage each other to strive forward?”

The Master said, “Oversee the people with dignity, and the people will be respectful. Honor the elderly, cherish the young, and the people will do their best. Acknowledge the good, teach the incompetent, and the people will encourage each other to strive forward.”

季康子是季孙氏的宗主，鲁哀公的正卿。孔子结束周游回到鲁国时，他是当时鲁国权力最大的政治人物。孔子的许多弟子，特别是冉求和樊迟，就是季孙氏家臣。虽然孔子有时将季康子视作政敌，但当季康子问政于他时，他没有拒绝。孔子对季康子说的话和对哀公说的差不多：如果你培养自己的德行，负起道德责任，人民就会效法你的作为。

2.21 或谓孔子曰：“子奚不为政？”子曰：“《书》云：‘孝乎惟

孝，友于兄弟，施于有政。’是亦为政，奚其为为政？”

Someone said to Confucius, “Why do you not take part in government?” The Master said, “*The Book of Documents* says, ‘Filial, only be filial, and a friend to your older and younger brothers—this has an influence on the way of government.’ To do this is to take part in government. Why must I take on a position in order ‘to take part in government’?”

汉代《白虎通》记载：“孔子之对或人，盖在哀公十一年后也。”也就是说这段对话发生在孔子回到鲁国之后。刘宝楠同意这个说法，说孔子返鲁后，“且亦与闻国政，但不出仕居位而为之”。这就是有人问孔子为何不出仕的缘由。《左传》载，孔子回鲁国时被尊为“国老”。鲁国国君哀公和大夫季康子都向他寻求建议，但他已经无意从政。刘宝楠还提出，2.21 的对话紧随 2.19 中孔子与哀公、2.20 中与季康子的谈话，并非巧合。

2.22 子曰：“人而无信，不知其可也。大车无輗，小车无軏，其何以行之哉？”

The Master said, “If a person does not have the trust of others, I don’t see how he can get anywhere. A large cart without a linchpin in its yoke bar and a small cart without a linchpin in its collar bar—how can you get them to go anywhere?”

不论是牛拉的大车还是马拉的小车，若无輗或軏这样的关键部位，车子也就无法前行。人若失信，亦是如此。所以顾梦麟说："已失其所以行之具矣。"

2.23 子张问："十世可知也？"子曰："殷因于夏礼，所损益可知也。周因于殷礼，所损益可知也。其或继周者，虽百世可知也。"

Zizhang asked, "Can we know what things will be like ten generations from now?"

The Master said, "The Yin followed the rites of the Xia, and what was added and subtracted can be known. The Zhou followed the rites of the Yin, and what was added and subtracted can be known. Whoever succeeds the Zhou, even a hundred generations from now, will be able to know [what was added and subtracted from the rites of the Zhou]."

最后一句话的另一种译法可以是："Whoever succeeds the Zhou, we are able to know what things will be like even a hundred generations from now." 两种解读反映了争论的两面：孔子是在强调学习过去的重要，还是说未来是可预测的？宋代学者胡安国和清代学者陈澧倾向于第一种解读，而多数汉代学者则认可第二种。胡安国说，孔子意不在回答子张预测未来的问题，因为孔子对过去更感兴趣。我以为，这和我们从《论语》中看到的孔子——以历史来阐释自己学说的形象相吻合。这也和汉代司马迁对这段话的理解一致，他在《史记·孔子世家》中写道："孔子……追迹三代之礼……编次其事……观殷夏所损益……曰'后虽百世可知也'。"这当然是史学家的解读，但我支持这种观点。

尽管历代学者对本段最后一句话意见不一，但似乎都认为孔子对子张的回答关乎“常”与“变”。“常”是人际关系的准则——比如仁、义——都以“礼”系之，需要“礼”的支撑和充实。“变”指的是礼器、服饰、度量衡、次要的准则与规定——这些都会随着实际考量和习俗变迁而变化。孔子在 9.3 中的观点就可以例证。

2.24 子曰：“非其鬼而祭之，谄也。见义不为，无勇也。”

The Master said, “To offer sacrifice to spirits who are not your ancestors is ingratiating. Faced with what is right yet doing nothing about it shows a lack of courage.”

汉代学者质疑“非其鬼而祭之”者的意图。郑玄写道：“人身曰鬼。非其祖考而祭之者，是谄求福。”何休认为，这种行为“非礼”，而且“亦必不能获福”。刘宝楠引 3.6 为例，指出季孙氏只是大夫而祭祀泰山是僭越谄媚，冉求明知非礼却不去阻止，是懦弱的行为。

八佾第三

3.1 孔子谓季氏："八佾舞于庭，是可忍也，孰不可忍也！"

Confucius said of the Ji family: "They have eight rows of dancers to perform in their courtyard. If this can be tolerated, what cannot be tolerated?"

汉代学者马融考据古籍，按照周礼的规范做出解释：天子才有在宗庙中作"八佾舞"的资格，诸侯则是六佾，大夫四佾，士二佾。季孙氏的宗主只是鲁大夫，居然使用八佾。或许可以说这样铺张的排场只是缺少约束，但孔子将这种僭越行为视作周朝衰微、封建制度崩溃的前兆。《左传》的记载证实了孔子的看法：公元前 562 年，即孔子出生前十一年，季孙氏连同其他两大贵族世家孟孙氏、叔孙氏，分拨国家军队为己所用；待孔子在公元前 484 年回到鲁国时，季孙氏征收的田赋已超过鲁国国君。

3.2 三家者以《雍》彻。子曰："'相维辟公，天子穆穆'，奚取于三家之堂？”

The Three Families had the *yong* ode performed when the sacrificial vessels were being cleared away. The Master said,

> “ ‘Assisting are the great lords,
> The Son of Heaven, solemn and dignified.’

What significance could there be when these lines are sung in the halls of the Three Families?”

《雍》属《诗经》第 282 篇《周颂》。此处孔子的言论应与 3.1 对照，两段话都评论贵族僭礼之事。“三桓”指的是鲁国三大贵族：季孙氏、孟孙氏、叔孙氏。三桓在孔子出生前一百年左右形成，本为挽救一场继承危机。公元前 662 至前 659 三年间，鲁庄公去世后不久，他的三个兄弟庆父、叔牙、季友在继承问题上纷争不休。最后，弟弟季友迫使叔牙自尽，但同意让他的家族承袭禄位，“则有后于鲁国”。这就是叔孙氏的由来。庆父也不甘示弱，争夺权位，并擅立了他属意的继承人。一场混战之后，庆父被逐出鲁国，由于无处可去，也自尽了。他死后，鲁国国君准许他的后代永世安居，立为贵族。孟孙氏始于此。这场政治斗争的赢家是季友，在他的兄弟死后，季友为鲁国相，其后人就是季孙氏。

3.3 子曰：“人而不仁，如礼何？人而不仁，如乐何？”

The Master said, “Being human and yet lacking humaneness—

what can such a man do with the rites? Being human and yet lacking humaneness—what can such a man do with music?"

六世纪的学者皇侃认为，3.3 与 3.1、3.2 都应是对三桓所作所为的批评。不过我更想扩大对这句话的理解。我认为这是孔子学说中"礼"的根本——礼与没有道德追求的人无关。《礼记》对"礼乐"与"仁"的关系提出另一种视角："礼节者，仁之貌也。歌乐者，仁之和也。"

3.4 林放问礼之本。子曰："大哉问！礼，与其奢也宁俭。丧，与其易也宁戚。"

Lin Fang asked about the working principle of the rites. The Master said, "An admirable question indeed! With regard to the rites as a whole, it is better to err on the side of being frugal than on that of being extravagant. With regard to the mourning rites, it is better to err on the side of showing too much emotion than on that of fussing over every detail."

林放，鲁人，以知礼著称。大多数学者认为，孔子和林放的对话谈论的是"文"和"质"的关系：修养与天性，礼仪形式与本质。就这一主题，刘宝楠征引荀子和《礼记》来说明。荀子在《天论》中写道，礼"足以为道贯。一废一起，应之以贯，理贯不乱"。《礼记》则说，"故礼之不同也，不丰也，不杀也，所以持情而合危也"。但孔子在这里告诉林放，如果难以达到平衡，有所偏差，"宁俭"和"宁戚"，这也是"礼之本"。

3.5 子曰："夷狄之有君，不如诸夏之亡也。"

The Master said, "The Yi and Di tribes with their rulers are not like the Chinese states, which have none."

另一种解读是："The Yi and Di tribes with their rulers are still inferior to the Chinese states, which have none." 多数英文翻译也作此解。但孔子究竟是在贬损夷狄还是中原诸国，中国学者对此意见纷纭。比如唐宋学者邢昺就把孔子的话理解成："夷狄虽有君长而无礼义，中国虽偶无君，若周召共和之年，而礼义不废'，故曰'夷狄之有君，不如诸夏之亡也。"

宋代思想家程颐的观点则不同。他相信孔子的话是对时人的批判——"夷狄且有君长，不如诸夏之僭乱，反无上下之分也"。明清思想家顾炎武和王夫之似乎都赞同程颐的解读。由于两人都经历了异族征服，我想也可以把他们的解读视作对明朝在1644年被推翻的批判。

3.6 季氏旅于泰山。子谓冉有曰："女弗能救与？"对曰："不能。"子曰："呜呼！曾谓泰山不如林放乎？"

The head of the Jisun family was getting prepared to make a sacrifice to Mount Tai. The Master said to Ran Qiu, "Can you stop him from going ahead with it?"

Ran Qiu said, "I cannot."

The Master said, "Alas! Who would have thought that the spirit of Mount Tai would know less about the rites than Lin Fang?"

冉有，名求，是孔子的弟子，有战功，曾任季孙氏家臣。可能正是他说服了国君鲁哀公，邀请孔子返回鲁国。但孔子对这位弟子的评价并不客气，因为冉有道德勇气不足。3.6 就是一个例证。孔子要冉有阻止季孙氏宗主祭祀泰山，因为这僭越了国君。冉有的回答是：我无能为力。于是孔子哀叹：如此，泰山之神远比林放懂礼，必然知道这是僭越行为而不会接受祭祀。刘宝楠的评注认为，可以将 3.6 作为 2.24 的注脚。

3.7 子曰："君子无所争。必也射乎！揖让而升，下而饮。其争也君子。"

The Master said, "Gentlemen have no reason to contend. But, of course, there is the archery contest. Yet on such occasions, they bow and yield to each other as they ascend the steps to the hall; afterward, they descend the steps and drink together. Even when they compete, they are gentlemanly."

中国的道德哲人们喜欢将射箭作为教学内容，因为射手瞄准靶心，象征着恰当的行为和正直的人格。箭术比赛也被视作君子活动，因为不涉及侵犯行为就可以测试一个人的技能。有关礼的早期文献也赋予射箭政治意涵，当君主准备祭祀时，四方诸侯会荐举自己的大臣助祭，君主则用射箭比赛来选拔。在此，孔子首次提到"君子无所争"。但他又补充，在射箭比赛的时候是有所争的。即便如此，孔子强调，有了礼的引导，他们就不会偏离道路，其争仍为君子之争。孟子在公元前四世纪将射箭提升至新的高度，把它作为教育方法，并比作道德培育。

3.8 子夏问曰："'巧笑倩兮，美目盼兮，素以为绚兮。'何谓也？" 子曰："绘事后素。" 曰："礼后乎？" 子曰："起予者商也！始可与言《诗》已矣。"

Zixia asked, "What is the meaning of these lines: 'Her entrancing smile, dimpling, / Her beautiful eyes so animated and clear. / White renders the colors vibrant and distinct'?"

The Master said, "White is applied after the colors are put in."

"Does the practice of the rites, in a like manner, come afterward?"

The Master said, "It's you who have drawn my attention to such a reading. Only with you do I feel I can discuss the *Odes* ."

"巧笑倩兮，美目盼兮，素以为绚兮"，引自《诗经》第 57 篇《卫风·硕人》。这三句话中，只有前两句仍见于《诗经》。但第三句最重要，它是子夏和孔子这段对话的主题，也是后世学者争论的焦点。我的解读与汉代和清代的一些学者如戴震、凌廷堪和刘宝楠等相同。对于诗句以及孔子的回答，宋代的杨龟山和朱熹则提出另一种解释。首先子夏提问："'巧笑倩兮，美目盼兮，素以为绚兮。'何谓也？" 孔子对此的回答是，"绘事后素"。正如多位清代学者指出的那样，两种解读的区别在于如何理解一个人的本来质地——是丰富多采的，还是朴素无华的。如果是汉代学者说的丰富多彩，那么诗中的"素"指的就是记述古代工匠的文献《考工记》中的一种技艺——"画缋之事，杂五色""后素功"。绘画时，先布五彩，再用细笔蘸白色颜料勾勒。这一技艺可和“礼”相比，因为礼使事物炫然分明，更为完善，从而升华本质。汉代郑玄说：“美女虽有倩盼美质，亦须礼以成之也。”

西方学者普遍参照宋代学者的解读，将“素”理解为朴素无华的底色（或孔子所说的“质”），而“绘”代表丰富和精致。若生命始于纯洁，礼便可以使之臻于完善。我以为，这种解读更像是宋代儒学家道德体系的一种反映，而非孔子关于礼的教诲。

为什么孔子对子夏说“始可与言《诗》已矣”？因为在孔子的回答中，子夏发现了这个答案和礼的关系，是子夏让夫子注意到这种解读。1.15 中孔子对子贡说过类似的话，当时两人在探讨礼，子贡也引用《诗经》表达观点。

3.9 子曰：“夏礼，吾能言之，杞不足征也。殷礼，吾能言之，宋不足征也。文献不足故也。足，则吾能征之矣。”

The Master said, “I am able to speak about the rites of the Xia, but the state of Qii is not able to provide the evidence to illuminate what I say. I am able to speak about the rites of the Shang, but the state of Song is not able to provide the evidence to illuminate what I say. This is because both the records and worthy men of erudition are insufficient in these two states. If they were [more plentiful], I could support my words with evidence.”

商朝推翻夏朝后，夏朝遗族被分封到杞国；周朝推翻商朝后，商朝遗族被分封到宋国。在这段有力的陈述中，孔子认为保存典章文物并由正直的贤者来负责非常重要，不然像他这样对礼所知甚广的人，就无法用证据支持自己的学说。有学者认为孔子这话是对鲁国国君说的，因为鲁君是周朝开国者之一周公的后代。孔子认为鲁国应该吸取教训，担负起捍卫周朝文化的责任。

3.10 子曰 :“禘自既灌而往者，吾不欲观之矣。”

The Master said, “As for the *di* sacrifice, after the libation, I have no wish to observe the rest of the ceremony.”

据刘宝楠考证，祭酒招魂，引第一位祖先的灵魂来到祠堂是“祭礼之始”。孔子说他在仪式开始后就想离开，肯定意味着他不赞同“禘”在鲁国的祭祀方式——在他看来是失礼。但“禘”究竟是怎样的？我们对它的大部分了解都来自《礼记》的三个章节 :《丧服小记》《大传》《祭统》。这三章都指出，“禘”是“大祭也”——“不王不禘”，只有天子才能举行，祭祀的是“祖之所自出”。但这一仪式竟能在鲁国而非其他诸侯国举行。因为周公旦辅佐他的侄子成王，有勋劳于天下；其子伯禽受封鲁国，故周公死后，成王决定尊鲁国，“赐以重祭”来追念他。

3.11 或问禘之说。子曰 :“不知也，知其说者之于天下也，其如示诸斯乎！”指其掌。

Someone asked for an explanation of [the basis of] the *di* sacrifice. The Master said, “This is not something that I know. The person who knows it will be able to handle all the affairs in the world as easily as having them placed right here," and he pointed to his palm.

多数注疏都参照孔安国的解释，认为孔子说自己不了解禘祭是避免直言对鲁国禘礼的不赞同。但孔子的回答也符合《礼记》对祭祀的阐释——“不王不禘”。如果我们把这段话和 2.17 中他对子路说的有关知和不知的话放在一起看，那么孔子的意思可能是：只有天子有权行禘祭，如果他真正知道这种祭仪的基本原则，他的知识就会体现在行为之中；这样的君主会得到人民的尊敬和信任，治理国家也会更顺利。

3.12 祭如在，祭神如神在。子曰：“吾不与祭，如不祭。”

"Sacrifice as if they were present" means sacrifice to the spirits as if the spirits were present. The Master said, "If I do not take part in the sacrifice, it is as if I did not sacrifice at all."

《礼记·祭义》中对君子祭祀父母的描述，可以作为此处第一句话的诠释：“祭之日，入室，僾然必有见乎其位，周还出户，肃然必有闻乎其容声，出户而听，忾然必有闻乎其叹息之声。是故，先王之孝也，色不忘乎目，声不绝乎耳，心志嗜欲不忘乎心。致爱则存，致悫则著。著存不忘乎心，夫安得不敬乎？”是致祭者的亲临展现了祭祀的精神，我想，这就是孔子的意思。

3.13 王孙贾问曰:"'与其媚于奥,宁媚于灶。'何谓也?"子曰:"不然。获罪于天,无所祷也。"

Wangsun Jia asked, "What do you think of the adage 'Better to flatter the god of the kitchen hearth than the god of the southwest corner'?"

The Master replied, "The saying has got it wrong. When you have offended Heaven, there is no spirit you can pray to."

早期的文献包括《论语》中的某些记载,可以为这段对话提供一些背景。孔子在卫国时,没能顺利在灵公的政府任职。当时有人怀疑孔子通过灵公身边的人得到他的注意——灵公的夫人南子或宦官雍雎。"奥",居室西南隅最阴暗的角落,大部分注疏认为,这就是王孙贾所说的"奥"的意思,以此暗指灵公的小圈子。王孙贾是卫国大夫和将领,就像"灶"是明处的神,在政治和军事上对外界的影响力都很大。因此,一些学者认为,王孙贾是在借时俗媚灶之说暗示孔子,与其寻求国君亲信,不如投向我。对于这样的建议,或是任何放低姿态借私人关系获得官位的建议,孔子都予以驳斥。孟子为孔子在卫国的行为辩护,认为如果孔子愿意通过不当的手段取得官位,他会接近灵公最得意的宠臣,也就是他的弟子子路的亲戚弥子瑕。在孟子看来,孔子没有找弥子瑕帮忙,证明"孔子进以礼,退以义"。

3. 14 子曰:"周监于二代,郁郁乎文哉!吾从周。"

The Master said, "Zhou took stock of the two previous dynasties. Splendid is her culture! I follow the Zhou."

周文化建立在此前夏商二朝的基础上。周王回顾夏商的礼，并且“顺时施宜”“即民之心”。周朝幸能回顾和自省，以史为镜，因此在孔子看来，周文化更为伟大和优雅。何况孔子自己就是鲁国人，而鲁国因与周公的联系成为传承周文化的中心。

3.15 子入太庙，每事问。或曰:“孰谓鄹人之子知礼乎？入太庙，每事问。”子闻之，曰：“是礼也。”

When the Master entered the Temple of the Great Ancestor, he asked questions about everything. Someone remarked, “Who said that the son of the man from Zou knew the practice of the rites? When he entered the grand temple, he asked questions about everything.” When the Master heard this, he said, “Asking questions is the correct practice of the rites.”

“太庙”是周公的宗庙。“邹人”指的是孔子的父亲叔梁纥，据孔安国考证，他曾是鄹（又作郰）邑的大夫。关于孔子“每事问”至少有三种解释。一些学者相信即使孔子“知之”，也是“慎之至”，因此知之而复问。另一些人认为，鲁国国君行礼时，用了应属天子的礼器、袍冠和祭牲，孔子提这些问题的目的是让鲁君和大夫解释自己的行为。我倒觉得，孔子对礼明知故问是因为每个场合都不同，所以他在行礼时会表现初次接触的态度。提问可以强化意识，使礼的体验更生动。因此孔子说，“每事问”是礼最好的实践方式。

3.16 子曰："射不主皮，为力不同科，古之道也。"

The Master said, "It is stated, 'In ritualistic archery, the object is not hitting the hide [of the target] [主皮] because men do not have equal strength.' This was the way of ancients."

孔子在这里所说的"射"是"礼射"，伴乐进行，意在从人的行为举止中寻找中心，强化"中"的概念。在早期有关礼的文献记载中，这与军事操练中注重力量和精确的"武射"不同。《礼记》记载："故心平体正，持弓矢审固；持弓矢审固，则射中矣。"大多数英文翻译参照宋代学者的诠释，将"主皮"译为"贯革"的意思。但程树德引汉代注疏，认为"主皮"只是说"着于皮"，"主皮之射为尚力"。

3.17 子贡欲去告朔之饩羊。子曰："赐也！尔爱其羊，我爱其礼。"

Zigong wanted to do away with the practice of sacrificing a lamb in the ceremony of announcing the beginning of a month [朔]. The Master said, "Si, you don't want to waste a lamb, whereas I don't want to see the rite disappear."

周朝前半期，天子会在秋冬之交召集诸侯，颁布来年的历法，当中会说明诸如有无闰月、每月的朔日是哪天等事宜。这是周天子宣示他统治国家的一种形式。诸侯将历书带回自己的宗庙，在每个月的第一天上朝听政之前，都会到祖庙昭告朔日兼而有祭。这个祭仪就是"告朔"，有"苏"（更新）的含义，以示国君每个月都会振兴朝政。但到周朝后期，天子不再举行这一仪式。大约公元前611年，也就是孔子出生前一百年左右，鲁国也不复“告朔”。所以子贡问孔子，为什么要为无人在意的仪式牺牲一头羊呢？孔子回答，即便如此，他不能放弃这种礼。孔子流露的怀念，不仅是他内心的反映，可能还表明他希望恢复“朔”祭。这或许是一厢情愿，但可以理解，毕竟孔子对周礼的政治效力抱有信心。

3.18 子曰：“事君尽礼，人以为谄也。”

The Master said, “If in serving your ruler you try to do everything correctly by the rites, others will look upon you as being obsequious.”

这是孔子在观察他人是如何看待一个侍奉君主并注意礼节的人。在孔子看来，僭越之举屡见不鲜，世人难以分辨对错，所以将恪守礼法的人视作“谄”。

3.19 定公问：“君使臣，臣事君，如之何？”孔子对曰：“君使臣以礼，臣事君以忠。”

Duke Ding asked, “How should a ruler treat his ministers, and how should the ministers serve their ruler?”

Confucius replied, “The ruler should treat his ministers in accordance with the rites. The ministers should serve their ruler by doing their best.”

定公是孔子在鲁国服事的最后一位国君，也是导致孔子流亡的原因之一。这段对话发生时，孔子一定还是鲁国的大司寇。在此期间，他希望找到方法，帮助定公夺回身为鲁君应有的权力。此处他提出，君主应该“使臣以礼”。汉代和宋代经学家认为这句话的意思是，如果君主不违礼，那么大臣会上行下效，尽心竭力地辅佐君主。但明代学者焦竑和清代学者俞正燮提出另一种诠释。焦竑征引古代文献说：“‘惟礼可以为国。’是先王维名分，绝乱萌之具也。”俞正燮认为，“礼”和“仪”不同——孔子不可能是在劝定公对那些使他看起来有如弄臣的大夫更“恭敬退让”。俞正燮写道：“礼所以守其国，行其政令，无失其民。”

3.20 子曰：“《关雎》乐而不淫，哀而不伤。”

The Master said, “In the *guanju* poem, there is joy but no immodest thoughts; sorrow but no self-injury.”

孔子叫儿子学《诗经》，让诗教他说话之道，因为诗中的言语总是恰当的：思无邪。在孔子看来，《诗经·国风》的第一首诗《关雎》是此一观点的最佳诠释。这首诗中的说话人是一个年轻男子，也许是一位王子，在渴望他心仪的女子：“求之不得，寤寐思服。”然而这种渴望并未置他于可怜的境地，思恋也不至于越礼。他没有公开宣扬他的情感，而是从周围的男男女女那里寻求帮助。“琴瑟友之”，诗歌这样写道，“钟鼓乐之”。

3.21 哀公问社于宰我。宰我对曰 :“夏后氏以松，殷人以柏，周人以栗，曰，使民战栗。”子闻之，曰 :“成事不说，遂事不谏，既往不咎。”

Duke Ai asked Zai Wo about the altar to the god of the soil [社].

Zai Wo replied, “The Xia used pine. The Shang used cypress. The Zhou used chestnut [栗], in order, they say, to make the people tremble [栗].”

When the Master heard about this, he said, “Don’t try to explain what is already done. Don’t attempt to remonstrate about what is finished. Don’t decry what is already past.”

公元前 497 年孔子被迫离开鲁国前，宰我成为他的弟子。像子贡、颜回和子路一样，孔子周游列国时，宰我随侍在侧。

“社”可以指社稷的神坛或木主——松、柏，或栗，也可以指木主的材料或社木，即神坛周围种的树木。孔子为何驳斥宰我所说的话，一个简单的解释是，宰我太过自作聪明，妄为之说。社木需适宜神坛周围的水土，这意味着所种植的社木会随着地区和国家而变化。因此孔子认为，宰我所说的夏商的情况没有历史根据，他建议哀公种栗以“使民颤栗”，听来也可悲。多数注疏倾向于这种诠释，尽管孔子的回答与宰我和哀公的对话没有直接关联。刘宝楠提出另一种理论。他认为，宰我对哀公的回答有言外之意，实为促哀公对三桓下手；孔子听说后，认识到宰我的意图，出言劝阻“既往不咎”，意指过去的所作所为致使鲁国公室地位衰微。

3. 22 子曰："管仲之器小哉！"或曰："管仲俭乎？"曰："管氏有三归，官事不摄，焉得俭？""然则管仲知礼乎？"曰："邦君树塞门，管氏亦树塞门。邦君为两君之好，有反坫，管氏亦有反坫。管氏而知礼，孰不知礼？"

The Master said, "Guan Zhong was a man of small capacity."

Someone said, "Does this mean that Guan Zhong was frugal?"

The Master said, "Mr. Guan had three residences, yet every officer on his staff had no separate duty other than the one he was assigned. How could this be considered frugal?"

"In that case, did he understand the rites?"

"Rulers of states put up gate screens [in front of their palaces]. Mr. Guan also put up a gate screen. Rulers of states, when entertaining another ruler, had an earthen stand to be used for wine cups after the guests had drained their cups. Mr. Guan also had such a stand. If Mr. Guan understood the rites, who does not understand the rites?"

管仲与公元前七世纪的齐桓公关系密切。桓公是春秋时期最有权威和声名的诸侯，也是第一个称霸的诸侯。在许多历史学家看来，是管仲为相，辅佐他到达这样的地位。然而孔子却说管仲器量小。被问到何以这样说时，孔子未直接回答，而是反驳了管仲节俭与知礼的看法。这显然给了读者很大的想象空间。一些学者认为管仲身为大夫，显示出自身局限——就像一个器量狭小的人——因为在他的引导下，桓公只成就了霸业而非真正的君王。十八世纪学者程瑶田则给出一种更体面的解读。他认为大器的人"容事功"，不会无法自持。

尧帝就是这样的人，因为“尧德如天，而即以天为其器”。但管仲不像尧：“其富贵愈显者，其淫益张，三归具官，穷奢极侈，以张其富，盖不能容其富贵矣。”不过孔子并没有囿于“管仲之器小”的观点。在 14.16 和 14.17 中，孔子从另一种角度为管仲提出有力的辩护，显示出他判断人格时的灵活性。在这个例子以及几乎所有此类例子中，孔子都尽可能先对人深入了解再做出评价。

3.23 子语鲁大师乐，曰：“乐其可知也：始作，翕如也；从之，纯如也，皦如也，绎如也，以成。”

The Master, speaking about music with the Grand Musician of Lu, said, “This much can be known about music. It begins with vigorous playing [翕如]. And when it goes into full swing, [the sound] is pure and harmonious, [the notes are] bright and distinct, and [the passages] fluent and continuous until the music reaches the end.”

“翕如”的意思可能是“协奏”，但我的理解遵循郑玄的说法，他认为仪典音乐始为“金奏”，因为这有“人皆翕如，变动之貌”的效果。对此，刘宝楠补充道，在听到鼓钟后，人会“乐进也”。一些注疏认为音乐“从之”指的是八种乐器（金石丝竹匏土革木）合奏的声音。“绎”是关键的时刻。刘宝楠指出，它超越了协奏和谐之效，让音乐拥有自己的生命，就像“草木犹有生意者也”。

孟子认为，可以由孔子对乐的看法来认识其人：孔子“可以仕则仕，可以止则止，可以久则久，可以速则速”，合乎时宜，是“圣之时者”；因此，当合奏完美进行时，“金声而玉振之也”，他的行为有“条理”。孔子自己认为，乐达到文化的极致。他深深尊敬乐师。这些乐师之所以以奏乐为业，是因为眼盲：“以其无目，无所睹见，则心不移于音声。”

3.24 仪封人请见，曰：“君子之至于斯也，吾未尝不得见也。”从者见之。出曰：“二三子何患于丧乎？天下之无道也久矣，天将以夫子为木铎。”

A border official from the district of Yi asked to have an interview with Confucius, saying, “I have never been denied an interview with a gentleman who has come to this place.” Followers of Confucius arranged a meeting for him, and when he came out, he said, “Why should you worry about [your teacher] not having an official position? The world has been without the Way for a long time now. Heaven is about to use your master as the wooden tongue of a bronze bell.”

一个从卫晋二国边境来的小官员发表了一番对孔子的看法，有预言的意味。他告诉追随孔子周游列国的弟子们，不要对夫子不能从仕感到绝望，因为天意要以夫子为木铎传道于天下，达到更高的成就，远超过做官所能及。但天意究竟想让孔子做什么？孔子要如何卸下“木铎”的责任？刘宝楠认为，过去的帝王“将有新令，必奋木铎以警众，使明听也”，“文事奋木铎，武事奋金铎”。而孔子没有官位，无法用政治途径宣扬他的学说。不过，后世的追随者认为，他可以“删诗、书，正礼乐，修春秋”，这样，他也就像铜钟的木铎一样。比起最有权势的帝王发出的法令，孔子的言论影响更为深远。

3.25 子谓《韶》:“尽美矣，又尽善也。”谓《武》:“尽美矣，未尽善也。”

Of the *shao* music, the Master said, it was perfectly beautiful and perfectly good. Of the *wu* music, he said, it was perfectly beautiful but not perfectly good.

《韶》是圣人舜的乐名。它讲述了尧帝将权力禅让给舜，一个“山野之人”的故事。因为尧帝从别人那里得知，舜对德的热爱无人可比。《史记》记载，当此乐在舜帝的宫中演奏时，就连神明、魂灵和鸟兽都被吸引——他们都朝服了。孔子第一次听到韶乐是在齐国宫廷，“三月不知肉味”。他说，“不图为乐之至于斯也”。《武》与周朝开国君主武王有关。《武》乐反映了武王征服商朝的英雄事迹，所以可谓“尽美”。但武王不像舜帝那样以文德有天下，而是用武力得天下，即便初衷是为了恢复秩序。因此，《武》乐不“尽善”。

3.26 子曰:“居上不宽，为礼不敬，临丧不哀，吾何以观之哉？”

The Master said, “To be without tolerance when in a high position, without respect when performing the rites, without sorrow when in mourning—what is the point of witnessing such things?”

汉代思想家董仲舒的诠释如下：“君子攻其恶，不攻人之恶……

是故以自治之节治人，是‘居上不宽’也。以治人之度自治，是‘为礼不敬’也。‘为礼不敬’则伤行，而民弗尊；‘居上不宽’则伤厚，而民弗亲。”

里仁第四

4.1 子曰：“里仁为美。择不处仁，焉得知？”

The Master said, “A neighborhood suffused with a humane spirit [里仁] is beautiful. How can a man be considered wise when he has a choice and does not settle on humaneness?”

“仁”的理解有许多种——“仁爱”“人性”“仁慈”“仁德”，当“仁”与“里”放在一起时，还代表一个仁者聚居的社区或是充满人文精神——又称“仁风”——的社区。“里”，即“社区”，字面意思是一个人居住的地方或他身处的范围，包括他的职业和交际圈子。孟子认为“里仁”的意思是后者，他将制箭者和制盔甲者的工作相比较：前者为了伤人，后者为了保护人。因此他说“术不可不慎也”，并引孔子在此处的话作支持。我倒认为，孔子在这里提出的设问值得思考。这句话的意思是，大多数人知道一个仁的社区充满道德之美，但他们却不选择与仁为邻。

4.1 和 4.6 两段话是孔子对于人的观察，有关“人”和“仁”这一概念之间的关系：即便他们被仁吸引，且知仁之为利，却不能“择仁”。

4.2 子曰 :“不仁者不可以久处约，不可以长处乐。仁者安仁，知者利仁。”

The Master said, “A person who is not humane cannot remain for long either in hard or in easy circumstances. A humane person feels at home in humaneness. A wise person [practices it because he] sees benefits in humaneness.”

孔子在 1.15 中说，仁者是“贫而乐，富而好礼”的人，因为“仁者安仁”，无论贫困还是安逸，他都感到自足，能保持自己的操守。但这样的仁者和《礼记》所讲的“贫而好乐，富而好礼，众而以宁者”却很稀少，“天下其几矣”。在孔子的众多弟子中，只有颜回够得上“仁”。但仍有许多方法鼓励那些不够仁的人达到此一境界。《礼记》言“仁者安仁，知者利仁，畏罪者强仁”，“与仁同功而异情”。刘宝楠认为这表达了孔子的观点，若要达到那样的境地，就像“圣人均要于成功，不以诚伪苛求之也”。

4.3 子曰 :“唯仁者能好人，能恶人。”

The Master said, “Only a humane person is able to like and dislike others.”

刘宝楠认为多数人“不能好人恶人”，因为“凡人用情，多由己爱憎之私，于人之善不善有所不计，故不能好人恶人也”。仁者则不同，他进一步解释道:“情得其正，于人之善者好之，人之不善者恶之，好恶咸当于理，斯惟仁者能之也。”

4.4 子曰：“苟志于仁矣，无恶也。”

The Master said, “If you truly set your mind on being humane, you are not morally culpable [恶].”

“恶”的意思还包括“vile”“villainous”“unseemly”“offensive”“despicable”“malicious”or“malevolent”，英文翻译通常译作“evil”，这就有些歧义，因为原罪和恶的天性这两个概念在古代中国并不存在。我的翻译遵循汉代儒学家董仲舒的诠释，他对孔子的理解反映了他的作品对历史、道德哲学和法律的综合兴趣。董仲舒认为，孔子的话对所有人都有启发，特别是对以判断人品为业的执法官员，因为他们在执法过程中的决定对一个人的命运至关紧要。在董仲舒看来，让我们对行动动机多加思考的声音，象征着公正和慈悲心。他还指出，这也是春秋时期史官的褒贬之法，不然，像宋宣公那样让兄弟而非儿子继承权位从而导致国家混乱的君主，怎么能逃过史官的定论呢？他没有被批评，是因为史官认为他的初衷是正确的：宣公认为他的兄弟更能做一个负责任的君主。虽然，董仲舒道，“其为善不法，不足取”。

4.5 子曰：“富与贵，是人之所欲也；不以其道得之，不处也。贫与贱，是人之所恶也；不以其道得之，不去也。君子去仁，恶乎成名？君子无终食之间违仁，造次必于是，颠沛必于是。”

The Master said, “Wealth and eminence are what people desire. If you cannot acquire them by proper means, you should not accept them. Poverty and lowly position are what people despise.

If you cannot avoid them by proper means, you should not reject them. If the gentleman forsakes humaneness, how can he be worthy of the name of gentleman? The gentleman does not abandon humaneness, not even for the duration of a meal. He holds on to it whether he is in a hurry or in a crisis."

孔子这段评价的前半部分可以和 4.2 相对照。君子安于仁，能在其中自足。如果他不能用恰当的方式获取富贵，他会拒绝这富贵；如果不能用恰当的方式免于贫贱，他愿意接受这贫贱。当一个人安于仁，他不会抛弃仁，无论是吃一顿饭的时间，还是仓促匆忙、颠仆流离之时，都是如此。唐宋学者邢昺说“食”就是“常境”，而“颠沛”指“变境”。

4.6 子曰：“我未见好仁者，恶不仁者。好仁者，无以尚之；恶不仁者，其为仁矣，不使不仁者加乎其身。有能一日用其力于仁矣乎？我未见力不足者。盖有之矣，我未之见也。”

The Master said, "I have never seen a person who truly loved humaneness or a person who was truly repelled by the lack of humaneness. A person who truly loved humaneness would think that nothing could surpass humaneness. A person who was truly repelled by the lack of humaneness, while putting humaneness into practice, would not allow any inhumane person to influence his conduct. "Is it possible for a person, in the space of a day, to devote all his effort to the practice of humaneness? I have never seen a person who lacks the strength to do so. There may be one, but I have not seen such a person."

这段话可以理解为孔子在自我对话中关于“仁”的结论。对话始于 4.1，孔子问道：当可以选择时，为什么不择仁？在 4.3 和 4.4 中，孔子说，“唯仁者能好人，能恶人”，“无恶也”。这样的人在人格上负担很重，其他人都会感到无法承受，但他不觉得沉重，因为他“安仁”。事实上这样的仁者很不平常，这也解释了为何孔子说“我未见好仁者，恶不仁者”。难道世上真没有吗？孔子问道。但他转瞬又告诉自己，不可能，因为他没见过“欲为仁而力不足者”。这就是人类追求善时所遇到的吊诡：一个人若愿意，可以过道德的生活，也有能力这样做，但他却拒绝为之努力。此一吊诡在 6.12、7.30 和 8.7 中更为明显。

大多数英文翻译将第二句话译为：“A person who truly loved humaneness could not be surpassed.” 但据汉代、宋代和清代的注疏，孔子的意思是，那些爱仁者认为仁是无法超越的，所以要全心投入实践仁。刘宝楠借用孔子在 4.2 中的话，认为仁者和智者的区别可以帮助我们理解“好仁者”和“恶不仁者”的区别。

4.7 子曰：“人之过也，各于其党。观过，斯知仁矣。”

The Master said, "The mistakes people make reflect the type [党] of person each one is. Observe their mistakes, and you will know their character [仁]."

汉代学者孔安国认为孔子的言论直指君主，认为君主“当恕”

那些修养不够的人，不要用君子的标准去衡量他们。因此，孔安国对第一句话的解读是："党，类也。小人不能为君子之行，非小人之过，当恕而勿责之。"六朝学者皇侃举了一个例子："犹如耕夫不能耕，乃是其失。若不能书，则非耕夫之失也。"我的翻译则参照宋代儒学家程颐的诠释，他说："人之过也，各于其类。君子常失于厚，小人常失于薄。"清代学者刘宝楠基于《礼记 · 表记》提出另一种解读，他认为此处孔子的评价应是对"仁"更为深入的探讨。在卷四前面几章中，他的解释是，应当认识到有各种类型的仁者，"仁者安仁，知者利仁，畏罪者强仁"。因此，通过观察别人的过错，我们可以看到人身上不同面向的"仁"。刘宝楠认为《礼记·表记》的这一解读"最足以发明此章之义"。

4. 8 子曰："朝闻道，夕死可矣。"

The Master said, "If I should hear the Way in the morning, I would feel all right to die in the evening."

"闻道"——古代圣王的道——只是一个人追求道德的起点。至于一个人刚刚闻道是否就可以"夕死"，也许是的，刘宝楠写道，"虽中道而废"，但"其贤于无闻也远甚"。

4.9 子曰："士志于道，而耻恶衣恶食者，未足与议也。"

The Master said, "There is no point in talking to a man with professional aspirations [士] who sets his heart on the Way but who is ashamed of poor clothing and poor food."

大多数士是为仕途而学习，因为这保证了他们的生计和社会地位。但在这里，孔子所说的士是“志于道”的人，他们从政是希望实现更高的目标。孔子说，这样的人不在乎恶衣恶食，除非他不是真的。刘宝楠认为大多数追随孔子的年轻人没有从政经验，他们都是渴望仕途的士。因此，有关士的人生和理想，孔子“屡言”之。“皆循名责实之义”——他试图告诉弟子，“士先志”。

4.10 子曰：“君子之于天下也，无适也，无莫也，义之与比。”

The Master said, "A gentleman, in his dealings with the world, is not predisposed to what he is for or against. He sides only with what is right."

清代和民初学者都同意，可以把“之于天下”理解为对待人事或人际关系。他们的诠释仍为我们思考此处孔子的言论提供了多种方式。刘宝楠引用《后汉书》尤有启示：“夫事有违而得道，有顺而失义，有爱而为害，有恶而为美。其故何乎？盖明智之所得，暗伪之所失也。是以君子之于事也，无适无莫，必考之以义焉。”

4.11 子曰：“君子怀德，小人怀土。君子怀刑，小人怀惠。”

The Master said, "The gentleman [君子] worries about the condition of his moral character, while the common man [小人]

worries about [whether he can hold on to] his land. The gentleman is conscious of [not breaking] the law, while the common man is conscious of what benefits he might reap [from the state]."

此处“小人”的含义更宽泛——不仅是心胸狭隘的人，还包括普通人，那些靠土地生存、没有条件和时间去思考德行的人。在孔子看来，这样的人很自然会担心失去土地，因为迁移不是易事。但孔子没有止步于此，他继续思考他们与志向更高尚的君子之间的区别。刘宝楠这样诠释，君子“自治以治人者”，而小人“待治于人者”：他们不关心大善，却把自己的安居和任何可能从国家取得的利益置于公众利益之上。

许多学者指出，“君子”也可能代表君主。倘若如此，那么孔子的意思就不同了，就变成：若君主实行德治，则人民安居乐业，不会思迁；若君主治之以刑，则人民也就只关心如何从这样一个靠奖惩运作的国家系统中得到好处。即所谓“君若化民安德，则民下安其土，所以不迁也。人君若安于刑辟，则民下怀利惠也”。

4.12 子曰：“放于利而行，多怨。”

The Master said, "If in your action you think only of profit, then you will incur much unhappiness [with yourself and with the world]."

钱穆说“多怨”，即“多取怨”的对象可以是自己或其他人。我以为，如果利益是一个人行为的要点，两者确皆有可能。刘宝楠则认为孔子所说的是一位君主，为此他征引《荀子》第二十七“故义胜利者为治世，利克义者为乱世”。依照刘宝楠的诠释，可这样解读：假如为政之道以谋利为驱动，则会招致百姓的怨恨——“长国家而务财用”，必使“菑害并至”。

4.13 子曰：“能以礼让为国乎，何有？不能以礼让为国，如礼何？”

The Master said, “If a person is able to govern a state by means of the rites and with fostering a deferential attitude [among his people] as his goal, what difficulty will he have? If he is unable to govern the state in this way, what good are the rites to him?”

刘宝楠认为我们应当将“让”视为“礼之实”，将“礼”视为“让之文”。他认为“先王虑民之有争也，故制为礼以治之”，目的就是培养人民的尊敬礼让之心。钱穆认为，这样理解礼制，不同于单纯将它视作强化权力结构中尊上卑下的手段。但此处，孔子也可能是要求君主以身作则：如果君主的行为合乎礼，并且尊重人民，治国有何困难呢？

4.14 子曰：“不患无位，患所以立。不患莫己知，求为可知也。”

The Master said, “Do not worry that you have no official position. Worry about not having the qualifications to deserve a position. Do not worry that others do not know you. Seek to be worthy of being known.”

假若第二句翻译为“Worry about how to get yourself qualified for the position”，那么和原文更贴近。但我的解读与刘宝楠一致。他认为原文“患所以立”稍加改动为“患无所以立”，才是孔子的本意。这一细微变动显示了“语之急尔”。刘宝楠还提到，荀子在《非十二子篇》中表达过类似观点：“君子能为可贵，不能使人必贵己；能为可信，不能使人必信己；故君子耻不修，不耻见污；耻不信，不耻不见信；耻不能，不耻不见用。”

4.15 子曰：“参乎！吾道一以贯之。”曾子曰：“唯。”子出，门人问曰：“何谓也？”曾子曰：“夫子之道，忠恕而已矣。”

The Master said, “Can, my way has a thread running through it.” Master Zeng replied, “Yes.”

After the Master left, the disciples asked, “What did he mean?”

Master Zeng said, “The Master’s way consists of doing one’s best to fulfill one’s humanity [忠] and treating others with an awareness that they, too, are alive with humanity [恕].”

此处，曾参也就是曾子，向其他弟子解释孔子“吾道一以贯之”的含义。大多数传统学者认为，“忠”和“恕”是孔子学说的精要概括——《论语》通篇都支持这一点。由此看来，曾参可能是正确的，但他对“忠”和“恕”的理解是否与孔子一致则另当别论。曾参的学说以自我修养为核心，而孔子学说的涵盖面更广，且与治国理政密切相关。因此，清代学者焦循将孔子提出的“忠”和“恕”与孔子对圣君舜的评价相提并论，是恰如其分的。他写道：“忠恕者何？

成己以及物也。孔子曰：‘舜其大知也与！舜好问而好察迩言，隐恶而扬善，执其两端，用其中于民。’……此所以大也。”

焦循还引孟子之说，“大舜有大为，善与人同，舍己从人，乐取于人以为善”。焦循认为，这就是舜对忠恕之道的一以贯之。但是因为“物之不齐，物之情也”，大舜“则不得以己之性情，例诸天下之性情，即不得执己之所习、所学、所知、所能，例诸天下之所习、所学、所知、所能。”大舜是“圣人尽其性以尽人物之性”，因为他注意到每个人的欲望与能力有所不同。焦循对忠恕的解读与大多数学者不同。大多数学者认为，因为每个人的秉性相似，因此，同情或回报之举是以自己为标准审视他人好恶所产生的道德结果。焦循对恕的看法则比较宽广，而且他相信孔子也意在宽广，所以才举大舜为真正理解忠恕的例子。他说，像舜这样的伟人，“善与人同，舍己从人”，因为他知道假如“未通于人”，他的修养与知识“仅为知之次”，而必须“一以贯之”。焦循举 15.3 对这一点做出进一步的说明。

近来出土的公元前 300 年的断代资料，似乎可以印证焦循说舜伟大的观点。材料是这么说的：“昔舜旧作小人，亲耕于历丘，恐求中，自稽厥志，不违于庶万姓之多欲。厥有施于上下远迩。”

4.16 子曰：“君子喻于义，小人喻于利。”

The Master said, “The gentleman [君子] understands what is morally right. The petty man [小人] understands what is profitable.”

早期儒学家，比如汉代的董仲舒和郑玄，认为“君子”和“小人”之分是就社会地位言。董仲舒写道：“明明求仁义，常恐不能化民者，卿大夫之意也。明明求财利，常恐困乏者，庶人之事也。”不过大多数后世学者都视“君子”和“小人”为道德品格的区分，他们认为，在统治精英中可以发现“小人”，普通民众中也有“君子”，且孔子对人的评价与此人是否“喻于义”有关。焦循阐述此观点时，引荀子在《王制篇》中的话：“古者虽王公卿士大夫之子孙，不能属于礼义，则归之庶人；虽庶人之子孙，积文学、正行能属于礼义，则归之卿士大夫。”以道德为基础区分“君子”和“小人”，更符合孔子在《论语》中的教导，但早期的解读也不无可能。

4.17 子曰：“见贤思齐焉，见不贤而内自省也。”

The Master said, “When you meet a worthy person, think how you could become his equal. When you meet an unworthy person, turn inward and examine your own conduct.”

刘宝楠认为，荀子《修身篇》的首二句是孔子这段话的完美诠释。荀子说：“见善，修然必以自存；见不善，愀然必以自省也。”

4.18 子曰：“事父母几谏，见志不从，又敬不违，劳而不怨。”

The Master said, “In serving your parents, be gentle when trying to dissuade them from wrongdoing [几谏]. If you see that they are not inclined to heed your advice, remain reverent. Do not openly challenge them [不违]. Do not be resentful even when they wear you out and make you anxious [劳].”

一个有操守的人“谏”父母，如果父母拒绝接受，他会“劳”，即忧虑。这种情况下很容易情绪失控，用话语顶撞父母。孔子意识到这一点，所以他建议为人子者在规劝父母时要“几”，婉转，保持尊敬，不要嘲讽他们，但也不要放任。学者们的诠释集中于对“几”“不违”和“劳”的解读。大多数人都同意，“几”的含义是“微”，“劳”是“忧”或“劳苦”，但“不违”的含义就众说纷纭。一些人认为“不违”是“不敢违父母意而遂己之谏也”。另一些人看法不同，认为此处“不违”指的是，一个人的举止不应冒犯父母，即便父母不愿接纳谏言。第二种观点更具说服力，支持这种观点的人多以《礼记》中《檀弓》《祭义》和《内则》三章为主要依据。《檀弓》中说：“事亲有隐而无犯……事君有犯而无隐。”《祭义》说：“父母有过，谏而不逆。”郑玄据此做出评论：“‘不逆’与‘不违’义同，盖不违亦是‘几谏’，非不敢违父母意，遂不谏也。”

4.19 子曰：“父母在，不远游，游必有方。”

The Master said, “While your parents are alive, do not travel to distant places. And if you have to travel, you must tell them exactly where you are going to be.”

孔子再次要求为人子者要仔细留意父母的感受，不能让他们不安。与 4.18 相比，此处的教诲更容易做到。他说，父母在时不远行，假如要远行，告诉他们你在外地的居所，以便他们需要时可以找到你。

4.20 子曰："三年无改于父之道，可谓孝矣。"

The Master said, "If for three years you refrained from altering your father's ways [after your father died], you can be called filial."

同样的话亦见于 1.11 的后半部分，参考那里的诠释。

4.21 子曰："父母之年，不可不知也。一则以喜，一则以惧。"

The Master said, "You must always be mindful of your parents' age. It should give you cause to rejoice and reason for anxiety."

对挚爱父母的人子而言，知道父母健康或长寿——但无法永久，会同时感到喜悦和焦虑。清代学者刘开写道："故惧即生于喜，终身在喜之内，即终身在惧之中也。"

4.22 子曰："古者言之不出，耻躬之不逮也。"

The Master said, "People in ancient times did not speak carelessly, for they knew to feel ashamed if their action did not measure up to their words."

刘宝楠在注疏中提到《礼记·缁衣》中一段据说是孔子讲的话："言从而行之，则言不可以饰也；行从而言之，则行不可以饰也。故君子寡言而行，以成其信，则民不得大其美而小其恶。"但《礼记·表记》中有一段话更明确有力地表达了这个观点。这段话据传也是孔子所说:"君子不以辞尽人。故天下有道,则行有枝叶;天下无道,则辞有枝叶。是故君子于有丧者之侧,不能赙焉,则不问其所费;于有病者之侧,不能馈焉,则不问其所欲;有客,不能馆,则不问其所舍。故君子之接如水,小人之接如醴;君子淡以成,小人甘以坏。"

4.23 子曰:"以约失之者鲜矣。"

The Master said, "Few are those who make mistakes by knowing to hold back."

汉代学者孔安国说:"俱不得中也。奢则骄溢招祸,俭约无忧患。"《礼记·表记》中说:"夫恭近礼,俭近仁,信近情,敬让以行,此虽有过,其不甚矣……以此失之者,不亦鲜乎!"

4.24 子曰:"君子欲讷于言而敏于行。"

The Master said, "The gentleman tends to be hesitant about speaking but quick to act."

这句话呼应了孔子在 4.22 、12.3 和 14.27 中说的话。

4.25 子曰:"德不孤,必有邻。"

The Master said, "Virtue does not stand alone. It is bound to have neighbors."

“天下归仁”——这是大多数学者对孔子这句话原意的解读。但钱穆认为，也可以把这句话放在想要修德之人的语境中来理解：这样的人在完善自我时，需要师友——与他亲近的人的帮助，因此“不能独修成德”。

4.26 子游曰：“事君数，斯辱矣。朋友数，斯疏矣。”

Ziyou said, “In serving your ruler, if your reproof is unrelenting and tiresome [数], you will end up being humiliated. If you are that way with your friends, they will drift away from you.”

“数”的意思是“逼促、繁琐”。但如果这个字音“shù”，第四声，意思就是“众多、重复”。因此，郑玄提出另一种解读：“数己之功劳（遭辱）。”

公冶长第五

5.1 子谓公冶长："可妻也。虽在缧绁之中，非其罪也。"以其子妻之。

The Master said of Gongye Chang: "He is fit to marry. Even though he spent time in prison, he did not commit any crime." And he gave him his daughter for a wife.

公冶长是孔子的弟子，根据不同的记载，他是鲁国或齐国人。孔子没有说明他入狱的原因，但有早期文献提到公冶长懂鸟语。这条模糊的信息衍生出几种版本，想将他通鸟语的能力和获罪入狱联系起来。当中最引人注意的故事说，公冶长从卫到鲁，在路上"闻鸟相呼，往清溪食死人肉"。不多久，公冶长遇到一位老妇，她在寻找自外归家途中失踪的儿子。老妇相信儿子已经死在路上，公冶长告诉她自己听到的鸟语，俩人一同前往清溪，发现老妇的儿子果然已死。当有司调查尸体被找到的经过时，他们认为公冶长有嫌疑，谓："冶长不杀人，何缘知之？"公冶长被投狱后，有天他告诉狱吏，窗外的鸟在互相转告消息，有一架满载黍粟的牛车刚刚翻倒在路边。信息被证实后，公冶长得以释放。学者们对此类故事大多存疑，不过因为故事精彩，往往也收录到注疏中。公冶长究竟为何入狱也许并不重要，因为孔子不认为他犯了罪。荀子在《正论》中对人因失德而蒙羞与受环境所迫而蒙羞的区别，提出有力的见解。他说，就算是品德无可指摘的人也可能有此遭遇。我相信，这也是孔子借由公冶长想表达的：他完全不认为他的品德有问题。

5.2 子谓南容："邦有道，不废；邦无道，免于刑戮。"以其兄之子妻之。

The Master said of Nan Rong: "When the moral way prevails in the state, he is not overlooked. When the moral way no longer exists in the state, he manages to avoid punishment and execution." He gave him the daughter of his older brother for a wife.

孔子只有一个兄弟，叫孟皮。据汉代典籍记载，两人同父异母。孟皮是孔父以前娶的妾室所生，天生足有残疾，且他的母亲在孔父再娶之后被逐出家门。他是一个边缘人物，但孔子称他为"兄"。孟皮的女儿到了适婚年龄时，孟皮可能已经去世，因此孔子接过了为她寻找良婿的责任。南容在 11.6 中也有出现。我们了解到他反复背诵一首有关白圭的诗："白圭之玷，尚可磨也；斯言之玷，不可为也。"南容一定非常注意谈吐，因为他意识到，不慎说错话可以有严重后果，这也说明为什么即使在邦国无道的光景下，他也可以"免于刑戮"。传统注疏中对南容的身份有不同的说法：一说是孔子的弟子南宫韬；或曰南宫韬就是南容，是孟孙氏宗主的后代；又说南容也作南宫括。

孔子在 14.5 中称南宫括是“君子”，“尚德哉若人”。

5.3 子谓子贱：“君子哉若人！鲁无君子者，斯焉取斯？”

The Master said of Zijian: “A gentleman, this one! If there were no gentlemen in Lu, how could he have acquired [his strengths and character]?”

子贱是孔子的弟子宓不齐。据战国后期和西汉的文献记载，对孔子评价子贱是君子有两种解读。《说苑》强调子贱的道德品质。书中说，大多数人都抱怨生病或者服丧期间没时间学习或与亲友相处，子贱不这么想。他说，从仕给了他实践所学的机会；公事的压力迫使他挤出时间与亲友在一起，也因此加强了他们之间的纽带。《说苑》认为这就是孔子称子贱为“君子”的原因。那么如何理解这句评价的后半句？孔子在 4.25 中说德“必有邻”，因此子贱无法凭一己之力修德——他一定需要他人帮助。另一些记载说，子贱之所以是君子，是因为他在做官时知道如何寻找人才，委派责任。《吕氏春秋》就说，宓不齐在治理单父时，“弹鸣琴，身不下堂”，而“单父治”。被问及原因时，子贱回答说，他知道如何“任人”。如果这个故事是真的，那么孔子的后半句话就可以理解为：假如鲁国没有君子，子贱又怎么能找到人来辅助他治理公邑呢？

5.4 子贡问曰：“赐也何如？”子曰：“女，器也。”曰：“何器也？”曰：“瑚琏也。”

Zigong asked, "What do you think of me?"

"You are a vessel [器]."

"What kind of a vessel?"

"A *hu* or a *lian*, a vessel that holds offerings of sorghum and millet in the ancestral temple."

一些学者认为，孔子将子贡比作"器"是在贬低这位弟子，因为他在 2.12 中说过，"君子不器"——君子不惧处理不同的问题，而且"无所不施"，因此不是仅作专门用途的"器"。这些学者还说，在意识到这一评语可能中伤子贡时，孔子为了宽慰子贡，说子贡像宗庙中盛放祭品的圣器。不过《论语》中的子贡并不是才能单一的人，所以钱穆指出，5.4 应与 2.12 没有关联。事实上，孔子在 11.19 中说："回也其庶乎，屡空。赐不受命，而货殖焉，亿则屡中。"可见子贡并不是只有一技之长。那么，孔子将子贡和宗庙中的器皿相比有何用意？也许他觉得子贡有口才，善货殖，擅长判断人和形势，可以有很好的仕途。

5.5 或曰："雍也仁而不佞。"子曰："焉用佞？御人以口给，屡憎于人。不知其仁，焉用佞？"

Someone said, "Yong is humane [仁] but is not skillful in speech [佞]."

The Master said, "Why does he need to be skillful in speech? A man who responds with a clever tongue often ends up being detested by others. I don't know about Yong's benevolence, but why does he need to be skillful in speech?"

孔子在 11.3 中将弟子仲弓描述为有“德行”的人，这也符合此处仲弓“仁而不佞”的形象。孔子与谈话者的对答和他在 4.22、4.24 中所言也一致。但这段对话中更值得关注的，不是仲弓的品格或孔子有关言行的学说，关键在于“仁”和“佞”的问题。西周早期，“仁”和“佞”通用，发音相同。即便在孔子所处时代，这两个字也密切相关。这也解释了为什么有人困惑于仲弓“仁”（当时读作“ning”）而不“佞”。孔子的回答试图区分二者：“仁”关乎人格，而“佞”关乎修辞方式；如果一个人过于油嘴滑舌，其他人就会质疑他的人品。即便在《论语》中，“佞”也往往代表无德，因为油嘴滑舌的人可以轻而易举地假装有“仁”。然而，也可以找到不带有道德判断的例子，比如孔子在 6.16 中就将祝鮀描述为说话善“佞”的人。

5.6 子使漆雕开仕。对曰：“吾斯之未能信。”子说。

The Master encouraged Qidiao Kai to take office. Qidiao Kai replied, “I am not confident I am ready to take this step.” The Master was pleased.

漆雕开是孔子的弟子。孔子对他感到“说（悦）”，因为漆雕开有自知之明，当孔子敦促他考虑从仕时，他回绝了，说自己尚未准备好。之后漆雕开是否从仕不得而知。《论语》也仅提及他一次，尽管汉代文献中有关他的记载更多，但多数都是道听途说。其中一个故事出自《孔子家语》，说漆雕开“不乐仕”。但是“夫不乐仕，非圣人之教”，清代学者刘宝楠写道，因为子路曾代表孔子说，“不仕无义，欲洁其身，而乱大伦”。

5.7 子曰:“道不行,乘桴浮于海。从我者,其由与?”子路闻之喜。子曰:“由也好勇过我,无所取材。”

The Master said, “If I cannot practice a proper way here in this world, then I shall take to the open sea and drift around on a bamboo raft. The person who will follow me would be You.”

Zilu was overjoyed when he heard these words.

The Master said, “You loves courage more than I, but where can I find the timber [材] [to build my raft]?”

汉代学者郑玄认为此处“材”指的是“桴材”。他说:“子路信夫子欲行,故言好勇过我也。无所取材者,言无所取桴材也。以子路不解微言,故戏之耳。”郑玄说的“微言”,意思是孔子从未打算乘桴漂流海上,这只是一句比喻的戏言。最后一句有两种可能的解读:“子路比我更勇敢,但我没什么要向他学习(知识或道德)”,以及“子路比我更勇敢,但他缺乏裁度事理的能力”。这些解读都有道理,因为在古代中国,“材”字的意思是“材料”,与“哉”和“裁”字互通,意为“裁度”。不过程树德指出,郑玄的观点“以为桴材,极耐寻味”。

5.8 孟武伯问:“子路仁乎?”子曰:“不知也。”又问。子曰:“由也,千乘之国,可使治其赋也,不知其仁也。”“求也何如?”子曰:“求也,千室之邑,百乘之家,可使为之宰也,不知其仁也。”“赤也何如?”子曰:“赤也,束带立于朝,可使与宾客言也,不知其仁也。”

Meng Wubo asked, "Is Zilu humane [仁]?"

The Master replied, "I really don't know."

Meng Wubo asked again.

The Master replied, "You could be put in charge of military levies in a state of a thousand chariots, but I don't know if he is humane."

"What about Qiu?"

The Master replied, "Qiu could be made to assume the stewardship of a town with a thousand households or of a hereditary family with a hundred chariots, but I don't know if he is humane."

"And what about Chih?"

The Master replied, "Chih, standing in court with his sash fastened high and tight, could be asked to converse with the visitors and guests, but I don't know if he is humane."

在卷四的前六章中，孔子已经勾勒出"仁者"的概念，并对成为仁者所固有的矛盾做出阐述。随着探讨不断回归主题——论及子路、冉求和公西华这三个孔子相当了解的人是否仁的问题，这一概念愈发清晰。孔子选择评论这几个弟子的长处，然后表明他无法判断他们是否仁。他不愿对什么是仁、谁是仁加以归类,而是更倾向于间接回答问题:他说,子路、冉求和公西华各有所长,但这不等同于仁。听到孔子的回答，听者或读者也许不了解仁为何物，但至少可以分辨孰是真仁孰是假仁。我们在5.19、7.34、14.1中可以找到更多这样的回答方法。11.26中，这几位学生的自述——子路可以负责军事，冉求可以经管政事，公西华可以从事外交与宫廷礼仪——似乎证实了孔子对他们技能的观察。

5.9 子谓子贡曰：“女与回也孰愈？” 对曰：“赐也何敢望回？回也闻一以知十，赐也闻一以知二。” 子曰：“弗如也；吾与女弗如也。”

The Master said to Zigong, “Who is the better man, you or Hui? ”

Zigong replied, “How dare I compare myself with Hui ? Having learned one thing, he gives play to ten, while I go only as far as two.”

The Master said, “You are not as good as he is. Neither of us is as good as he is.”

孔子知道子贡擅长看人，但此处他要求子贡更进一步，将他自己与颜回相比较。子贡回答：我怎么敢和回比呢？这不是故作谦虚，而是准确评价自己和同学。于是孔子说，就连自己也不如颜回。尽管孔子认为颜回更好——超越所有他认识的人和他自己，因为颜回是最好学的，会闻一知十——但我相信他或许更喜欢和子贡相处，分享对诗的心得以及与子贡对话中的你来我往。

荀子在《儒效》中区分“雅儒”和“大儒”，这可以解释子贡在自己身上看到的与颜回的差别。荀子写道，“雅儒”是“言行已有大法”的人，然而处理阅历之外的问题不够机敏；而“大儒”是可以在学习和经历中不断精进的人，“以浅持博，以古持今，以一持万”。

5.10 宰予昼寝。子曰：“朽木不可雕也，粪土之墙不可杇也；于予与何诛？” 子曰：“始吾于人也，听其言而信其行；今吾于人也，听其言而观其行。于予与改是。”

Zai Yu was sleeping in broad daylight. The Master said, “Rotten wood cannot be carved; a wall of mud and dung is beyond plastering. What is the point of scolding Yu?”

The Master then said, “Formerly, in my relationship with people, after I’d heard what they said, I trusted what they did. Now, in my relationship with people, after hearing what they said, I would go and observe what they do. It was on account of Yu that I made this change.”

宰予即宰我。尽管此处孔子的评论表明宰予言过于行，但他的口才很好——长于“言语”。在《论语》中，宰予一共出现五次，我们对他印象深刻：他很聪敏，但有些懒惰；他的发问犀利，后续的追问也难以应付，相当烦人。如果早期文献记载正确，那么宰予后来在仕途上平步青云。所以，也许他是“朽木”和“粪土之墙”，但并不是不能进取。

5.11 子曰：“吾未见刚者。”或对曰：“申枨。”子曰：“枨也欲，焉得刚？”

The Master said, “I have never met a person who is unwavering in his integrity [刚].” Someone mentioned Shen Cheng.

The Master said, “Cheng has excessive desires. How could he have reached the point where he is unwavering in his integrity?”

钱穆认为“刚”的意思是“刚德”“无所屈挠”。钱穆说，“孔子极重刚德。刚德之人，能伸乎事物之上，而无所屈挠”于压力或诱惑。过多的欲望会使“刚大之气馁矣”，因为他无法放下。但孔子此处评价弟子申枨的话，并不意味着孔子推崇“无欲”，仅仅是主张不要让欲望失控。

5.12 子贡曰：“我不欲人之加诸我也，吾亦欲无加诸人。”子曰：“赐也，非尔所及也。”

Zigong said, “I do not wish others to impose what is unreasonable [加] on me, and I also do not wish to impose what is unreasonable on others.”

The Master said, “Si, this is not something that is within your power.”

在大多数英文翻译中，第一句话是这样的：“What I do not wish others to do unto me, I also wish not to do unto others.” 中国学者则强调“加”的意思是“陵”，欺凌，威逼，“谓以非义加人”。根据这种解释，钱穆指出对孔子的话有两种解读：孔子也许是在告诉子贡，他还没有达到可以克制自己不强加于人的境地；也可能是在告诉子贡，他可以不强加非议于他人，但不能期待别人也做到这样。钱穆同汉代学者孔安国一样，倾向于第二种诠释。他解释道，在第一种解读中，孔子仅仅是在批评子贡夸大自己的道德修养，而在第二种解读表达了对人性的洞察——就算一个人在与他人的关系中行为得当，这也不意味着他的行为会得到一样的回报。钱穆说，一个人对仁的认识当反求诸己，不能寄望于他人。

5.13 子贡曰："夫子之文章，可得而闻也。夫子之言性与天道，不可得而闻也。"

Zigong said, " One can get to learn about the Master's accomplishments in literature and the cultural tradition [文章] but not his views on human nature and the way of Heaven [天道]."

"文章" 指的是 "诗书礼乐"，在多数学者看来，这也是孔子贡献最杰出的方面。但孔子并不承认自己有独特的贡献。他是一个老师和编者——一个传承者——他自己说。颜回这样描述："博我以文，约我以礼，欲罢不能。"对弟子来说，这些话似乎是指，夫子传授给他的文与礼的知识，足以激励他在求学之道上自知自得。这就是孔子对性和天道的话题保持沉默的缘故吗？因为他觉得太艰深幽微，无法对后人言说；而一个老师能做的，就是帮学生做好自我求索的准备。所以他教他们诗书，向他们展示礼乐如何合乎其分。

传统学者对 "天道" 一词尤为关注。他们的疑问是：子贡说的是产生吉凶祸福的无法解释的力量，还是自然的造化、生命和变化之源以及生生不息的力量？这些学者还指出，之后两个世纪中，孔子的追随者并无惧于他人知道自己对性和天道的观点。因此，学者们猜测，孔子在这些话题上的沉默只是个人选择，抑或是春秋的世界还没到时候，不需要此类探讨。但若后一种猜测属实，为何子贡这么感兴趣？是他超越了自己的时代吗？

5.14 子路有闻，未之能行，唯恐有闻。

Before Zilu was able to put into practice what he had heard, he only feared that he might hear something else.

子路的困窘不难理解。他忠于敬爱和所事之人，如果有需要，他会第一个行动，并毫无保留去完成任务。所以尽管孔子认为这位弟子做事冒进，“由也兼人”，子路自己却担心不能跟上所有的要求，因此害怕“有闻”。

5.15 子贡问曰：“孔文子何以谓之‘文’也？”子曰：“敏而好学，不耻下问，是以谓之‘文’也。”

Zigong asked, “Why was Kong Wenzi given the posthumous name *wen* [cultured]?”

The Master replied, “He was quick and eager to learn and was not ashamed to seek advice from those who were inferior to him. Therefore, he was given the posthumous name *wen*.”

孔文子即孔圉，是卫国一位有权势的大夫。孔子旅居卫国时，他们彼此了解；但是，当孔圉告诉孔子，打算用兵攻打背叛自己女儿的女婿时，两人的友谊骤然破裂。《左传》记载，孔子对此非常失望，他命车夫“驾而行”，疾速离开卫国。孔子为何如此愤怒？也许是因为他不满孔圉利用政治职权处理私人纠纷。我想，这就是子贡提问的背景：其为人如此，“何以谓之‘文’也”？孔子的回答是，其实“文”反映的是孔圉“敏而好学，不耻下问”的一面。许多注疏都强调此处的“下问”未必与年龄或地位有关，还可以是财富、智识或者能力。宋明学者指出，孔子对孔文子的评判显示出他的公正与慷慨——他可以看到人格有瑕疵者的可取之处。

5.16 子谓子产：“有君子之道四焉：其行己也恭，其事上也敬，其养民也惠，其使民也义。”

The Master said of Zichan: “He was respectful in the manner in which he conducted himself, reverent in the service of his lord, generous in caring for the common people, and just in the way he employed them.”

子产是春秋时期一位重要的历史人物，生于公元前 543 年，殁于公元前 522 年，是郑国的宰相。孔子非常尊敬他，除了这段话中提及的原因，还因为子产的政治才能和精明的判断。当他听到子产过世，为之堕泪道，“古之遗爱也”。子产名“侨”，意即“高”，又字“子美”。学者们认为“侨”和“美”二字完美描述了子产的性情和品格。朱熹在诠释子产为何“其使民也义”时，引《左传》说：“子产使都鄙有章，上下有服，田有封洫，庐井有伍。”

5.17 子曰：“晏平仲善与人交，久而敬之。”

The Master said, “Yan Pingzhong is good at handling social relationships. Even after he has known a person for a long time, he remains respectful.”

晏平仲又名晏婴，孔子同代人，是齐国的大夫。有关孔子对他的评价，一些学者提出另一种解读：晏平仲善于处理社会关系。即使人们与他交往长久，仍然敬重他。但大多数学者倾向于我在这里提出的解读：他和人长久交往后，仍能保持对他人的敬意。钱穆写道："交友久则敬意衰，晏子于人，虽久而敬爱如新。此孔子称道晏子之德。"

5.18 子曰："臧文仲居蔡，山节藻棁，何如其知也？"

The Master said, "Zang Wenzhong housed the great tortoise in a hall where the capitals of the pillars were carved in the shape of mountains and the rafters' posts were decorated with duckweed design. What can we say, then, about his wisdom [知]?"

臧文仲是公元前六世纪时鲁庄公的大夫和司寇。时人认为他有通过所知所见以通晓未来的异能，所以称他"知"。但孔子不赞同，他的观点在几处早期文献中都有收录，不只见于《论语》。《左传》引孔子的话："臧文仲，其不仁者三，不知者三。下展禽，废六关，妾织蒲，三不仁也。作虚器，纵逆祀，祀爰居，三不知也。"汉代学者认为《左传》所说的"作虚器"，必是指臧文仲养的"蔡"，即大龟。但龟甲可用于占卜，怎会无用？学者认为，臧文仲一定是把本应居于鲁君宗庙的神龟藏在私邸，从而夺走了它的意义。他这样做，也是试图挑战君主的权威，因此孔子说臧文仲无知。宋代学者则不同意这种诠释。他们认为臧文仲并未将大龟据为己有，如果他这么做了，他的僭越就不是无知这么简单。臧文仲家族世代为鲁国守蔡之大夫，所以大龟由他负责，“居”于君主的宗庙中，并无僭越；但为了引起神明的注意，吸引他们来到宗庙，他“山节藻棁”，这就失当了。因为这种庙饰只有周天子有权使用，而非诸侯。正因如此，宋代学者说，孔子认为臧文仲没有智慧。

5.19 子张问曰：“令尹子文三仕为令尹，无喜色；三已之，无愠色。旧令尹之政，必以告新令尹。何如？”子曰：“忠矣。”曰：“仁矣乎？”曰：“未知，焉得仁？”“崔子弑齐君，陈文子有马十乘，弃而违之。至于他邦，则曰：‘犹吾大夫崔子也。’违之。之一邦，则又曰：‘犹吾大夫崔子也。’违之。何如？”子曰：“清矣。”曰：“仁矣乎？”曰：“未知，焉得仁？”

Zizhang asked, “Ziwen was appointed to the position of prime minister [of Chu] three times, yet he did not appear to be pleased. He had to resign from this position three times, yet he did not appear to be resentful. And as the outgoing prime minister, he invariably gave the incoming prime minister a full account of the affairs of the state. What do you think of this?”

The Master said, “He certainly did his best in fulfilling his duty [as a public official].”

“Was he humane [仁]?”

“That I don’t know [不知], but then how could he [or anyone] have fulfilled his potential to be humane?”

几个世纪以来，学者的注疏主要关注的是三个问题：子文是否三次任楚国令尹并三次被迫放弃令尹之位，因为一些早期文献记载，发生在楚国令尹叔敖身上的故事与此相似；孔子说的“三”是否指恰好三次，《左传》中的记载无法证实；“不知”的意思是“我不知道”还是“他没有智慧”，这两种理解都有可能。大多数学者同意叔敖不是此中说的令尹，因为据早先的历史记载，他在楚国任令尹不到七年，不可能在此期间被任命三次并被迫解职三次。他们还相信“三”的意思是“不止一次”，因为早期文献中，用“三”指代“不止一次”的例子很常见。但是，学者们对于“不知”的解读有分歧。一些学者认为孔子是在批评子文，认为他“不够智慧”。因为在后来楚国与晋国的城濮之战中，子文推荐的新令尹率军惨败。如果子文不够智慧，那他怎么会仁呢？后者显然更难以企及。一些学者则认为这种解读太过曲折，倾向于把“不知”简单理解为“我不知道”。他们说，这与孔子最后一个问题中对子张的回答一致。

在早期历史记载中，子文是一个不同凡响的人物。他是郧国公主婚外所生，父亲则来自楚国斗氏家族。出生不久后，外祖母把他丢弃在云梦泽，后被老虎叼回去养育，直到外祖父发现才带回家。所以他的名字叫斗谷于菟，因为楚国方言中“于菟”的意思是“虎”。子文在公元前664年首次受命任令尹，当时楚国国君刚刚过世，楚君的弟弟因非礼守寡的国君夫人而被暗杀。子文竭尽所能“纾楚国之难”，甚至“自毁其家”，以全力报国而知名。在这样的背景下，孔子评价子文：他知道子文忠于职守，但并不了解此人内在道德，而他的德行和其他所有人一样，不可能是完美的。

崔子是齐国的卿相。崔子和他的君主庄公曾是同谋——公元前554年，崔子帮助庄公铲除政敌，登上权位，但当庄公登堂入室，与崔子之妻有了男女之情后，他们变友为敌。崔子的谋杀是为了报复。

虽然《左传》没有记载陈文子是在庄公被暗杀之后离开齐国，但他为何离开则疑云密布。一说是由于陈文子的采邑只有十乘，无权揭示君主暴虐的真相，所以他离开，但他对此后居留的每一个国家都很失望。因此孔子说他“清矣”。陈文子与国家无道时装疯卖傻的宁武子（见5.21）形成有趣的对比。古代史官喜欢回归春秋时期的这段历史，因为相关记载涉及了史官的责任。在崔子谋害君主之后，齐国史官在史书中记录“崔杼弑其君”，崔子于是杀了史官。史官的其中两个弟弟坚持记录罪行时，他也把他们杀了。但当另一个弟弟拒绝抹去这段记载时，崔子放过了他。

5.20 季文子三思而后行。子闻之，曰 :“再，斯可矣。”

Ji Wenzi always thought three times before taking action . When the Master learned about this, he said, “Twice would have been enough.”

季文子是季孙行父的谥号。公元前601至前568年间，他是鲁国三代国君的正卿。一些学者认为孔子是在赞誉他，但另一些学者认为孔子是在批评。在季文子漫长的政治生涯中，他不同的作为可以佐证以上任何一种观点。《左传》记载，季文子终其一生为国奉献，从没考虑谋私利——“家无衣帛之妾，厩无食粟之马，府无金玉”。（译者按 :《左传》只有前两句，后一句来自《史记 · 鲁世家》。）可能是基于这样的赞美，郑玄等学者将孔子的话理解为，“文子忠而有贤行，其举事寡过，不必及三思也”。但早期的历史记载表明，季文子可能过度谨慎，经常坐失良机。比如在公元前609年鲁国的政治危机中，鲁国太子被杀，庶子取而代之，继承失序对国家的未来有灾难性后果，这一切发生在季文子任正卿期间，他却没有任何举措来避免或扭转局势。因此孔子说“再，斯可矣”的时候，其实可能是在指责季文子行事迟疑，缺乏决断。

5.21 子曰：“宁武子，邦有道则知；邦无道则愚。其知可及也，其愚不可及也。”

The Master said, “Ning Wuzi was wise when the moral way prevailed in his state and acted like a fool when the moral way did not prevail in his state. He could be equaled in being wise but unequalled in being a fool.”

宁武子，名俞，是卫国大夫。他仅侍奉过卫成公，因此有道或无道必定都是指成公一朝。但早期历史表明成公并非无能，也没有犯过大错，所以，是否有道与卫国是否治理有序相关；如果失序，也可能由外部因素导致，未必是因为成公。假如宁武子在这样的时候还愚笨，那么他凭什么被孔子评价为“知可及也，其愚不可及”呢？一些学者认为，宁武子在时局艰难时韬光养晦，假装愚笨以自保，因为他希望活下去取得更大的成就。另一些人认为，宁武子总是竭其所能帮助君主解决危机，不顾自身安危，所以他周围的人认为他愚。尽管宁武子本可以在任何一种情况下装成愚者，但只可能是因采取了更隐秘的做法——假装愚笨，实非如此——才赢得孔子如此高的评价。

5.22 子在陈，曰 :“归与！归与！吾党之小子狂简，斐然成章，不知所以裁之。”

When the Master was in the state of Chen, he said, “Let’s go home. Let’s go home! Our young men back home are wildly spirited [狂] and unhewn [简]. They are made of brilliant fabric but they don’t know how to shape their material.”

“狂”字非同小可。一个“狂”的人可能是性情狂傲、有大志，也可能是狂放而智慧过人。狂者可能是类似于宁武子这样假装愚蠢的人，18.5 中的接舆就是如此。但此处孔子指的是鲁国年轻人狂放的性情，有天分但需要琢磨。有次，一名弟子问孟子 :“孔子在陈，何思鲁之狂士？”孟子回答 :“孔子‘不得中道而与之，必也狂狷乎！狂者进取，狷者有所不为也’。”孟子说，孔子认为在这两者中，狂次于狷，所以他“思其次也”。当弟子问为何这些人“狂”时，孟子的解释是 :“其志嘐嘐然，曰‘古之人，古之人’。夷考其行而不掩焉者也。”

5.23 子曰 :“伯夷、叔齐不念旧恶，怨是用希。”

The Master said, “ Bo Yi and Shu Qi did not dwell on old wrongs [旧恶], and so they were rarely blameful.”

对孔子这段评价的另一种解读是——大多数的译文如此——“Bo Yi and Shu Qi did not remember old scores, and for this reason they incurred little resentment.”这里是要解释为什么其他人不怨恨伯夷和

叔齐，但此二人的故事并不支持这种解读。伯夷和叔齐生活在商周更迭的年代，是孤竹国的王子。他们不满周以武力灭商的事实，于是拒绝食周粟，有些说法认为他们饿死在首阳山。孟子这样描述伯夷："其不立于恶人之朝，不与恶人言。"因此，这些记载中两兄弟最突出的特点是，他们不惜一切代价拒绝被玷污，如果属实，这也与他们死亡的情形一致。但既然没有文献表明有他人迫害，他们想忘记的是什么呢？因此，我倾向于钱穆的解读。钱穆强调伯夷和叔齐不记得他人的"旧恶"，不等同于他们不记得自己遭受的恶行。他说，"不念旧恶，怨是用希"和孔子在 14.35 中说的"不怨天，不尤人"一致。司马迁在《史记·伯夷列传》中赞许孔子将此二人的事迹传颂于后世，但他质疑孔子把伯夷和叔齐描述为"不怨"。司马迁写道："及饿且死，作歌。其辞曰：'登彼西山兮，采其薇矣。以暴易暴兮，不知其非矣。神农、虞、夏忽焉没兮，我安适归矣？于嗟徂兮，命之衰矣！'……由此观之，怨邪非邪？"

5.24 子曰："孰谓微生高直？或乞醯焉，乞诸其邻而与之。"

The Master said, "Who said that Weisheng Gao was upright? When someone asked him for vinegar, he begged it from a neighbor and gave it to that person."

就像 5.18 和 5.20 一样，孔子在这段话中纠正了时人对微生高的褒扬。如果微生高是鲁国的尾生，那么他就是我在 1.13 的评注中所说的人。他很有信用，和一位女子相约在桥下相见，女子没有赴约，涨水时他未离开，竟抱柱而亡。孔子则对他有些怀疑。但从这里的描述来看，微生高似乎做了件好事。因为，对前来借醋的人，与其费事找邻居借醋给他，倒不如直接告诉他自己没有，把他给打发走更简单。所以孔子对微生高究竟有何不满？好几位学者指出，孔子只是在考量微生高是否正直，因为他有“直”的名声。孔子认为，微生高没有告诉借醋的人醋是邻居的，是不诚实。但孔子为什么要在一桩小事上大做文章呢？因为他相信人的日常行为体现了人品。

5.25 子曰：“巧言、令色、足恭，左丘明耻之，丘亦耻之。匿怨而友其人，左丘明耻之，丘亦耻之。”

The Master said, “Clever words, a pleasing countenance, nervous shuffling [足恭]— Zuoqiu Ming regarded such things as shameful, and I, too, regard them as shameful. To act like a friend to a person while concealing your displeasure—Zuoqiu Ming regarded such behavior as shameful, and I, too, regard it as shameful.”

大多数注疏对此段的讨论，都集中在“足恭”一词，因为“足”字的意思可以是“过多”或者“脚”。如果“足”解作“过多”，那么“足恭”的意思是“过度谦恭”，这也是朱熹的诠释。大多数学者都认为“足”是“脚”，所以“足恭”的意思是“前却俯仰，以足为恭也”——或是因为紧张谄媚，或是因为急于取悦。这一解读可以由《书经》和《礼记》证实。相关记载中，一个人说话、观看、移动的方式，常常与一个人的行为相提并论。《礼记》中说：“君子不失足于人，不失色于人，不失口于人。”孔子在 10.2、10.3、10.4 和 10.5 中的描述也可以作为例子。学者们在注疏中提出的另一个问题与左丘明的身份有关，讨论他是否为《左传》相传的作者左丘明。这个问题很难回答，因为他们可能并非同一人，其中一人复姓左丘，另一人不是。孔子所说的左丘明，不是稍为年长的同代人，就是另一个更早的古人——肯定是孔子敬仰的人。但多数学者认为，《左传》的作者左氏比孔子年轻得多，甚至可能是后世的人。

5.26 颜渊、季路侍。子曰："盍各言尔志？"子路曰："愿车马衣裘，与朋友共，敝之而无憾。"颜渊曰："愿无伐善，无施劳。"子路曰："愿闻子之志。"子曰："老者安之，朋友信之，少者怀之。"

Yan Yuan and Jilu were in attendance. Confucius said, "Why don't you each tell me what you would like to see yourself accomplish [尔志]?"

Zilu said, "I would like to share my carriages and horses, my clothes and furs with my friends, and, even if these things became worn, to have no regrets."

Yan Yuan said, "I would like never to boast of any good points I might have and never to claim credit for work I might have done for others [无施劳]."

Zilu said, "We would like to hear what you would like to see yourself accomplish."

The Master said, "To give comfort to the old, to have the trust of my friends, and to have the young seeking to be near me [怀之]."

在 11.26 中，孔子问过弟子们类似的问题，但那个问题引起的反响不同，与个人抱负有关。

这段话中，子路和颜回谈论的，是一种更深的成就感——这是他们希望自身拥有的品质。孔子也以同样的方式回答子路，道出自己的志。但他话中流露出来，他不仅关心自身的德行，老者、少者、朋友都在他的关心之内，在他的道德世界中各得其所。朱熹不同意汉代对“无施劳”的解读，即孔安国解释的“不以劳事置施于人”。朱熹认为“施”的意思还可能是“张大”。“劳”谓有功；“无施劳”意即不张大对别人的功劳，与“无伐善”——不夸大自己的优点——对文。还有些注疏详述“怀”的含义，想知道孔子到底要与少者培养怎样的关系。孔安国说“怀”即“归”，“以某人或某地为依归（to feel a sense of belonging to a person or a place）”，刘宝楠对此的解释是，“言少者得所养教，归依之若父师也”。

5.27 子曰：“已矣乎，吾未见能见其过而内自讼者也。”

Confucius said, “It’s hopeless! I have yet to see anyone who could recognize his mistakes and take himself to task privately.”

刘宝楠写道：“夫子叹未见好仁、恶不仁者，及此又有未见能自讼之叹。盖改过为学者至要，而亦至难。”要做到这样，须有“诚意”，刘宝楠强调，“自欺则非诚意矣”，且说，只有“慎独”，才能“自见”并“之于改过，尤亟亟也”。

5.28 子曰："十室之邑，必有忠信如丘者焉，不如丘之好学也。"

The Master said, "In a village of ten households, surely there are those who are as willing to do their best and are as trustworthy as I am. But there is no one who loves learning as much as I do."

大多数学者都用孔子这句话来劝学：只是尽力而为，做到忠信还不够，尽管是"生质之美者"，但为了"学之至"，"为圣人"，要继续学习。我则认为，孔子好学不只为提升人格，他乐于学习正确诵读诗歌的方式，也乐于学习刚听到的喜爱的新乐。其实学习带给他极大的愉悦，所以人们才"不如丘之好学也"。

雍也第六

6.1 子曰 :“雍也可使南面。”

The Master said, “Yong could be given a seat facing south.”

孔子在 11.3 中将弟子仲弓描述为有“德行”之人。在本章中，他说仲弓的品德足以治国，“可使南面”——如果他有机会的话。但仲弓到底是谁？他有什么潜力和天资才能得到夫子这样高的夸奖？《论语》虽未说明，却有一些他与孔子的对话被记载下来。荀子在文章中也对他大加赞扬，称他是孔子真正的传承者。由此可以看出，即便证据失传或被故意掩盖，仲弓显然不容小视。在成书于汉代的《孔子家语》中，仲弓也出现过几次。近来出土的一批战国资料中，记载了仲弓的名字。在刚出土的兴奋过去后，学者们发现那段文字并不比《论语》和《孔子家语》多说什么。

6.2 仲弓问子桑伯子。子曰:“可也，简。”仲弓曰:“居敬而行简，以临其民，不亦可乎？居简而行简，无乃大简乎？”子曰 :“雍之言然。”

Zhonggong asked about Zisang Bozi. The Master said, “He is all right in his simple approach.”

Zhonggong said, “To preside over the people with a reverent attitude and simple measures—is this not all right? But if a person who takes simple measures is also uninhibitedly simple [in the way he carries himself], is this not taking simplicity to an extreme?”

好的君主应该怎样，仲弓颇有洞见：治国的风格应是简单的，而非繁杂费解，但必须庄重自持，如果率略而无度就不行。从这段对话看来，子桑伯子不可能是这样的君主。那他是谁？有人说他是桑雽／扈，一名隐士，曾在《庄子》和《楚辞》中被提及；另有人认为他是秦大夫。但这都是推测。在汉代文献《说苑》中再次提到他，孔子前去拜访，子桑不着寸缕地现身。他们之间发生了一段对话，大致以《论语》中的对话为基础，但把重点从“大简”转为强调“文质修美”。

6.3 哀公问：“弟子孰为好学？”孔子对曰：“有颜回者好学，不迁怒，不贰过。不幸短命死矣，今也则亡，未闻好学者也。”

Duke Ai asked, “Who among your disciples love learning?”

Confucius responded, saying, “There was Yan Hui, who loved learning. He did not transfer his anger elsewhere, and he did not repeat a mistake. But unfortunately he had a short life and is dead now. Since his death, there is no one left who loves learning — at least I haven't heard of anyone."

孔子在 2.9 和 6.11 中评价过颜回，子贡在 5.9 中论及颜回，颜回自己在 9.11 也做了自我评价，足以证明颜回好学。但颜回不迁怒，不贰过，如何与他的好学联系起来？刘宝楠说，这些品德证明颜回好学，也证明颜回将品格培养视作学习重点。颜回比孔子年轻将近三十岁。在孔子周游列国时，他是随侍者之一。他大约死于公元前 482 年，享年约四十岁，那是孔子应哀公之邀返鲁后两年，也是孔子的儿子伯鱼死后一年。

6.4 子华使于齐，冉子为其母请粟。子曰："与之釜。"请益。曰："与之庾。"冉子与之粟五秉。子曰："赤之适齐也，乘肥马，衣轻裘。吾闻之也，君子周急不继富。"

Zihua was sent on a mission to the state of Qi. Ran Qiu asked [their employer], on behalf of Zihua's mother, for an allowance of grain. [He checked first with Confucius about what might be an appropriate amount, and] the Master said, "Give her a *fu* ." Ran Qiu asked for more. The Master said, "Add another *yu* ." Ran Qiu in the end gave her five bing.

Confucius said, " Chi went off to Qi, drawn by firm-fleshed horses and sporting a light fur gown. I have heard it said, 'A gentleman is busy finding ways to help the poor and desperate—he does not try to top up the supply [in the storehouse] of the rich.'"

在所有弟子中，孔子对冉求的要求最严苛，对他的过错也最不宽容，原因我在 3.6 的诠释中分析过。本章又是冉求激怒孔子的一个例子。公西华富足，因此他母亲并不需要冉求为她获取的五秉粟。学者对与釜、庾、秉计量为几何意见不一。根据钱穆的计算，一釜相当于一人一个月的粮食，而秉几乎百倍于釜。那么冉求为公西华家要这么多粟的意图是什么？是讨好公西华，还是让自己更富裕？公西华也是孔子的弟子，和冉求一样，他是季孙氏家臣，也服事鲁君。他对礼很有研究，所以经常被委以外交使命。孔子在这里对他没有善言，但从《论语》其他段落来看，公西华似乎是友善谦逊的。《礼记》说他负责孔子的丧事。

6.5 原思为之宰，与之粟九百，辞。子曰："毋！以与尔邻里乡党乎？"

Yuan Si, upon becoming a district steward, was offered a salary of nine hundred measures of grain. He declined.

The Master said, "Don't refuse it. Can you not share it with the people in your village and in the neighboring communities?"

原思是孔子的弟子原宪。学者们喜欢把他的行为与上一章冉求的行为相比较。冉求对于国库的钱过于大方，迫不及待地用来给已然生活舒适的朋友好处，而原思则是对于所得过度谨慎，即便是应得的俸禄。原思害怕的是数额太大（据计算，约为其时四百五十亩地的出产，相当于今七十英亩）会被视作失当。孔子对两位弟子说，为什么不想想有需要的人？因此，冉求不该再给已经富裕的人增加财富，原思也应该接受他应得的，并与“乡里邻党”分享。

6.6 子谓仲弓，曰:“犁牛之子骍且角，虽欲勿用，山川其舍诸？”

The Master, speaking about Zhonggong, said, “If the offspring of a plough ox has a reddish coat and perfectly formed horns, even if we won’t use it in a sacrifice, would the spirit of mountains and rivers refuse to accept it?”

仲弓像“犁牛之子”——他的父亲是农民——但他天性美善，像“骍且角”的小牛。即便他不被人接受，神明也会接纳他。因此孔子在 6.1 中说，仲弓可以服事天子。当然，他说的不仅是仲弓，还包括像仲弓那样的人：如果他天生是将才，出身不重要。

6.7 子曰：“回也，其心三月不违仁，其余则日月至焉而已矣。”

Confucius said, “ Hui lets his heart abide in humaneness for three months at a time without straying from it. Others can do it only now and then.”

钱穆写道，“颜渊已能以仁为安宅”，所以可以一次居于其间三月，也就是“一季”。“气候将变，其心偶一违仁”，但他总是能回归仁，所以“亦可谓心不离仁矣”。钱穆说，其他人“欲仁而屡至也”，但他们会渐行渐远，因为“尚不能安耳”。

6.8 季康子问："仲由可使从政也与？"子曰："由也果，于从政乎何有？"曰："赐也可使从政也与？"曰："赐也达，于从政乎何有？"曰："求也可使从政也与？"曰："求也艺，于从政乎何有？"

Ji Kangzi asked, "Is Zhongyou qualified to hold government office?"

The Master said, "Zhongyou is decisive. What difficulty would he have in handling government affairs?"

"What about Si? Will he do?"

"Si is perceptive—he has a piercing mind. What difficulty would he have in handling government affairs?"

"What about Qiu? Is he qualified to hold office?"

"Qiu has many skills. What difficulty would he have in handling government affairs?"

孔子到了这个人生阶段，已经放下所有个人的政治抱负。他刚刚结束周游列国，回到鲁国。《左传》记载，鲁人尊他为"国老"，这也说明为何哀公和大夫季康子会问政于孔子。本章中谈到三个弟子从政的前途，孔子总结了他们的长项，他认为他们三人都适合从政。在周游列国的多年间，子路、子贡、冉求一直随侍孔子，必然是孔子在帮他们为政治生涯做准备。

6.9 季氏使闵子骞为费宰。闵子骞曰："善为我辞焉！如有复我者，则吾必在汶上矣。"

The Ji family wanted to make Min Ziqian the steward of Bi. Min Ziqian said [to the messenger], "Please decline it nicely for me. If they summon me again, I shall be north of the River Wen."

从公元前659年开始，费邑就由季孙氏把持，当时鲁君将费邑赐给季孙氏宗主，作为击败邻国军队的奖赏。孔子一生中，费邑的数任邑宰，也是季孙氏家臣，都曾以费邑作为大本营，起兵反抗季孙氏。也许正因这座城池和造反联系在一起，性情温和、孔子口中有“德行”称誉的闵子骞决定，拒绝担任费宰。孔子和闵子骞不同。孔子还曾考虑和一位季孙氏家臣共事，明知对方正在策划一场暴乱。孔子不怕蹚浑水，因为他相信自己能不沾淤泥。闵子骞则宁愿跑到汶河的另一边，也就是齐鲁二国边界去。

6.10 伯牛有疾。子问之，自牖执其手，曰：“亡之，命矣夫！斯人也而有斯疾也！斯人也而有斯疾也！”

Boniu was ill. The Master went to ask how he was. Holding his hand through the window, the Master said, "We are going to lose him! Such is the force of destiny, that this man should have this illness, that this man should have this illness."

孔子还认为伯牛（冉耕）有“德行”，孔子把他和在本卷中出现过的三位弟子颜回、仲弓、闵子骞归为一类。汉代学者认为伯牛身患不可示人的恶疾，所以孔子的拜访仅限于隔窗握住他的手。也有学者认为伯牛病入膏肓，孔子“自牖执其手者，此是变礼”。这些细节可能很重要，但是，是孔子的话才使这个场景有了分量。孔子很少谈论死亡，似乎也从不争论人有一死的事实。但颜回去世时，他无法克制自己，就像本章中伯牛将死一样。他的哀恸发自老师和父亲的身份，但愤懑的对象却是抽象的，也就是中国人所说的“命”：他问，为什么攫走一个前途无限的年轻生命？

6.11 子曰：“贤哉回也！一箪食，一瓢饮，在陋巷，人不堪其忧，回也不改其乐。贤哉回也！”

The Master said, “What an extraordinary man was Hui! Living in a shabby neighborhood on a bowlful of millet and a ladleful of water—most people could not have endured such misery, but Hui did not let it take anything away from his joy. What an extraordinary man was Hui!”

颜回就是那种难得一见的、在任何环境都能自得其乐的人。他不在意贫穷，因为他的注意力完全在他心目中更重要的事情上。颜回天生热爱善的事物，没什么可以阻挡他好学，他会为之付出一切努力。

6.12 冉求曰：“非不说子之道，力不足也。”子曰：“力不足者，中道而废。今女画。”

Ran Qiu said, “It is not that I am not pleased with my teacher’s way. It’s just that my strength fails me.”

The Master said, “Those whose strength fails them collapse along the way. You draw a line first [to tell yourself how far you are willing to go].”

在 3.6 和 11.17 中对冉求行为的描述，可以佐证孔子对他的看法：孔子认为冉求在道德勇气遇到挑战时，会明确划分能力可及与不可及的事情。冉求和颜回形成对比。颜回热爱孔子的道，觉得很难实践，但颜回在 9.11 中说，“欲罢不能”，他的追求直到去世才终止。刘宝楠认为，死亡就是孔子所指的“中道而废”。孔子的弟子曾子这样解释：“士不可以不弘毅，任重而道远。仁以为己任，不亦重乎？死而后已，不亦远乎？”

6.13 子谓子夏曰：“女为君子儒，无为小人儒。”

The Master said to Zixia, “Be a gentlemanly *ru*. Don’t be a petty *ru* .”

学者们对孔子给子夏的建议提出两种解读。刘宝楠说“儒”是“乡里教以道义者”，也是周朝负责“有六艺以教民”的官员。由于子夏想要创办私学，孔子敦促他成为“君子儒”，“能识大”而非知识琐碎的人，子夏的学习特点就是琐碎。

另有学者则认为，孔子在这里谈论的不是两种学习风格，而是两种人品——君子，真儒；以及小人，假儒。这些学者认为，这是孔子最关心的问题，因为他认识到，两者难以区分，若不明确分别，对错就会混淆。放在本章中理解，“儒”指的不仅仅是老师，还有深明礼的人、专研文学的人——孔子所来自的阶层，也是后世孔门中人所代表的阶层。

6.14 子游为武城宰。子曰："女得人焉耳乎？"曰："有澹台灭明者，行不由径，非公事未尝至于偃之室也。"

Ziyou was the steward of Wucheng. Confucius said, "Have you found any good man?"

"There is Tantai Mieming. He doesn't take shortcuts, and he never comes to my room unless it is on official business."

子游是孔子较年轻的弟子之一，孔子将他归为擅长"文学"的人。在孔子的年代，至少有两个地方叫武城，其一位于鲁国西南，另一位于东南。学者们认为此处的武城是东南面的那一座，因为澹台灭明来自那里。据汉代文献，澹台灭明又叫子羽，也是孔子弟子。按照子游的描述，澹台灭明是一个正直的人——他履行公职从不取捷径，也不会把私人事务和公事相牵涉。大多数人会认为澹台灭明做官的方式不实际，甚至有些笨拙，但在宋代思想家杨时看来，"如灭明者，观其二事之小，而其正大之情可见矣"。

6.15 子曰："孟之反不伐，奔而殿，将入门，策其马，曰：'非敢后也，马不进也。'"

The Master said, "Meng Zifan does not like to boast. When his army fled [in the battle against the Qi], he guarded the rear. Yet upon entering the city gates, he whipped up his horses and said, 'I was not so brave as to stay behind [to guard the rear]. It was just that my horses refused to move forward.'"

孟之反是鲁国大夫。公元前484年，鲁国和齐国开战，孟之反任右师将领之一。在《左传》中有孟之反言行的类似记载。那段记载告诉我们，鲁君一开始不愿抗击齐军，是孔子的弟子冉求说服他让自己亲率左师。虽然右师在这场战事中被齐军击败，但左师在冉求的指挥下赢得了一场关键战役，随后打赢战争。

6.16 子曰："不有祝鮀之佞，而有宋朝之美，难乎免于今之世矣。"

The Master said, "If you have only Song Zhao's good looks and not Priest Tuo's rhetorical skills[佞], it will still be hard for you to escape unscathed in the present world."

宋朝是春秋晚期的花花公子。女人很容易被他吸引，他自己也不安分，时有越界。在卫襄公和卫灵公手下做官时，他与两人的夫人都有暧昧关系。祝鮀也是卫国官员，但官阶远低于宋朝。在14.19中，有人问孔子，为什么像灵公这样失德的君主还能居于君位？孔子解释说，那是因为卫国有才干的人在管事——仲叔圉负责接待外来宾客，祝鮀打理宗庙，王孙贾管治军事。由此看来，孔子对祝鮀似乎没有负面评价，尽管他说祝鮀"佞"。我在5.5中指出，"佞"在《论语》中一般指"油嘴滑舌"，但也可以是"口才好"的意思，本章即是如此。不仅"佞"在此处不含道德评判，孔子评价宋朝"美"也是一样。钱穆认为，孔子是在观察"时风"，旨"不在论鮀朝之为人"。

6.17 子曰："谁能出不由户？何莫由斯道也？"

The Master said, "Who can leave a room without using the door? How is it, then, that no one uses this way [when conducting his life]?"

汉代思想家董仲舒说，"斯道"指的是"圣人天地动"和"四时化者"——不因环境而变的"道"。另一些学者不同意——他们认为"斯道"不是崇高不可及的，"户"和"道"并行："人知由户，不知由道？"且认为孔子其实是用"道"在谈"礼"——礼的规则和实践，可以帮助人合乎其分地行动和做出评判。

6.18 子曰："质胜文则野，文胜质则史。文质彬彬，然后君子。"

Confucius said, "If the native material outweighs refinement, you have a rustic[野]. If refinement outweighs the native material, you have a scribe [史]. When there is a right balance of native material and refinement, you have a gentleman[君子]."

据刘宝楠注，孔子在这里想做的是"为之正其名，究其意"，也就是恢复"君子"的正道。所以他说，当文质相配，恰到好处，就成君子。质过多的人"野"，不是君子。文过多的人"史"，也不是君子。为什么说一个人文过多则"史"？因为"史"负责誊写，对职责敷衍了事——知其文而不知其文之实。

6.19 子曰："人之生也直，罔之生也幸而免。"

The Master said, "One is able to live out his life by being upright. If a person is able to survive while living a crooked life, it is due to luck that he is spared."

第一句最难理解。为什么人生要"直"才能存续？刘宝楠借用《易经》和《中庸》中的概念解释："盖直者，诚也。诚者，内不自以欺，外不以欺人……天地以至诚生物……不诚则无物，故诚为生物之本。"

6.20 子曰："知之者不如好之者，好之者不如乐之者。"

The Master said, "To know something is not as good as to have a love for it. To have a love for something is not as good as to find joy in it."

多数学者认为，代词"之"指的是学习，此处译作"something"。刘宝楠说6.11和7.19最能代表孔子所说的学习之乐。我们从6.11中读到，颜回不会让任何东西妨碍他学习的乐趣，无论是箪食瓢饮还是身处陋巷。而在7.19中，孔子非常愉悦，以至忘记忧虑。按孔子在这里的观点，学习必须有乐趣，而愉悦就是一个人好学的证明。

6.21 子曰："中人以上，可以语上也；中人以下，不可以语上也。"

The Master said, "You can speak about higher matters to those who are above the middle in intelligence but not to those who are below the middle in intelligence."

孔子的建议适用于所有人，尤其是对大众负有教化之责的教师和官员。对那些无法理解的人解释深奥概念和复杂政策，不仅是浪费时间精力，还可能使他们困惑，甚至被误导。因此刘宝楠说，孔子"罕言利、命、仁、性与天道"，就算对弟子也是如此。也因此，在教导弟子时，孔子会"量为语之"并"循循善诱"，还会针对每位弟子的素质和性情调整教学。

6.22 樊迟问知。子曰："务民之义，敬鬼神而远之，可谓知矣。"问仁。曰："仁者先难而后获，可谓仁矣。"

Fan Chi asked about wisdom. The Master said, " Work for what is appropriate and right in human relationships; show respect to the gods and spirits while keeping them at a distance—this can be called wisdom."

Fan Chi asked about humaneness. The Master said, "The humane man takes on the difficult first and will not attend to any benefits [until he has completed his tasks]."

樊迟年轻的时候是个战士。此时他似乎考虑在鲁国从政，所以数次询问孔子如何兼具智慧和仁来服务于民众。孔子给了他一个简洁的回答：拉近与民众的距离，确保他们在家庭、世界中的行为合乎其分；敬畏神明（因为我们无法理解它们），通过礼仪展现尊敬，但保持它们和人世的距离。

孔子对樊迟的回答似乎过于详细和拘束，但基于对话的背景，可以理解。几个世纪以前的宋朝参政知事范仲淹曾借鉴孔子的这句话，作为他自己为政的宣言。他说："先天下之忧而忧，后天下之乐而乐。"

6.23 子曰："知者乐水，仁者乐山。知者动，仁者静。知者乐，仁者寿。"

The Master said, "The wise delight in water; the humane delight in mountains. The wise are in motion; the humane are still. The wise are joyful; the humane are long-lived."

孔子说的话有些深奥。为什么知者乐水，仁者乐山？更难理解的是"知者乐，仁者寿"。孔子说的"寿"是什么意思？这些问题有许多理论和猜想，其中一些精巧而有见解，另一些则故作惊人语。钱穆认为，我们应将这句话一分为三：知者、仁者乐的是什么；他们是怎么样的；静、动对知者和仁者有什么作用。刘宝楠在他的诠释中，花了很长篇幅探讨知者和仁者之"乐"。他引汉初的文献说，不仅是知者，所有有德行的人都喜欢河川，因为河川催生许多奇妙的想法——源头、活力、动力、清澈、纯洁。但只有仁者和山有深刻的联系：山稳固不变；山厚重不迁，草木鸟兽和万物生灵生长其上。仁者在山中有归属感，他们和山一样沉稳，因为他们能够深思，过自省的生活。我以为，所有注疏对"知者乐"的解读都不够好，但程树德对"仁者寿"提出了一种有趣的理解方式。他认为"寿夭不徒以年之长短论也"，而以活得如何而论。他解释道，如果"尽性至命，克终天年"，"是为寿"。因此即便颜回早逝，他也是寿。程树德的解读受到孟子的影响，所以无法断定这是孔子所说"仁者寿"的本意。

6.24 子曰："齐一变，至于鲁。鲁一变，至于道。"

The Master said, "With one great change the state of Qi could resemble the state of Lu. With one great change, [the government of] Lu could embody the moral way."

孔子在本章表达了他的偏见：他认为齐国不如鲁国，因为齐国始封国君太公虽然有才干，但却不如鲁国始封国君，也就是周公旦的儿子伯禽。汉初的文献说，两人受封东部各自之国数年后，这种迹象就很明显了。文献还记载，早在那时，周公就已发现，太公在言语政策中有意图称霸的迹象，而伯禽的政教则符合真正的王者之治。到孔子的年代，齐鲁二国变得极为相似：两国的国君都无才无德。但孔子仍然相信鲁国能改革重振，因为有历史积淀，也因为孔子相信，即便在大道不行的年代中，还有他这样的人来辅佐。

6.25 子曰："觚不觚，觚哉！觚哉！"

The Master said, "A *gu* is not a *gu*. How could it be a *gu*? How could it be a *gu*?"

这又是一句深奥难解的评论，比 6.23 更难捉摸。各种注疏对此的讨论基本围绕"觚"展开——或是礼仪中用的酒器，或是书写用的木简。大多数学者认为如果我们把"觚"看作酒器，更容易揣摩孔子的意思。他们还认为孔子是在为时人使用"觚"的方式痛心：礼器粗制滥造，尺寸和形状都被篡改以便盛放更多的酒。所以孔子说，"觚不觚"。但缺乏背景，这一解读也只能是猜测。

6.26 宰我问曰："仁者虽告之曰：'井有仁焉。'其从之也？"子曰："何为其然也？君子可逝也，不可陷也；可欺也，不可罔也。"

Zai Wo asked, "If a humane man, a *renren*, is told that someone is stuck in a well, would he go down the well himself to see what he could do?"

The Master said, "Why would he do that? A gentleman, a *junzi*, can go and take a look but he is not going to hurl himself into a trap. He can be deceived but not ensnared."

"仁人"能够比其他人更敏锐地感知他人的恐惧和焦虑，总是因同情而行动。因此，如果他得知有人跌入井中，在找到其他方法之前，一定会自己下到井里。这对宰我来说，是个令人惊惧的想法，所以他问夫子，如果发生这样的情况，仁人是否该这样做。孔子在回答宰我时并不希望谈论仁人。他说"君子可逝也"，君子会尽量做正确的事，他可能会被骗，但不会被困住。一百年后，孟子就这一观点展开，他说，君子可能会被他人合情合理的话所骗，但绝不会误以为欺骗是正确的。

6.27 子曰："君子博学于文，约之以礼，亦可以弗畔矣夫。"

The Master said, "The gentleman broadens his learning in literature and holds himself back with the practice of the rites. And so he is able not to go beyond the bounds of the moral way."

对于孔子的意思，学者们意见纷纭：是说“文”和“礼”二者同为一个人修养的根基，还是说人应该靠“礼”来约束“文”从而不偏离正道？刘宝楠提出一种思路。他首先大段引用程瑶田《论学小记》。程瑶田写道：“于何学之？曰于文。圣人贤人，先我而尽道者也，夫固我之师也。然而已往矣，其所存者文而已矣。文存则道存，道存则教存，吾学其文而有获，不啻亲炙焉，而诏我以语之，呼我以喻之也。不啻相依焉，而携我以举之，掖我以履之也。”

为什么要广泛地学文呢？程瑶田解释道，我们都知道，帝尧和孔子的文化遗存是非常丰厚优美的，但如果没有广博的知识，我们就无法充分理解其中的丰厚和美以及它们之间（细微奥妙）的不同。以程瑶田的说法为基础，刘宝楠说，“文所以载道，而已礼明之者也”，“博学于文，则多闻多见，可以畜德，而于行礼验之”。

6.28 子见南子，子路不说。夫子矢之曰：“予所否者，天厌之！天厌之！”

The Master went to see Nanzi. Zilu was not happy. The Master swore an oath to him: “If I have done anything wrong, may Heaven forsake me, may Heaven forsake me.”

南子是卫灵公的夫人，素有轻佻之名。孔子居卫国时曾拜访她。司马迁在《史记·孔子世家》中，将《论语》里这两句话变为一幅引人遐想的画面。他写道：“夫人在絺帷中。孔子入门，北面稽首。夫人自帷中再拜，环佩玉声璆然。”

司马迁认为子路不悦和孔子起誓都有文章可做，儒学家则勉强为孔子的拜访找到一种合理的解释。有人说，古者仕于其国，有见其小君之礼，孔子身为卫国贵客，依礼制不得不拜见国君夫人。钱穆则提出一种看起来更符合现实状况的解读：孔子在卫国，急于在卫灵公手下得到官职，一无所获的时候，才去见南子和王孙贾。

6.29 子曰："中庸之为德也，其至矣乎！民鲜久矣。"

The Master said, "Attaining a balance all the time in practical matters and in everyday life[中庸] —is this virtue not the best? For so long now, it has been rare to find it among the common people."

各类注疏中的讨论都围绕"中庸"的概念。"中"的意思是"平衡""均衡"。"庸"就有些复杂，意思是"普通"；"庸"也经常和"用"联在一起，意为"作用"或"有用"。能够被反复使用即为"常用"，所以"庸"也是"经常"或"一直"的意思。钱穆认为孔子所说的"中庸"，与《礼记》这本儒家过去千年四大经典之一中《中庸》的观点有区别。钱穆说，《礼记》里"中庸"的概念较为精妙，与先哲和贤君相关，而本章中的"中庸"指的是普通状况、普通人和他们的为人处事。这种方式比较容易做到。事实上，古人能在日常生活中始终不自觉地保持中庸。钱穆写道，但"今之民则鲜有此德久矣"，所以孔子为"风俗之败坏"而痛惜。

6.30　子贡曰："如有博施于民而能济众，何如？可谓仁乎？"子曰："何事于仁！必也圣乎！尧舜其犹病诸！夫仁者，己欲立而立人，己欲达而达人。能近取譬，可谓仁之方也已。”

Zigong said, “If there is someone who is generous to his people and works to give relief to all those in need, what do you think of him? Can he be called humane?”

The Master said, “This is no longer a matter of humaneness. You must be referring to a sage. Even Yao and Shun found it difficult to accomplish what you've just described. A humane person wishes to steady himself, and so he helps others to steady themselves. Because he wishes to reach his goal, he helps others to reach theirs. The ability to make an analogy from what is close at hand is the method and the way of realizing humaneness.”

十七世纪思想家王夫之对这段对话做出一种机智的解读。他说，子贡认为“博施济众太轻易”，所以孔子知道子贡并不理解何为“博施”“济众”及其需要付出多少。孔子说子贡所描述的情形“何事于仁”，因为就连尧舜那样的圣人都很难做到。当孔子谈到仁的时候，尤其关注“方”。这一方法听起来并不伟大，因为它有赖于每一个人已经拥有的品质，也就是“能近取譬”，能就身边之事物来类比相譬。

述而第七

7. 1 子曰 :“述而不作，信而好古，窃比于我老彭。”

The Master said, “ I transmit but do not innovate. I love antiquity and have faith in it. Perhaps I can compare myself with Old Peng.”

注疏中多把讨论的焦点放在“老彭”的身份上，这个名字指的或是商朝一位贤者或是庄子提到的彭祖——一位活了几百岁的长寿之人——因为他懂得如何养生。有些人甚至说“老彭”代表两个人，老子和彭祖。但更有意思的是孔子对自己的描述——“述而不作”,“信而好古”，将自己与老彭相比。要读懂他的话，可以先参考 6.27 中引述的程瑶田的解释，即孔子对“文”的理解——“吾学其文而有获，不啻亲炙焉”。根据程瑶田的诠释，这是因为，文“诏我以语之，呼我以喻之”。可能正是这个原因,孔子倾向于“述而不作”。而孔子“信而好古”是因为他相信，圣人活在古代，他们的行为被保存在文学记载中。过去的记载使孔子得以在当下对数十、数百年前的人类历史想象并反思，在他看来，这和实际活了那么久没有分别。所以尽管他知道自己不可能和老彭一样长寿，仍然“比于我老彭”。

7.2 子曰：“默而识之，学而不厌，诲人不倦，何有于我哉？”

The Master said, “To retain knowledge quietly in my mind, to learn without ever feeling sated, not to weary of teaching [诲]—these things are not a problem for me.”

一些学者认为“默”是本章最关键的词。他们说“默”的意思不是无声，因为一个人就算身处人群，也可以在精神上保持某种宁静。孔子就能做到：他吸收且内化所学，所以学而不厌，总是渴求更多。“诲”也需要诠释。孔子谈及自己传道授业，喜欢用“诲”这个字。他本可以用其他词，比如“训”或者“教”，但“训”的意思是“说释而教之”，而“教”是“上所施”，这两个词都不符合孔子的教学理念——“晓教”——成书于一世纪的《说文解字》对“诲”的解释，即“明晓而教之”。

7.3 子曰：“德之不修，学之不讲，闻义不能徙，不善不能改，是吾忧也。”

The Master said, “To fail to cultivate virtue, to fail to practice what I have learned, not to direct my steps toward what is right when I know what that is, and to make mistakes and not be able to correct them—these are the things that worry me.”

“学”和“诲”对孔子来说并不困难，因为他乐于此。它们不同于孔子所“忧”之事，也就是与“改”和“修”有关的事。这说明孔子和大家一样：他也对纠正自己心有抗拒。但他和其他人的区别在于，他对发生的事很清醒，所以才深深忧虑。

7.4 子之燕居，申申如也，夭夭如也。

When the Master was at leisure, he was collected and upright [申申如], and yet at ease [夭夭如].

本章是对孔子“燕居”期间举止的描述。“燕居”意味着脱离公务闲暇无事，与卷十中的描写相呼应。钱穆认为，应把定语“申申”和“夭夭”的对象看作一棵树：树干“直上”，伸展出的“嫩枝轻盈妙婉”。

7.5 子曰：“甚矣吾衰也！久矣吾不复梦见周公。”

The Master said, “I must have been slipping fast! It has been so long since I dreamt of the Duke of Zhou.”

周公旦是周文王的儿子，和武王是同父异母兄弟。周文王发起讨伐商朝的战争，武王帮助父亲完成征伐，但在周朝建立仅仅三年后就辞世，留下一个还是孩子的继承者。若没有周公，周朝可能夭折。周公摄政，辅佐年轻的周王。在周王年龄尚幼时，周公加强了周朝初肇的正统地位，并勾勒出政治框架——封建制度，帮助周朝确立统治，拓展出广阔的疆域。封建制度以忠于宗族和个人品德为基本原则，并依靠礼乐施行教化。在孔子看来，周公是政治天才，他身为君相，是所有卿相应该效仿的榜样。但本章孔子的意思是什么？他说“甚矣吾衰”是想表达什么？“衰”从何来——是他曾有的道德高度，还是成为周公那样“为东周”的卿相的希望？周公之灵在梦中不再出现似乎表示了后者。

7.6 子曰 ：“志于道，据于德，依于仁，游于艺。”

The Master said, “ Set your aim for the Way, hold on to your integrity, rely on your humaneness, and get your share of play in the arts.”

孔子告诉弟子们，他们应该志存高远，追求有德行的生活 ；要达到目标，应该“据于德，依于仁”，“游”于六艺。学者在注疏中对孔子教诲中用的动词较为关注。我的翻译反映了他们的诠释。

7.7 子曰 ：“自行束脩以上，吾未尝无诲焉。”

The Master said, “I have never refused to teach anyone who, on his own, has brought me a bundle of dried meat [on his first visit].”

一“束”相当于“十脡”。“脯”这里说的是一种“棰之而施姜桂”再风干的肉脯。首次拜见地位比自己高的人，这是最普通的薄礼。但孔子认为这足以作为拜自己为师的学费。一些学者认为孔子谈论的“束脩”并非“一束肉脯”，而是“束发的小伙子”，综合这句话，意思可能是孔子对年十五以上的求学者都不会拒绝。尽管这种诠释不无可能，但第一种含义更丰富。

7.8 子曰："不愤不启，不悱不发。举一隅不以三隅反，则不复也。"

The Master said, "I will not give a person a boost or a start if he does not know the frustration [of trying to solve a difficult problem] or the frenzy one would get into when trying [to put an idea] into words. After I have shown a student one corner of a square, if he does not come back with the other three, I will not repeat what I have done."

对于那些向自己求教的人，孔子要求的回报很少，无论是酬礼还是感激的姿态。不过一旦收为弟子，孔子就会列出条件。他说，如果学生遇到困难，他会在问题的"一隅"稍加点拨，但能不能理解难点，就要看学生自己。对于那些不会因学习焦虑，或不会因思路阻塞而沮丧的学生，孔子说，他不会"启""发"他们。

7.9 子食于有丧者之侧，未尝饱也。

When the Master was eating at the side of someone who was in mourning, he never ate his fill.

7.10 子于是日哭，则不歌。

On a day when the Master had wept, he never sang.

一些学者把 7.9 和 7.10 合为一章，因为这两章描述的都是孔子在“有丧者”时，或者孔子自己服丧时的举止。大多数注疏都指出，这段话中描述的是真情实意，尽管它们也是礼的要求。

7.11 子谓颜渊曰：“用之则行，舍之则藏，唯我与尔有是夫！”子路曰：“子行三军，则谁与？”子曰：“暴虎冯河，死而无悔者，吾不与也。必也临事而惧，好谋而成者也。”

The Master said to Yan Hui, “Only the two of us are able to act when we are employed and to live in reclusion when we are not wanted.”

Zilu said, “But if you were to lead the Three Armies [of Lu], whom would you take with you?”

The Master responded, “I wouldn’t take anyone who would try to wrestle a tiger with his bare hands or walk across the Yellow River—not someone who goes to his death without regrets. If I were to take anyone, it would have to be someone who faces the task ahead with some trepidation and who is good at planning and good at bringing the mission to a successful end.”

颜回是孔子喜欢带在身边的弟子，因为他和孔子的步调、选择的道路都一致。正因如此，孔子的评价让子路紧张。所以子路想知道：

如果孔子受命率军，他是否会把自己这样不怕死的人带在身边。孔子的回答出乎子路意料，但这也是大多数中国思想家和战略家会支持的答案。

7.12 子曰："富而可求也，虽执鞭之士，吾亦为之。如不可求，从吾所好。"

The Master said, "If it is possible to seek wealth, I would be willing to be a guard holding a whip at the marketplace. If it is not, I will pursue something that I like."

很多学者对孔子所说"富而可求也"的含义最为关注：是指有"适当的"求富之道，还是指求富的机会？我赞同清朝学者宋翔凤较为直接的一种诠释。他说，在周朝，像孔子这样的"士"若要"求富"，只能从政，所以"求富"相当于"求仕"。按照这种解读，孔子的话语似乎与7.11中他对颜回和自己的评价相呼应，也支持了他在7.16中所说的话。什么样的人是"执鞭之士"？官阶最低的人。宋翔凤说，既然孔子愿意担任"委吏乘田"，"执鞭之士"也就不能说是低下了。如果是恰当的时机，孔子会欣然从仕。

7.13 子之所慎：齐、战、疾。

The Master always exercised great caution over matters such as the purification rituals, war, and illness.

“齐”指的是,准备祭祖前之前必须洁净身体和内心。《礼记》说,洁净让人全神贯注于对逝者的追思,因此当他们表达想法和愿望时,逝者的灵魂会接受他们的祭品。这些仪式,以及战、疾都是攸关生死之事,所以孔子对之“慎”。

7.14 子在齐闻《韶》,三月不知肉味,曰:“不图为乐之至于斯也。”

The Master heard the *shao* music when he was in Qi. For the next three months, he did not notice the taste of meat. He said, “I never imagined that music could be this beautiful.”

《韶》乐与圣人舜帝有关。孔子在 3.25 中说它“尽美矣,又尽善也”,因为它表达了祥和安定的政治秩序。一些人说,孔子第一次听到《韶》是在齐国朝廷。汉代学者刘向提出另一种说法。他写道:孔子刚抵达齐国国都门外,便遇到一个男孩。男孩敲壶(而歌),两人并行,男孩眼睛有神,内心端正,举止恰当。孔子对车夫说:快点(别跟丢他),他刚才在演奏《韶》。

7.15 冉有曰:“夫子为卫君乎?”子贡曰:“诺,吾将问之。”入,曰:“伯夷、叔齐何人也?”曰:“古之贤人也。”曰:“怨乎?”曰:“求仁而得仁,又何怨?”出,曰:“夫子不为也。”

Ran You asked, “Does the Master give his support to the ruler of Wei?”

Zigong said, “Very well, I will go and ask him.”

Zigong went into the Master's room and asked, "What sort of men were Bo Yi and Shu Qi?"

The Master replied, "They were worthy men of antiquity."

"Did they harbor rancor?"

"They sought humaneness and got it. And so why should they have held any rancor?"

Zigong left the room and said, "The Master does not support the ruler of Wei."

这段对话发生在公元前492年左右，当时卫国发生了一场继承危机，刚过世的卫灵公的儿子与孙子对立相争。但问题早在公元前496年就有端倪。那一年，灵公的儿子蒯聩计划杀死父亲最爱的夫人南子，未遂后被迫出奔。蒯聩离开后，灵公想让另一个儿子郢继承王位，但郢认为蒯聩之子辄才是合法的继承人，所以灵公死后，辄成为卫国国君。与此同时，在晋国蛰居的蒯聩决定回卫国继承本属于他的王位。他的儿子则拒绝让出王位。两人的纠纷无法调和，眼看就要用武力解决。当时孔子人在卫国，他的弟子想知道夫子的立场——是否站在卫国国君辄那一边。于是子贡发问，但用了一种间接的措辞，也许是考虑到孔子的安全，毕竟孔子似乎受到这位年轻国君的庇护。子贡为何要谈论伯夷和叔齐？他们的故事和卫国的困境有何关联？

这两件事面对的都是继承问题。伯夷和叔齐的父亲是商朝一个小国孤竹国的国君。他想让小儿子叔齐继位，但他死后，叔齐把位置让给哥哥伯夷。伯夷拒绝，说自己不能违背父亲的命令，最后两人一起逃走，将王位留给二哥。孔子认为这两兄弟深谙“让”这一美德。他还相信他们这样选择，是因为想要避免冲突。他们真正关爱彼此，无论对对方还是天下，都没有怨，所以孔子说他们“求仁而得仁”。他对两兄弟的称赞暗含对他们父亲孤竹君，以及对决意武力争权的蒯聩和辄的批评。纵观整本《论语》，孔子似乎一直坚信，因贤德而被让与的权力比靠征伐获得的权力更为正当。我们从 3.25 中读到，孔子的这种判断甚至可以从他对音乐的偏好中看出来。

7.16 子曰：“饭疏食，饮水，曲肱而枕之，乐亦在其中矣。不义而富且贵，于我如浮云。”

The Master said, “Eating coarse grain, drinking water, and a bended arm for a pillow—joy could be found in these things, too. Wealth and power unrightfully gained mean as much to me as drifting clouds.”

钱穆注意到了这两句话中的美学平衡。他说，少了任何一句，都会显得过于轻飘或者过于庄重。

7.17 子曰：“加我数年，五十以学《易》，可以无大过矣。”

The Master said, “Grant me a few years so that when I reach the age of fifty, I may try to understand the principles of change [易] and be able to steer clear of making serious mistakes.”

本章的另一种翻译可以是：“Grant me a few more years. Let

me learn until I am fifty so that I may be able to steer clear of making serious mistakes.”两种解读的区别是因为《论语》两种汉代版本的一处细微差异。《古论语》中“易”这个字的意思是“变”或《易经》。但在《鲁论语》中，“易”则作“亦”字，用来强调后半句，这显然会影响孔子这句话的语气。孔子没有说如果能活到五十岁想要懂得什么，而是重申了他对学习的热爱：他并非冀求更长的寿命，而是想要更多的时间用以学习，这样他才“可以无大过矣”。我选用《古论语》的版本翻译，这也是郑玄、何晏与刘宝楠更认同的版本。这些学者似乎认为，由于“易”的原理或《易经》难以理解，所以孔子想等到更年长、经验和知识更丰富后，再学习较为高深的部分。刘宝楠写道：“学易，学为圣也，非徒趋吉避凶已也。有天地即有易，既作易，而天地之道著，天下之理得，圣之所以为圣，求诸易而可知矣。”

7.18 子所雅言，《诗》、《书》、执礼，皆雅言也。

The Master always used the correct pronunciation [雅言] when reciting the *Odes* and the *Book of Documents* and when presiding over the rites. On all these occasions, he used the correct pronunciation.

“雅言”指的是西周国都的皇族贵胄的发音方式。郑玄说，《诗经》和《尚书》“皆先王典法之所在”。孔子相信，如果他按照鲁国当时的方言背诵这些诗歌典籍，会产生谬误和差错，只有用“雅言”才能深研其中含义。他认为，如果他在执礼时不用“雅言”说话，也会出错。“雅”在这里被译为“correct”（正确的），但也可以是“经典”或者“典雅”

的意思。这个字经常和“俗”放在一起。“俗”是指“口语”或者“粗俗”。“雅”也用来指代王都，与列国区别开来，《诗经》中的“雅”和“风”就是这样。

7.19 叶公问孔子于子路，子路不对。子曰：“女奚不曰：‘其为人也，发愤忘食，乐以忘忧，不知老之将至云尔。’”

The Governor of She asked Zilu about Confucius, and Zilu gave no answer. The Master later said to Zilu, “Why didn’t you simply say that he is the sort of person who forgets to eat when pursuing a question, who forgets to worry when suffused with joy, and who does not note that old age is coming?”

汉代学者孔安国认为，子路“不对”的原因是他不知道如何描述孔子。问他问题的人是叶公，曾任楚大夫。公元前 491 年，即楚国从蔡国吞并叶地后，他成为此地的长官。孔子在公元前 489 或前 488 年来到叶地，以为有机会在这里做官。根据《论语》的记载（见 13.16 和 13.18），叶公看重孔子：他向孔子寻求治国和刑罚方面的建议。但这段对话似乎发生在两人见面之前，因为叶公想从子路那里知道孔子的为人。孔子隔空给出的回答有些令人惊讶——他简单地描述了自己的脾性，对才干能力则只字不提。

7.20 子曰：“我非生而知之者，好古，敏以求之者也。”

The Master said, “I was not born with knowledge, but I love

antiquity, and I work hard in pursuing it."

我对 6.27 和 7.1 的诠释，或许可以解释为何孔子认为好古和理解“古”的动力可以让他获得知识。按他的说法，他“非生而知之”。研究并热爱过去，可以激发一个人，让他“语之”并“喻之”，所以他获取的知识属于他自己。

7.21 子不语怪、力、乱、神。

The Master did not speak about prodigies, extraordinary shows of strength, chaos, and spirits.

三世纪的思想家王肃写道：“怪，怪异也。力谓若奡荡舟、乌获举千钧之属。乱谓臣弑君、子弑父。神谓鬼神之事。或无益于教化，或所不忍言。”皇侃说，孔子“不忍言”的是与“乱”有关的事，至于“怪”“力”和“神”，孔子不认为它们与自己的学说有关联。

7.22 子曰：“三人行，必有我师焉。择其善者而从之，其不善者而改之。”

The Master said, "When the three of us are walking [行], I am bound to find my teachers there. I would single out the good points in others and try to follow them, and I would notice their bad points and try to correct them in myself."

刘宝楠写道：“注似以‘行’为‘言行’之行。三人之行，本无贤愚，其有善有不善者，皆随事所见，择而从之、改之，非谓一人善，一人不善也。”

7.23 子曰：“天生德于予，桓魋其如予何？”

The Master said, “Heaven has given me this power—this virtue [德]. What can Huan Tui do to me!”

《左传》记载，桓魋自年轻时起就是宋国国君最喜爱的宠臣，孔子遇到他时，他已经官至宋国司马。从孔子说的话可以看出，桓魋似乎是企图杀害他的幕后主使。但无法判断说话当时，是阴谋尚未展开，桓魋仍在宋国等着孔子，还是事情已经过去，孔子侥幸脱身。孟子认为前一种情况更有可能。他说桓魋“将要而杀之”，所以孔子“微服而过宋”。司马迁则根据后一种情况构思出一个情景，为了更有说服力，他把孔子的话写进故事中。他写道：“孔子去曹适宋，与弟子习礼大树下。宋司马桓魋欲杀孔子，拔其树。孔子去。弟子曰：‘可以速矣。’孔子曰：‘天生德于予，桓魋其如予何？’”

尽管很难还原孔子说话时切实的情况，但第一种版本（孟子的解读）看起来更可信，而司马迁在第二种版本的基础上过度发挥。不过，无论孟子、司马迁还是其他古人，都没有解释桓魋欲杀孔子的原因。

7.24 子曰：“二三子以我为隐乎？吾无隐乎尔。吾无行而不与二三子者，是丘也。”

The Master said, “My young friends, do you think I am hiding something? I am not hiding anything from you. There is nothing I do that I do not share with you. That’s Qiu for you.”

丘是孔子的本名。孔子自称“丘”，相当于把自己和弟子们放在同一位置，他还说，“吾无行而不与二三子者”。但他为何如此声明？可能是因为弟子们对他的教学有微词——他们觉得，孔子的言语教导还不够，怀疑孔子有所保留。孔子在回答中建议他们从别处，也就是孔子的行为举止处，寻找教诲。因为孔子所做的一切有目共睹，所以他说自己毫无隐藏。

7.25 子以四教：文、行、忠、信。

The Master taught these four things: culture, conduct, doing one’s best, and trustworthiness.

刘宝楠对本章中的四大类别做了简洁的诠释：“‘文’谓诗、书、礼、乐，凡博学、审问、慎思、明辨，皆文之教也。‘行’谓躬行也。中以尽心曰忠，恒有诸己曰信。人必忠信，而后可致知力行，故曰忠信之人，可以学礼。”

7. 26 子曰：“圣人吾不得而见之矣！得见君子者，斯可矣。”子曰：“善人吾不得而见之矣！得见有恒者，斯可矣。亡而为有，虚而为盈，约而为泰，难乎有恒矣。”

The Master said, "Since I have no hope of meeting a sage, it would be enough if I could meet a gentleman."

The Master said, "Since I have no hope of meeting a truly good man, it would be enough to meet a person of constancy. As for those who claim to have something when they have nothing, to be full when they are empty, to be comfortable when they are tight, it is hard to expect them to be constant."

一些学者把孔子的话当作对当时君主和大臣的批评。另一些人认为重点在于孔子对"圣人""君子"和"善人"的区分，以及为何孔子认为自欺欺人者难有"恒"。刘宝楠引 11.20 中子张和孔子的对话，来解释"善人"和"圣人"的区别："'善人'者……'不践迹，亦不入于室'。"刘宝楠对"入室"的诠释是"入圣人之室"——到达知识的深处。汉代《韩诗外传》这样区分"圣人"和"君子"："言行多当，未安愉也；知虑多当，未周密也。是笃厚君子未及圣人也。""圣人""君子"和"善人"品德的根基都是"恒"。刘宝楠认为，不妨将有"恒"的人看作求知无止境的人：即便他获得了实学，仍觉"虚"，因为他知道学无止境。这和那些有了一些小成就以为已经圆满并不再努力的人相反。这也是为什么后者"难乎有恒矣"。

7.27 子钓而不纲，弋不射宿。

The Master would fish with a line and a hook but not with a cable with multiple lines and hooks attached to it. He would shoot at birds with a stringed arrow but not if they were roosting.

钓鱼的大索着多重网线与鱼钩，叫作纲。早期文献对这种钓鱼方式有明确的描述。“弋不射宿”中的“射”用的是系着丝线的箭。被这种箭射中的鸟无法飞行，不会坠落在别处。文献还说，孔子在渔猎时喜欢公平竞争。早期思想家普遍有同感，也就是说，早在公元前五、前四、前三世纪，就有一些中国人觉得不应用不合理的方式掠夺自然资源，他们还相信如果人类这样做，最后自然和人类都会遭受报应。

7.28 子曰：“盖有不知而作之者，我无是也。多闻，择其善者而从之，多见而识之，知之次也。”

The Master said, “I suppose there are those who try to innovate without having acquired knowledge first. I am not one of those. I use my ears well and widely, and I choose what is good and follow it. I use my eyes well and widely and I retain what I observe. This is the next-best kind of knowledge.”

最好的知识是天生知道的知识，按照孔子在7.20中说的话，他“非生而知之者”。不过，从本章以及7.1、7.20可以看出，孔子似乎并不因知识非天生而遗憾，因为这让他有机会认真聆听和观察，为知识而求索。这一追求实现了他的人生意义。

7.29 互乡难与言，童子见，门人惑。子曰：“与其进也，不与其退也，唯何甚？人洁己以进，与其洁也，不保其往也。”

The people of Hu village [being boorish and obstinate] were difficult to talk to. A young man [from this village] came to see the Master [and the Master received him]. The disciples were puzzled. The Master said, "I accepted him when he was here, but that does not mean I will accept whatever he will be doing when he is not here. So why should there be a problem? In coming here, he made his heart pure, and so I accepted him [as he was,] a purified man. This does not mean, however, that I approved of what he had done in the past."

虽然没人能解释为何互乡之人"难与言"，但郑玄和刘宝楠的解释听起来比较合理——那里的人"言语自专，不达时宜"。孔子决定和从互乡来的年轻人交流，这说明了孔子的为师之道：他接受任何真心求教的人，尽管他说自己无法担保他们过去和未来的行为。

7.30 子曰："仁远乎哉？我欲仁，斯仁至矣。"

The Master said, "Is humaneness far away? As soon as I desire humaneness, it is here."

"仁"是可以立刻得到的——"我欲仁，斯仁至矣"；如果一个人愿意，他可以选择有德行的生活，且有能力这样做。但他却拒绝为此努力，或者更不济——他觉得另一种毫无道德追求的生活更有诱惑力。孔子对这种矛盾有许多思考，大多记载于卷四。

7.31 陈司败问："昭公知礼乎？"孔子曰："知礼。"孔子退，揖巫马期而进之，曰："吾闻君子不党，君子亦党乎？君取于吴，为同姓，谓之吴孟子。君而知礼，孰不知礼？"巫马期以告。子曰："丘也幸，苟有过，人必知之。"

The minister of crime from the state of Chen asked, " Did Duke Zhao understand the rites?"

Confucius replied, "He understood the rites."

After Confucius had left, the minister of crime bowed to Wuma Qi. He asked him to come forth and said, "I have heard that a gentleman does not behave like a partisan, but, I suppose, some gentlemen do. Duke Zhao took a wife from the state of Wu, which meant that she had the same surname as he. And for this reason, he called her Wu Mengzi [and not Wu Ji]. If Duke Zhao understood the rites, who doesn't?"

Wuma Qi reported this to the Master. The Master said, "I have been fortunate. If I make a mistake, others will be sure to let me know."

昭公娶同姓女子，严重违背周礼——周礼明确将这样的行为定为不伦和不当。这位君主必定知道自己违礼，因为他试图向周王隐瞒娶吴姬的意图；婚后，他称夫人为吴孟子而非吴姬。不过这段对话针对的是孔子的行为，他是否有"党"，也就是非"君子"的行为？因为陈司败评价说，孔子明知君主违礼却为之掩盖。孔子的回答有多种解读。为孔子辩护的人这样解释：孔子说有人指出自己的错误是件幸运的事，意在嘲讽陈司败太迟钝，不明白如果孔子在别国大臣面前批评本国的先君，就是更严重的违礼。我以为这一观点有些牵强，更倾向于认为，孔子是在评价自己。而且，承认自己的错误并真诚感激他人指出错误，才更像君子的作为。

7.32 子与人歌而善，必使反之，而后和之。

When the Master was singing with others and liked a particular song, he would invariably ask that the song be repeated before he would join in.

孔子喜爱歌唱，也喜欢与他人同唱。每当他听到一首从未听过且十分喜欢的歌，他会要求再听一次，这样他就可以把握不清楚的地方，然后与之相和而唱。

7.33 子曰："文莫，吾犹人也。躬行君子，则吾未之有得。"

The Master said, "I am able to work as hard as anyone. But as for being a gentleman in practice and conduct, I have not gotten there yet."

另一种翻译是："Perhaps I can say that my knowledge of the cultural tradition can match anyone's. But as for being a gentleman in practice and conduct, I have not gotten there yet." 两种解读都有可能，视乎如何看待"文"和"莫"。两者并置，是假借"忞慔"，意为"努力"；分而视之，则"文"代表"文化传统"，"莫"是修饰词。按第一种解读，

孔子的意思是他可能已经很努力，但仍不敢自居君子；按第二种解读，他说自己的文化传统知识尚可以比得上其他人，但他还无法付诸实践。

7.34 子曰："若圣与仁，则吾岂敢？抑为之不厌，诲人不倦，则可谓云尔已矣。"公西华曰："正唯弟子不能学也。"

The Master said, "I dare not call myself a sage or a humane man. What could be said of me is that I work toward it without ever feeling sated and I am never tired of teaching."

Gongxi Hua remarked, "It is precisely in this that we, your disciples, are unable to emulate you."

本章中，孔子回归了他在 7.2、7.19 和 7.33 中说的话，为自己不是"圣"人或"仁"者给出定论。公西华代表所有弟子说，即便孔子所言为真，弟子们也很难有夫子那样对知识、对完善自我的渴求。

7.35 子疾病，子路请祷。子曰："有诸？"子路对曰："有之。诔曰：'祷尔于上下神祇。'"子曰："丘之祷久矣。"

The Master was gravely ill. Zilu asked if he could offer a prayer for him. The Master said, "Was there such a practice?"

Zilu replied, "There was. The Prayers [诔] reads, 'We pray to the spirits above and below for you.'"

The Master said, “In that case, I have been offering prayers for a long time now.”

这里的“诔”是指“祷辞”。大多数注疏指出，此“诔”是另一同音字“讄”的误写，意思是“祈祷”：数说生者的德行和成就，为他求得神灵的祝福——这也是子路试图为孔子所做的。“上下神祇”指的是“天”和“地”。学者们认为，孔子对子路的回答有两种解读。“有诸”的意思可能是:“病而祷请于鬼神，有这样的方法吗？”也可能是：“有代为祷请之事吗？”孔子的话可能同时回答了两个问题。一方面，他告诉子路他一直在祈祷，所以不需要子路代祷；另一方面，他说的祈祷不是在危难之时祈求神灵庇护，而是过负责任的生活，以“无大过”为目标，以示对神灵的敬意。

7.36 子曰：“奢则不孙，俭则固。与其不孙也，宁固。”

The Master said, “Being extravagant often means that you lack humility. Being frugal often means that you are shabby. I would rather be shabby than lacking in humility.”

刘宝楠认为，孔子在这里说的话只适用于礼。钱穆则认为，这与人品相关。他说，“奢者常欲胜于人”，因此如果一个人喜欢炫耀，他会“不逊”。节俭的人由于“务求于俭，事事不欲与人通往来，易陷于固陋”，“但固陋病在己”——“不逊则陵人”。

7.37 子曰："君子坦荡荡，小人长戚戚。"

The Master said, "The gentleman is large of spirit and mind, while the petty man is always nervous about something."

"君子"尽己所能，所以他平和坦然，无惧未知。"小人"心无所定，因而事事焦急忧戚。

7.38 子温而厉，威而不猛，恭而安。

The Master is gentle but serious and principled, dignified but not fierce, respectful but relaxed.

君子只有不断雕琢，才能克服天性中的矛盾，从而更深入和准确地了解自己。孔子在 1.15 中对子贡揭示了这一点，这也可从本章中其他人对孔子的观察看出。

泰伯第八

8.1 子曰："泰伯，其可谓至德也已矣。三以天下让，民无得而称焉。"

The Master said, "Tai Bo may be said to embody the highest virtue. Three times he yielded his right to the empire. And the people did not know that this was what he had done, and so they did not accord him the recognition he deserved."

泰伯是文王的伯父，武王的祖父，也就是周室贵族的祖先。他是周氏部落太王的长子，继承了父亲的位置。但他知道弟弟季历是个有才干的人，而季历的儿子姬昌，亦即后来的文王，也有圣人的性情，所以他将周氏部落的首领之位让给季历。这给了季历的儿子和孙子发挥潜力的机会，从而建立了一个新的王朝。但泰伯为什么"三让"呢？早期的文献记载中有好几种解释，但在刘宝楠看来，郑玄的诠释最有意思且最合理。郑玄说，泰伯"故欲立之，而未有命"，所以当"太王疾，泰伯因适吴、越采药，太王殁而不返，季历为丧主，一让也；季历赴之，不来奔丧，二让也；免丧之后，遂断发文身，三让也。

三让之美，皆隐蔽不著，故人无得而称焉”。泰伯与众不同之处，不在于三让，而在于“隐蔽不著”，郑玄认为，这才是孔子称其之为“至德”的原因。

8.2 子曰："恭而无礼则劳，慎而无礼则葸，勇而无礼则乱，直而无礼则绞。君子笃于亲，则民兴于仁;故旧不遗，则民不偷。"

The Master said, "Unless a man acts according to the spirit of the rites, in being respectful, he will tire himself out; in being cautious, he will become timid; in being brave, he will become unruly; in being forthright, he will become derisive.

If a person in a ruling position [君子] is generous toward his family and kin, the common people will be inspired to act humanely. If he does not forget old friends and acquaintances, the common people will not be uncharitable."

注疏中对本章的探讨大多在于前后两段话是否应各自分列，因为其间没有明显关联。但前后两段的理念都大有学问。孔子在第一段告诉我们，礼有微妙的力量；礼使人平衡，特别是在一个人自以为行为正确、不需要拘束的时候：如果没有礼的约束，此人无法看到自己行为不当、冒犯的一面。第二部分的建议可能是受 18.10 中周公对儿子所说之言的启发，意在规劝君子——此“君子”不同于品德和言行卓然的“君子”，而是指“在位之人”。

8.3 曾子有疾，召门弟子曰："启予足！启予手！《诗》云：'战战兢兢，如临深渊，如履薄冰。'而今而后，吾知免夫！小子！"

When [Zengzi] was seriously ill, he summoned his disciples and said, "Look at my feet. Look at my hands. The Ode says,

'In fear and trembling,
As if standing on the edge of an abyss,
As if treading on thin ice.'

Only now do I know I have been spared from harm, my young friends."

孔子最年轻的弟子曾参在本卷中相当瞩目——有五句话出自他口中。他之所以被尊为曾子，可能是因为《论语》初稿是由他的弟子以及有若、子夏、子张、子游的弟子负责撰写的。曾子对孝道的重视无人能及，本章可见一斑：他临终前要求弟子检查自己的手脚；他想让弟子明白，保护自己受之父母的身体发肤免于伤害，并不容易做到。汉《大戴礼记》记载，曾子曾听孔子这样讲，"父母全而生之，子全而归之，可谓孝矣"。

8.4 曾子有疾，孟敬子问之。曾子言曰："鸟之将死，其鸣也哀；人之将死，其言也善。君子所贵乎道者三：动容貌，斯远暴慢矣；正颜色，斯近信矣；出辞气，斯远鄙倍矣。笾豆之事，则有司存。"

Master Zeng [Zengzi] was seriously ill. Meng Jingzi came to

ask how he was. Master Zeng said, "When a bird is about to die, its cries are sorrowful. When a man is about to die, his words carry weight. A gentleman prizes three things in his pursuit of the Way: he gravely deports himself, and so his temperament is far from being violent and surly; he keeps a dignified expression, and so his character is close to being trustworthy; he uses a proper choice of words and a clear tone of voice, and so he avoids being vulgar and unruly. And as for the sacrificial vessels, there are professionals to look after such matters."

孟敬子是孟孙氏的后裔，孟武伯之子，孟懿子之孙，也是战国初期鲁国卿大夫。孔子与孟敬子的父亲和祖父都有过对话，但孟敬子较同代的孔门弟子曾参（曾子）年轻。包咸说，孟敬子过于注重礼的旁枝末节，所以曾子临终他来探望时，曾子指出礼仪的关键——适合自己举止、神情和言语，以及最有益于个人修身的事物。

8.5 曾子曰："以能问于不能，以多问于寡；有若无，实若虚，犯而不校。昔者吾友尝从事于斯矣。"

Master Zeng said, "To be able yet to seek the advice of those who are less able; to know a great deal yet to seek the advice of those who know little; to have something [有] yet seemingly to have nothing [无]; to be full [实] yet seemingly to be empty [虚]; to be trespassed against yet to be content to lay aside any need for reprisal—in the past, a friend of mine devoted his effort to realizing this."

曾子在本章中对友人的评价与许多先秦思想家的学说一致：孟子、荀子、庄子——以及最重要的，《老子》的作者（们），因为《老子》的主旨建立在“有”和“无”、“实”和“虚”的关系上。老子认为，你可以凭自己的知识存活于世，精进自己，培养德行。当然，曾子将这些理念用于对友人的回忆时，想到的只是自身的道德。至于这位友人，多数学者认为是颜回。

在刘宝楠看来，用汉末思想家徐幹的《中论·虚道》诠释曾子的观点，再合适不过。徐幹说：“人之为德，其犹虚器欤！器虚则物注，满则止焉。故君子常虚其心志，恭其容貌，不以逸群之才加乎众人之上。视彼犹贤，自视犹不足也，故人愿告之而不倦。《易》曰：‘君子以虚受人。’《诗》曰：‘彼姝者子，何以告之？’君子之于善道也，大则大识之，小则小识之，善无大小，咸载于心，然后举而行之。我之所有既不可夺，而我之所无又取于人，是以功常前人而人后之也。”

徐幹是个杂家，尽管他在正史中被归为儒家。他生活在东汉最后五十年间。当时老子学说兴起，各家各派抛弃了僵化的分类。因此，刘宝楠引用徐幹的文章来描述早期的中国思想学说，再合适不过，也就是经籍学意识形态化硬分儒道之前。

8.6 曾子曰：“可以托六尺之孤，可以寄百里之命，临大节而不可夺也：君子人与？君子人也。”

Master Zeng said, “A man who can be entrusted with the care of an orphan six *chi* tall and charged with the command of a state of one hundred square *li* in size, someone who will not waver when faced with a serious crisis—is he not a gentleman? He is a gentleman."

根据一些计算方法，曾子所处时代的“六尺”大约在三到四英尺之间。所以这里提到的孤儿必定还年幼，传统学者认为这个孤儿不是一般人，而是一个幼年登基的君主，需要辅佐者——或者摄政——来承担管理国家的责任。曾子说，如果辅佐的人坚定履职，“君子人与？”

8.7 曾子曰：“士不可以不弘毅，任重而道远。仁以为己任，不亦重乎？死而后已，不亦远乎？”

Master Zeng said, "A man of education and aspiration [士] must be big and strong [in spirit and mind], and he must be resolute. His burden is heavy, and his road is long. He takes [the fulfillment of] humaneness as his burden. Is it not heavy? And his road ends only with death. Is it not long?"

“士”不是贵胄：他不享有任何不靠自己付出而拥有的收入或特权。他是一般的君子，他的教育和志向使他与普罗大众不同。孔子就是“士”，他的许多弟子也是“士”。曾子在这里告诉“士”，他的根本目的不是生存，而是完善仁；这是很重的负担，需要弘大的精神、坚强的头脑以及毅力，才能终生行走正道。

8.8 子曰："兴于诗，立于礼，成于乐。"

The Master said, "The *Odes* are to stimulate [our mind and spirit]. The rites are to steady us. Music is the final lesson."

诗、礼、乐在《论语》记载的孔子言论中占了很大篇幅，但很少同时出现且如此有序。本章让一些学者相信，孔子组织学说的方法是：诗在先，提振精神和思想；礼随后，约束我们，以免头脑发热；只有学会稳固自身之后，才能收集不同的元素，创造乐。对孔子这句话的另一种解读从话语的次序出发，将之比作天性完善的步骤——先激发它，进而提升，然后教它找到平衡，最后汇聚成像完美的乐一样流畅的人生。

8.9 子曰："民可使由之，不可使知之。"

The Master said, "The common people can be made to follow a course of action, but they cannot be made to understand the reasons for doing it."

刘宝楠发现，孔子将弟子区分为两类，一种按照教导遵循既定行为准则，另一种真正理解为什么那种行为在道德上更高尚。这和孔子对民众这一整体的区分一致。

钱穆认为孔子并非贬低普通人，他只是在告诫君主，直接告诉民众行为准则比"用力于语言文字，以务使之知"更有效。钱穆认为，解释可能会引起误解，会让那些没准备好遵循教导的人心生怀疑，"离析其耳目，荡惑其心思"，最后君主会遇到更多的阻碍。

8.10 子曰："好勇疾贫，乱也。人而不仁，疾之已甚，乱也。"

The Master said, "If the people love bravery and at the same time are angry about their poverty, this is a formula for chaos. If the people are infuriated with men who are inhumane, this, too, will lead to chaos."

由于第二句话的主语也可能是君主，所以可以这样理解："疾恶太甚，亦使其为乱。"几乎所有注疏都认同这种诠释。不过，我更赞同我自己的诠释，这两句话的主语不变，而且更重要的是，在这一诠释中，孔子赋予民众更响亮的声音。他揭示了为何民众会揭竿而起，为何君主应该听取民声，替他们解难。

8.11 子曰："如有周公之才之美，使骄且吝，其余不足观也已。"

The Master said, "Although a person may have talents as outstanding as those of the Duke of Zhou, if he is arrogant and ungenerous, none of his other qualities are worth admiring."

刘宝楠写道，傲慢的人对自己的才能自视甚高，吝啬的人则心怀妒忌，看紧自己的知识和拥有的东西。这两种特征常常同时出现。对于这样的人，孟子说他"拒人于千里之外"。钱穆认为，可能"非其才不美"，而是"德之不美"。

8.12 子曰："三年学，不至于谷，不易得也。"

The Master said, “It is hard to find a person who, after three years of studying, has not yet turned his thoughts to earning a salary.”

孔子出乎意料地坦陈“士”的困境，“士”是有崇高志向因而接受教育的人。这样的人大多希望有体面的职业，在古代中国，这意味着从政。孔子鼓励他们把视野放得更开阔：他说，让学习引领自新。不过他也认识到，在学习的时候很难不想到生计，因此，他比弟子曾子更贴近实际。曾子在 8.7 中似乎认为，“士”的惟一目标就是实现“仁”——这也是一生的重任。也许孔子的话受到他自己求学经历的影响：从年轻时起他就一直在寻求职位，无论是在鲁国还是周游列国时，因为他要维持生计。

8.13 子曰：“笃信好学，守死善道。危邦不入，乱邦不居。天下有道则见，无道则隐。邦有道，贫且贱焉，耻也；邦无道，富且贵焉，耻也。”

The Master said, “Have unshakable trust in [the moral path you pursue]. Love learning. Hold on to the way of the good until you die. Do not enter a state threatened with danger. Do not reside in a state embroiled in conflict. Show yourself when the moral way is evident. Seek reclusion when it is not. When the moral way prevails in a state, being poor and lowly is a cause for shame. When the moral way does not prevail in the world, having wealth and position is a cause for shame.”

刘宝楠将前两种理念并置：当一个人完全确信他最想追求的是道，那么他会终生热爱学习。但孔子所说“守死善道”是什么意思？他为什么建议“危邦不入”，“乱邦不居”？可以想象，一个致力于善道的人会为了践行自己的信念而被这样的地方吸引。

孟子的看法则不同。他说：“莫非命也，顺受其正。是故知命者，不立乎岩墙之下。尽其道而死者，正命也。”“尽其道”的意思不是寻求入危险境地，纠正错误，改变不公，因为这可能会引来麻烦。在孟子的学说中，“尽其道”就是完善自身。一些学者认为，这也是孔子所说“守死善道”的意思。依照孔子的话，这样理解是合理的，但如果考虑到他的政治抉择，就有些问题——他愿意进入危险的地域，和行为有亏的人共事。

8.14 子曰：“不在其位，不谋其政。”

The Master said, “If you don’t have a particular position, then don’t meddle with any of its business.”

孔子的讯息很简单：履行自己的公职，但不要管其他人的事。否则，孔子相信，那会是逾越，甚至是侵犯，会在政治上导致不愿看到的后果。孟子举了一些例子，表明有些人甘冒受罚的危险，逾越职责的边界。他这样谈及孔子：“孔子尝为委吏矣，曰‘会计当而已矣’。尝为乘田矣，曰‘牛羊茁壮,长而已矣’。位卑而言高，罪也。”孔子的才能和知识足以“言高”，但他“位卑”，所以没这么做。

8.15 子曰：“师挚之始，《关雎》之乱，洋洋乎盈耳哉！”

The Master said, “From the opening song of the Grand Musician Zhi to the closing strain of the *guanju* ode, how the superabundant music fills our ears!”

乐一直是周朝和诸侯礼仪庆典的一部分。这样的音乐庆典始于歌，乐师领唱，伴之以笙，最后用六首《诗经》和乐作为结束——以《关雎》为开端，伴以合唱及管弦丝竹金属之音。因此孔子将这种音乐描述为“洋洋”，宏大而美好的意思。孔子可能很了解乐师挚。他在3.23中曾提及他，而在18.9中，孔子说此人“适齐”。孔子死后，挚是离开鲁国的众多乐师之一。早期记载没有说明他们集体离开的原因。

8.16 子曰：“狂而不直，侗而不愿，悾悾而不信，吾不知之矣。”

The Master said, “Wildly spirited but not forthright, naive but not honest, simple and tactless but not trustworthy—such men I do not understand.”

孔子首先评价人的本性，认为它不完美：一些人狂，一些人侗，还有一些人呆愚。看来他接受这一事实，但让他感到震惊及难以理解的是，这些人不愿利用如亚瑟·威利（Arthur Waley）所说的“过失中的优点（the merits of their faults）”，将性格转化为德行。荀子认为这是君子和小人的区别之一。他说，“君子，小人之反也”，“君子……愚则端悫而法；小人……愚则毒贼而乱”。

8.17 子曰："学如不及，犹恐失之。"

The Master said, "Learn as if you will never catch up, as though you are afraid of losing whatever you have already understood."

刘宝楠引皇侃的话说："如不及者，已及也；犹恐失者，未失也。言能恐失之，则不失；如不及，则能及也。"

8.18 子曰："巍巍乎，舜禹之有天下也而不与焉！"

The Master said, "Sublime was the way Shun and Yu held possession of the empire—they got it without seeking it, and once they had it, they took no part in it, and they thought nothing of it."

孔子将舜和禹拥有天下的方法称为"不与"。但"不与"可以有多重含义：舜和禹并不想拥有天下（天下是被交给他们的）；他们知道如何用人辅政，因此看上去不需亲身理政；或者他们不看重所拥有的，从不宣称天下为己所有，尽管他们是君主。我的翻译融汇上述解读，正如刘宝楠和钱穆所说，这些诠释放在一起，才能揭示舜和禹深邃的理念以及崇高的地位。

8.19 子曰："大哉尧之为君也！巍巍乎！唯天为大，唯尧则之。荡荡乎！民无能名焉。巍巍乎！其有成功也，焕乎其有文章！"

The Master said, "Great was Yao as a ruler! Sublime was he!

Heaven alone was great, and only Yao took it as his model. So vast and boundless was his virtue that the people could not give it a name. Yet sublime were his achievements, brilliant his cultural vestiges."

在许多早期文献中，就有伟大君主效法天地的记载。《老子》第二十五章中说："故道大，天大，地大，人亦大。域中有四大，而人居其一焉。人法地，地法天，天法道，道法自然。"

《荀子》解释了天地的德以及它们对真君的启示。荀子说："天不言而人推高焉，地不言而人推厚焉，四时不言而百姓期焉。夫此有常，以至其诚者也。君子至德，嘿然而喻，未施而亲，不怒而威。夫此顺命，以慎其独者也。"

8.20 舜有臣五人而天下治。武王曰："予有乱臣十人。"孔子曰："才难，不其然乎？唐虞之际，于斯为盛。有妇人焉，九人而已。""三分天下有其二，以服事殷。周之德，其可谓至德也已矣。"

Shun had five ministers, and the empire was well governed. King Wu said, "I have ten able ministers."

Confucius commented, "Talent [才] is hard to find—is it not true? Talent flourished in the time of Yao and Shun and at the beginning of Zhou, [yet Shun had only five good men, and as for Wu,] with a woman among them there were only nine such men."

[Confucius said,] "When Zhou already possessed two-thirds of the empire, it continued to serve the Yin dynasty. The virtue of the

Zhou could be described as the highest virtue."

上古的人谈到"才"时，想到的是道德正直且有能力和远见处理世事的人。刘宝楠说，少有人能达到这些标准，正因如此，孔子说"才难"。许多学者试图在注疏中解答这一问题，但问题远不止于此。比如，辅佐尧舜的五人是谁？辅佐文王和武王的九人是谁？妇人又是谁，是否身居高位？如果最后一段单独成章，那么孔子说"三分天下有其二，以服事殷"是什么意思？大多数学者对几位能臣的身份意见一致，他们还认为妇人是文王或武王的夫人，因为妇人不能在朝廷担任官位，所以她没有宰相的政治地位。最后一段可能是因为其中的内容也和先周历史有关，编纂者将竹简错置了。孔子谈"至德"，所说的是文王，他和他的伯父泰伯一样，有"让"的美德。文王本可以征服商朝，但可能出于谦逊没有这样做，而把对商朝最后的征伐交给了儿子武王。孔子在8.1中说，泰伯表现出"至德"，因为他"三以天下让"，而在本章中，他也用"至德"一词描述文王。

8.21 子曰："禹，吾无间然矣。菲饮食而致孝乎鬼神，恶衣服而致美乎黻冕，卑宫室而尽力乎沟洫。禹，吾无间然矣。"

The Master said, "I can find no fault with [Emperor] Yu. His food and drink were simple, but for the gods and spirits, he provided lavish offerings to show his filial devotion. His everyday clothes were plain, but his ceremonial robes and caps were of the utmost elegance and beauty. His dwelling was shabby, but he put all his energy into constructing ditches and irrigation channels. I can find no fault with Yu."

禹，就是大禹，据传，他在尧舜时期治理肆虐中原的洪水。孟子说，“禹疏九河，瀹济漯，而注诸海”。禹治水的八年间，“三过其门而不入”。在孔子和其对手墨家看来，禹是为公众利益奉献一生、对自己和家庭无半点私心的最佳范例。即便在舜禅让后，禹也只是将自己视为国家的守护者而不是主人，这也可以解释孔子在 8.18 中对他的评价。

子罕第九

9.1 子罕言利与命与仁。

The Master seldom spoke about suitability [利], destiny [命], and humaneness [仁].

三世纪的学者何晏将“利”解作“适当”或“适应”。他说“利者，义之和也。”但大多数后世学者看法不同，他们认为“利”是“利益”。十一世纪的思想家程颐写道，“计利则害义”，这也是“夫子所罕言也”的原因。这是为什么呢？“利”是如何不再与“义”有关并趋向相反的意思？刘宝楠在注疏中深入探讨了这个问题。在他看来，何晏对“利”的解读源自《易经》和其他早期文献，可从“利见大人”“利用侵伐”和“利涉大川”这些表达看出。刘宝楠说，“君子明于义利”，所以即使有“赴蹈水火”这样看起来对他不利的情况，由于他急于拯救君父，他的做法也是正确的，即为“利”。刘宝楠解释道，“君子知利不外义”，“小人知利不知义”。由于越来越多的人将“利”和“义”分开讨论，“利”的道德意义缺失了。为什么孔子避免谈及“利”？刘宝楠写道，孔子认为这个话题“其理精微”，担心别人可能会“误习其说”。为何孔子很少谈论“命”——生死、福祸背后的力量？可能是因为“命”难以言说，孔子不愿谈论自己无法解释的事物。许多学者指出，从《论语》的记载来看，孔子似乎经常谈论“仁”，和本章的说法有些冲突。刘宝楠和另一位清代思想家阮元告诉我们，孔子本身并不愿谈论“仁”，因为他觉得自己未能达到，所以不想和别人谈论，但他的弟子们明白这是很重要的话题，记录下孔子所有相关言论，于是看起来“夫子言‘仁’甚多”。

9.2 达巷党人曰：“大哉孔子！博学而无所成名。”子闻之，谓门弟子曰：“吾何执？执御乎？执射乎？吾执御矣！”

A villager from Daxiang said, “How great is Confucius! He is vastly learned, and so has not made a name for himself in any particular area.”

The Master, having heard this, said to his disciples, “What should I specialize in? Charioteering? Or archery? I think I will specialize in charioteering.”

这段对话有两种理解：一种是，两人在互相讥讽；另一种是，两人互相表示礼貌。两种理解相矛盾，但都站得住脚。在第一种情景中，党人说孔子博学但无所长，而孔子对这句嘲笑的回答是：也许我应该专研一种技能——是研习御还是射？我认为我应该选御（六艺中排行最低的艺）。在第二种情景中，党人的话显得很有见地：他知道无法把一个博学的人归于单一的职业，尧舜是这样，孔子也是；所以孔子回答说，他无法接受这样的称赞，他在考虑专研御。

9.3 子曰："麻冕，礼也；今也纯，俭，吾从众。拜下，礼也；今拜乎上，泰也，虽违众，吾从下。"

The Master said, "Linen for ceremonial caps is what the rites prescribed. Nowadays, black silk is used, which is frugal. I follow the current practice. To bow at the foot of the dais, before ascending the stairs, is what the rites prescribed. Nowadays people bow at the top of the stairs, after they have reached the dais, which is presumptuous. Though it is against current practice, I still bow at the foot of the dais."

织麻为冕所费的劳力比以黑丝为冕更多，所以孔子打算按照当时的惯例戴黑丝织的冕，尽管这不符合礼的要求。但他拒绝跟从"拜乎上"的习惯，因为这意味着他会和君主处于同一高度，是不尊重的行为，所以孔子一直留意既定的规矩。孔子知道导致礼俗改变的因素有很多，如果合情合理，不会在人际关系中出现懈怠、僭越的行为，他愿意考虑改变。

9.4 子绝四：毋意，毋必，毋固，毋我。

The Master stayed away from four things: he did not put forth theories or conjectures; he did not think that he must be right; he was not obdurate; he was not self-centered.

我对孔子所绝之"四"的理解和朱熹一致，他认为"四"按一定次序相关联。他的解释是，一旦你创立了某种理论，就会认为一切都应按照理论要求运作；即便有证据表明事非如此，你也会拒绝改变思想，因此你的世界就局限于自身。也可以说，孔子“绝四”的原因是他将它们视为圈套，即郑玄所说的“陷于专愚”。

9.5 子畏于匡。曰：“文王既没，文不在兹乎？天之将丧斯文也，后死者不得与于斯文也。天之未丧斯文也，匡人其如予何？”

The Master found his life under threat when he was in Kuang. He said, “With King Wen dead, is it not so that his cultural vestiges are invested in me? If Heaven intended this culture to be destroyed, it would not have let the descendants [of King Wen] take part in it. Since Heaven has not destroyed this culture, what can the people of Kuang do to me?”

传统学者首先试图解释孔子在匡地遭遇了什么危险，以及危险为何发生。他们似乎都同意，危机起于身份的错认。匡人以为孔子是阳虎，因为两人外形相似。而阳虎虽然仅是一介家臣，却曾经在鲁国只手遮天——人人畏惧，无论是君主、卿相，还是孔子本人。《左传》记载，公元前504年，阳虎命鲁军攻下郑国的匡地。为了讨好另一国家的国君，他还献上一群俘虏。正因如此，匡人对他怀恨于心。当孔子经过匡地时，匡人将他认作阳虎，于是包围孔子意欲复仇。对于在匡地遭遇的危机，孔子的反应兼具自信和佯装的镇定：他坚信自己继承了文王的使命，要发扬周文化；这是天意，所以他不会遭害。但他是如何从这样险恶的处境中脱身的？《论语》没有说明，汉代的文学家给出了几种可能，很引人注意的一种说法是，孔子唱起歌来，“曲三终，匡人解甲而罢”。

9.6 大宰问于子贡曰：“夫子圣者与？何其多能也！”子贡曰：“固天纵之将圣，又多能也。”子闻之，曰：“大宰知我乎！吾少也贱，故多能鄙事。君子多乎哉？不多也。”

The chief counselor asked Zigong, “Your Master is a sage, is he not? But then why does he have so many skills?”

Zigong said, “Indeed, Heaven intended him to become a sage and to acquire many skills.”

When he heard this, the Master said, “The chief counselor understood me well. When I was young, I was from a humble station, which is the reason why I am skilled in many menial things. Should a gentleman be proficient in many menial tasks? No, definitely not.”

在古人看来，“圣”指的是先知，有预见未来的异能，这和后天习得的技能迥异。因此，太宰（可能是吴国太宰嚭）感到迷惑：如果孔子注定会成“圣”，为何他要学习如此多的技艺？子贡想为孔子发声，说夫子有两项天赋——成“圣”的潜质，以及“多能”的学习能力。孔子则认为太宰比弟子更了解自己。他更进一步解释，君子并没必要“多能鄙事”，何况是圣人。至于为什么自己“多能鄙事”，那是因为他“少也贱”，为环境所迫，从事各种谋生的方式。

9.7 牢曰 :“子云 :‘吾不试，故艺。’”

Lao added that he had heard the Master say, “I could not prove myself in office [不试]. That is why I acquired many skills.”

许多学者认为 9.7 和 9.6 应该合并来读——牢（可能是弟子）听到孔子在 9.6 中言论，就提醒夫子在另一个场合中说过的话。孔子说“吾不试，故艺”的意思，可能是“我不能像贵族世家的子弟一样轻而易举从政，因为出身微寒，所以我学习很多技艺”，也可能是“我不为世所用，所以学习很多技艺，为自己所用”。第一种解读支持孔子在 9.6 中的评论，而第二种为孔子的多能提供另一种原因。

9.8 子曰 :“吾有知乎哉？无知也。有鄙夫问于我，空空如也。我叩其两端而竭焉。”

The Master said, “Do I possess an all-knowing cognizance? I do not. If a simple fellow asks me a question, my mind at first is a complete blank, and I have to knock at both sides [of the question] until everything has been considered [and some clarity begins to emerge].”

另一种解读可以是 :“Do I possess the ability to know the intent of others? I do not. If a simple fellow asks me a question with openness and sincerity, I will try to take him through the two sides of his question, and I will keep on doing it until he understands it himself.” 许多学者都倾向于第二种解读。他们认为，这与孔子的个性和教学风

格一致——他绝不会用既成的答案、先入的观念回答任何有问于他的人，即便那个人是“鄙夫”；相反，他会带领求教者认识问题的正反两面，鼓励他自己深入思考问题。一些学者则认为，由于孔子在 9.2、9.3、9.6 和 9.7 中主要在谈论自己——他早年的生活，社会背景，谋生的尝试——所以在本章中，他一定也是在谈自己，而非其他人。孔子寻求知识竭尽全力，“叩其两端”而得之。我的翻译参照这一种诠释。

9.9 子曰 :“凤鸟不至，河不出图，吾已矣夫！”

The Master said, “The phoenix has not been seen. No chart has emerged from the river. It is the end of me, is it not?”

“凤鸟”和“河图”的出现象征着“圣”的到来，帝王将治天下。孔子的哀痛是因为他不可能活到那个时候，也可能是因为生不逢辰，因而无法实现抱负。

9.10 子见齐衰者、冕衣裳者与瞽者，见之，虽少，必作；过之，必趋。

Whenever the Master saw a person dressed in mourning clothes, or wearing a mourning headdress [冕] with gown and skirt, or a blind man, even if such a person was younger in age, he would invariably rise to his feet, and if he had to pass by such a person, he would always quicken his steps.

“冕”可能指“仪式中佩戴的帽子”，那些戴冕、着盛服的人通常是官员。因此，一些学者对这段话的理解是，孔子总是对服丧的人、官员和瞽者（盲人）怀有敬意。但钱大昕、钱穆等学者指出，“冕”也可能是“絻”，一种丧礼头饰，这种解释似乎更加符合这段话的背景。许多注疏认为，我们应该把本章和卷十放在一起阅读，从而理解孔子如何通过亲践，使礼仪成为尊重和同情心的表现形式。

9.11 颜渊喟然叹曰：“仰之弥高，钻之弥坚。瞻之在前，忽焉在后。夫子循循然善诱人，博我以文，约我以礼，欲罢不能。既竭吾才，如有所立卓尔。虽欲从之，末由也已。”

Yan Hui said with a deep sigh, “The more I look up at it, the higher it appears. The more I bore into it, the harder it becomes. I see it before me, yet suddenly it is behind me. But my teacher knows how to coax me to move forward, and he does it a step at a time. He expands me with literature and culture and pulls me in with the rites. I cannot stop even if I want to, but having done all I can, it still seems to stand way above me. I don’t know where to start, however much I wish to pursue it.”

孔子评估，颜回远比其他人更好学。按子贡的说法，颜回“闻一”能“知十”。但颜回在这里说的是迫切求学的负担和学习的辛苦，他认为这与好学无法分割。这似乎是他自己的决定，无论前路多么艰难，他都不愿放弃。尽管颜回有动力和极佳的悟性，他仍需要懂得敦促和鞭策他的人循循善诱，而他在孔子的言传身教中得到了这样的教导。

9.12 子疾病，子路使门人为臣。病间，曰：“久矣哉，由之行诈也！无臣而为有臣。吾谁欺？欺天乎！且予与其死于臣之手也，无宁死于二三子之手乎！且予纵不得大葬，予死于道路乎！”

The Master was gravely ill. Zilu instructed the disciples [who were present] to prepare [for the funeral] in the manner of retainers.

When the Master's condition had improved somewhat, he upbraided Zilu, saying, "You have been practicing chicanery for much too long! By pretending I had retainers when I had none, whom were we trying to deceive? Heaven? Besides, would I not rather die in the arms of a few good friends than in the arms of retainers? And even if I could not have a minister's burial, it was not as if I was dying by the wayside."

此处记述的事必发生在孔子辞去鲁国司寇，周游列国的十四年间（因为他说自己“不得大葬”），且应是在他返回鲁国前（因为子路留在卫国并死于卫国，孔子回国时没有同行）。孔子不能“大葬”，因为他辞去鲁国的官职后，没有得到大夫级别的任命，曾任的大夫与现任大夫不同——不能有家臣，也不能享有家臣为他筹备的葬礼。子路以为他可以让弟子代为臣，这是错误的。“吾谁欺？”孔子问道，“欺天乎？”他批评子路“行诈”，尽管他知道子路的本意是好的。

9.13 子贡曰：“有美玉于斯，韫椟而藏诸？求善贾而沽诸？”子曰：“沽之哉！沽之哉！我待贾者也。”

Zigong asked, "If there were a beautiful piece of jade right here, would you put it in a box and hide it or try to find someone with a good offer and sell it?"

The Master said, "Sell it! Sell it! I am waiting for a person with the right offer."

子贡的问题也可以这样翻译："Would you put it in a box and hide it or look to sell it for a good price?" And in response, Confucius could have said: "Sell it! Sell it! I am waiting for the right offer." 两种解读的区别在于对"贾"的理解。"贾"可以是物品价格，也可以是出价者。刘宝楠说，由于子贡的问题是孔子是否愿意把才能用于政治，所以"贾"的意思一定是指对"玉"给出合适价格的人。"玉"就是孔子的才干；而这个出价者一定是一位有洞察力的君主，看到了孔子的潜力，想聘用他。大多数学者强调，孔子没有到处兜售他的"美玉"，用孔子自己的话说，他在"待"，等待出价合适的人前来。此外，学者们还认为，孔子说："沽之哉！沽之哉！"是在模仿子贡，因为子贡曾是商人，还会时不时有商人般的思考和谈吐。

9.14 子欲居九夷。或曰："陋，如之何？"子曰："君子居之，何陋之有？"

The Master wanted to live among the Nine Yi barbarian tribes. Someone said, "But they are uncouth. How could you put up with their ways?"

The Master said, "A gentleman has lived among them, so how could they be uncouth?"

本章有两个问题：谁是"九夷"？谁是有能力改变的"君子"？多数学者认为，"九夷"指的是居于周朝东边疆域之外的非汉族，那些人"天性柔顺，易以道御"。学者们还将孔子的这句话与他在5.7中"道不行，乘桴浮于海"的慷慨陈词联系起来。海路可以通往更好的地方，远离中原各国，到达东边九夷的国土。根据早期记述外国的文献，那里的人"仁而好生，天性柔顺"。因此这些学者不同意把"九夷"等同于楚国周围的南方蛮夷，那里"风俗犷悍"。孔子提及"君子"时是在说自己吗？是在说自己可以教化"夷"吗？尽管多数学者这样认为，但也有人并不赞同，他们说孔子绝不会称自己为"君子"。这些学者说，孔子心中的"君子"可能是箕子，商朝末代帝王纣的哥哥。据早期文献记载，商王有多堕落，箕子的德行就有多高尚——孔子在18.1中将他描述为"仁"者——商朝覆亡后，他拒绝归顺新朝，于是受封东边的疆土，也就是"夷"居住的地方。因此，孔子的这种解读似乎表明，因为箕子这位君子早已在九夷的部落中安居下来，所以那里的人不可能"陋"。

9.15 子曰："吾自卫反鲁，然后乐正，《雅》《颂》各得其所。"

The Master said, "It was only after my return to Lu from Wei that music was correctly restored, with the *ya* and the *song* each finding its proper place."

《雅》和《颂》一般与“大雅”“小雅”以及《诗经》中《颂》的部分联系在一起。但就像一些注疏指出的那样，在本章中，它们指代的可能是给《雅》和《颂》伴奏的“乐”。清代学者毛奇龄写道，《雅》和《颂》“各得其所”的意思必定是，“乐”只在“乡饮酒礼”和“乡射礼、燕礼”这样的典礼上演奏，按照早期周礼的规定，这才是合适的场合。在孔子看来，“正乐”对于重新确立政治秩序至关重要。公元前 484 年冬，孔子自卫返鲁后，在鲁国完成了这件事。

9.16 子曰：“出则事公卿，入则事父兄，丧事不敢不勉，不为酒困，何有于我哉？”

The Master said, “Serving the duke and his high counselors in public life; my father and older brother at home; not daring to let myself be remiss in funerary duties; not to get addled by wine—I have no trouble with these things.”

多数学者同意，这句话的意义在于后半句，意思可能是，在人的行为中，这四件事是非常基本的，所以“何有于我”，对我有什么难的呢？也有可能意思是，大多数人都能做到，因而“何有于我”，需要我做什么呢？

9.17 子在川上曰：“逝者如斯夫！不舍昼夜。”

Standing by the river, the Master declaimed, “How it flows on like this, never ceasing day and night!”

对于孔子的这句话，注疏的诠释各不相同。一些人认为孔子在哀叹时光流逝，就像流水不复还。另一些人，比如汉代思想家董仲舒，就试图强加道德意涵，将水看作“力者”“持平者”“察者”“知者”“知命者”“善化者”和“勇者”的喻体。朱熹认为这句话说的是学习。他写道，天地之变化“无一息之停”，是“道体之本然”，而“可指而易见者莫如川流，故于此发以示人，欲学者时时省察而无毫发之间断也”。对本章最有说服力的诠释则出自孟子，他是更早期的孔门追随者。有人曾问孟子：“仲尼亟称于水曰：‘水哉！水哉！’何取于水也？”孟子曰：“源泉混混，不舍昼夜；盈科而后进，放乎四海：有本者如是，是之取尔。”这段引文阐释了水的品德——永远流动，充满活力，不同于“沟浍”中的水，流水永不干涸。

9.18 子曰：“吾未见好德如好色者也。”

The Master said, “I have never met a person who loved virtue as much as he loved physical beauty.”

司马迁试图将这句话与孔子人生中另一个特殊时刻联系起来，以解释孔子对本欲服事的君主的失望之情。司马迁写道：“灵公与夫人同车，宦者雍渠参乘，出，使孔子为次乘，招摇市过之。孔子曰：‘吾未见好德如好色者也。’”这一历史记载似乎带有情感色彩，不如宋代学者谢良佐的诠释简明优雅：“好好色、恶恶臭，诚也。好德如好色，斯诚好德矣，然民鲜能之。”如果我们参照谢良佐的解读，那么孔子在这里说的话就和子夏在 1.7 中的话呼应起来。

9.19 子曰："譬如为山，未成一篑，止，吾止也。譬如平地，虽覆一篑，进，吾往也。"

The Master said, "I could use the example of building a mountain. If with just one more basketful of dirt to go I stopped, then I was the one who stopped [and left the work incomplete]. I could also use the example of leveling ground. If I heaped just one basketful of dirt, then progress was made and I was the one who moved the work forward."

几乎所有学者都认为，孔子这句话谈论的是学习和修养。《论语》中不少章节都支持这一解读，比如 7.8、7.19、8.7、9.11 和 9.21 等。不过孔子的这句话和所有需要奋斗达成的事物都有关联。孟子也提出过类似的观点，"有为者辟若掘井，掘井九轫而不及泉，犹为弃井也"。

9.20 子曰："语之而不惰者，其回也与！"

The Master said, "The person I could talk to and never get tired—that was Hui, wasn't it?"

另一种翻译是："The person I could talk to without seeing him ever growing tired—that was Hui, wasn't it?" 两种解读都表明，颜回听到孔子的教诲很高兴，也能吸收听到的内容。按第一种解读，孔子与颜回交谈从不厌倦，而第二种解读是，颜回聆听孔子说话从不厌倦。

9.21 子谓颜渊曰：“惜乎！吾见其进也，未见其止也。”

The Master, referring to Yan Hui, said, “It is a pity! I saw him moving forward but did not see him complete his journey.”

孔子痛惜的是颜回英年早逝，而不是颜回未能发挥潜力。

9.22 子曰：“苗而不秀者有矣夫！秀而不实者有矣夫！”

The Master said, “There are seedlings that never grow to flower. And there are plants that have grown to flower but never bear fruit.”

许多学者认为，完全可以假定孔子的这句评价和前一章一样，是在说颜回的早逝断绝了他成德的可能。但这只是推测。换一个角度看，也可以说这句话谈论的对象与 9.19 相同。

9.23 子曰：“后生可畏，焉知来者之不如今也？四十、五十而无闻焉，斯亦不足畏也已。”

The Master said, “The young should have our respect. How do we know that the coming generation may not prove to be the equal of the present one? If a man is forty or fifty and has not done anything to distinguish himself [无 闻], then he is not worthy of our respect.”

孔子认为“后生可畏”，因为他们正当年，学习速度很快，与中年人相比，年轻的精力就是优势。因此孔子说，如果你“四十、五十而无闻”，意味着浪费了青春，“不足畏”。在孔子所处的年代，五十岁就称为“艾”，已经是老年人了，“纵能加功，进境有限”。不过孔子在 7.17 中说，“加我数年，五十以学《易》，可以无大过矣”。

注疏中有一些关于“无闻”的探讨。多数学者同意，它和出名没有关系。孔子在 12.20 与子张的对话中，反对学习和修养是为了“闻”的观念。相反，他相信如果一个人在年轻时致力于学，到四五十岁时，就会自然地“闻”。因此清代经学家黄式三对第二句话提出另一种诠释：“焉知来者之不如今，儆其不豫知也。”

9.24 子曰：“法语之言，能无从乎？改之为贵。巽与之言，能无说乎？绎之为贵。说而不绎，从而不改，吾未如之何也已矣。”

The Master said, “How can one not agree with exemplary words? But what is important is that they will lead you to self-reform. How can one not be pleased with gentle and tactful words of advice? The important thing is to try to understand the point of such words. To be pleased [with someone's advice] but not to try to understand [the point of his advice]; to agree with [someone's words] but not [to let his words] bring about self-reform—there is nothing I can do with those who behave like this.”

“巽”和“绎”这两个词在注疏中引发不少讨论。“巽”在这里被译为“gentle and tactful”，意思是谏言应用不伤听者自尊的方式表达出来。“绎”被译为“to try to understand the point”,字面意思是“从茧抽丝”，但它也有更广泛的含义，包括追根溯源，“寻其绪也”。

刘宝楠引汉代文献《淮南子》说:“故听善言便计,虽愚者知说之;称至德高行，虽不肖者知慕之……慕之者多，而行之者寡。所以然者何也？不能反诸性也。”

9.25 子曰：“主忠信，毋友不如己者，过则勿惮改。”

The Master said, “A person should stay close to those who do their best and are trustworthy. He should not befriend those who are not his equals. And when he makes a mistake, he should not be afraid to correct it.”

这句话和 1.8 中最后三句如出一辙。可以参见我对该章的诠释。

9.26 子曰：“三军可夺帅也，匹夫不可夺志也。”

The Master said, “One can strip the Three Armies of their commander, but no one can deprive even a commoner of his purpose.”

“三军”代表鲁国全部的军力。他们曾经由鲁国国君掌控，但到孔子出生时，已经受鲁国三桓控制。郑玄写道，尽管三军之帅权力很大，他仍“以人为卫，故遇强敌可覆而取之”，而“匹夫守志，志有一定，不可得而夺也”。

9.27 子曰："衣敝缊袍，与衣狐貉者立，而不耻者，其由也与？""'不忮不求，何用不臧？'"子路终身诵之。子曰："是道也，何足以臧？"

The Master said, "Not to feel ashamed standing next to a man wearing fox or badger fur while himself dressed in a tattered gown padded with silk floss—this could only be You [Zilu]!"

"Not mean, not grasping,
How could this not be good?"

Zilu recited these lines all the time. The Master said, "Is this enough to be called good?"

跟随孔子在《论语》5.7、5.8、5.14、6.28、7.11、7.35 和 9.12 中对子路的评价，我们可以看到子路的形象逐渐丰满。在这些话语中，孔子似乎轻视子路，但这不是因为子路平凡的出身。孔子对子路的看法基于他的观察：子路性急，缺少认知和判断力，而且有些鲁莽。在本章中，孔子指出子路身上有高尚的一面，但子路笨拙得不知私下体会。他以为《诗经》中的"不忮"（不嫉妒）和"不求"（不强求）很好地总结了孔子对他的描述；想一举说明，有了这些特质就足以被称为"臧"（善），所以"终身诵之"。子路的行径再一次挑战了孔子的耐心。

9.28 子曰："岁寒，然后知松柏之后凋也。"

The Master said, "Only in the deepest winter do we realize that the pine and cypress are the last to shed their leaves."

二世纪的郑玄以及稍晚一代的何晏都认为，孔子谈及“松柏”的时候，想到的是“君子”或“贤者”。郑玄写道，只有贤者“虽遭困厄，不改其操行也”。刘宝楠认为，孔子在 15.2 中对子路说的话可以支持这种解读。当时孔子一行人在陈国或者蔡国某处濒临饿死。孔子强调：“君子固穷，小人穷斯滥矣。”为了展现 9.28 和 15.2 的关联，刘宝楠还引用了庄子的文章。在庄子笔下，孔子对弟子们说：“临难而不失其德，天寒既至，霜雪既降，吾是以知松柏之茂也。陈蔡之隘，于丘其幸乎！”

9.29 子曰：“知者不惑，仁者不忧，勇者不惧。”

The Master said, “The wise are never perplexed. The humane never suffer from vexation. The brave are never afraid.”

“知者”在刘宝楠笔下是“审物明辨，故不惑”。而孔子说“仁者安仁”，他们乐天知命，能保持平和，所以“不忧”。在孟子看来，“勇者”则完全不同。他说，一些人“不肤挠”，另一些人总是表现得“无惧”，但只有孔子理解“大勇”。根据孟子所说，孔子这样描述“大勇”：“自反而不缩，虽褐宽博，吾不惴焉；自反而缩，虽千万人，吾往矣。”

9.30 子曰：“可与共学，未可与适道；可与适道，未可与立；可与立，未可与权。”

The Master said, “A partner in learning may not be good

enough as a partner if you are on a quest for moral meaning. A partner on a quest for moral meaning may not be good enough as a partner if you intend to use the rites to help you find a steady frame and an equitable position. A partner who, like you, intends to use the rites to find a steady frame and an equitable position may not be good enough as a partner if you are in the act of exercising moral discretion."

孔子在这里想表达的是，在人类的各种求索中，道德裁量是最艰苦而孤独的。孔子这一结论来之不易，它始于"学"。这句话的意思是，找共学的伙伴可能没有找和你一样想通过学习得道的伙伴那么难。同样，这也没有找和你一样希望凭借礼使自己"立"的人那么难。而即便你找到了这样的伙伴，在你必须决定何为正确公平的时候，他还是无法帮你。

9.31 "唐棣之华，偏其反而。岂不尔思？室是远而。"子曰："未之思也，夫何远之有？"

"The flowers of the wild cherry,

how they flutter this way and that.
It's not that I don't think of you,
but your home is so far away."

The Master said, "He did not think of her. If he did, how could distance have been a problem?"

在这首《诗经》逸诗中，摇曳的花反映了说话者的内心。他内心踌躇：他关心她，但其实不。传统学者坚称，孔子用这首诗表达的情绪——“室是远而”——来谈论人和仁的关系。他在7.30中发问：“仁远乎哉？我欲仁，斯仁至矣。”不过，仍可以把孔子对这首诗的回应理解为他对诗人犹豫不决的内心的评价。

乡党第十

卷十记录的主要是其他人对孔子在各种场合的观察——在家，在乡里聚会上，用餐，休息，在上级和平级面前，生病，友人生病，服丧，友人服丧——还有孔子吃的食物，穿的衣服，以及他的衣食遵循的规定。“孔子”这一称呼仅在第一章中出现。

10.1 孔子于乡党，恂恂如也，似不能言者。其在宗庙朝廷，便便言，唯谨尔。

In his own community, Master Kong [Confucius] was agreeable and modest, and he gave the appearance of being too clumsy to speak. In the ancestral temple and at court, though fluent and forceful in his disquisitions, he was also cautious and did not say more than was necessary.

我们在这段话中看到身处乡党、宗庙和朝廷中的孔子。乡党，是父兄宗族之所在，所以孔子居住在那里时举止“恂恂如”，为表尊重，表现出“不能言”的样子。但宗庙和朝廷则是不同的场合，孔子必须作为深谙礼乐和政事的人发言。这段文字说，孔子“便便”（流畅有力）言，但也“谨”于言。

10.2 朝，与下大夫言，侃侃如也；与上大夫言，訚訚如也。君在，踧踖如也，与与如也。

When speaking at court with counselors of the lower rank, he was relaxed and affable. When speaking with counselors of high rank, he was frank but respectful. And in the ruler's presence, though he was filled with reverence and awe, he was perfectly composed.

10.2 的前半部分说的是上大夫和下大夫在朝见国君前，聚集一堂，讨论国政。在这段描述中，孔子与"下大夫"，也就是他的平级相处时"侃侃如"。孔子从未官至高位，所以他在比他地位高的人面前"訚訚如"，中正而有敬意。大夫私朝后，君主到场，在君主面前，孔子"踧踖如"——敬畏之貌，但他没有表现呆滞，而是"与与如"，举止恰当。我认为，这对于依次理解 10.1、10.2、10.3 很有帮助。在 10.1 的最后，我们看到孔子在宗庙朝廷中的举止。在 10.2 中，我们可以了解他在私朝中的行为方式，而在 10.3 中，我们可以看到他被召去协助卿相接待国宾时的言行。

10.3 君召使摈，色勃如也，足躩如也。揖所与立，左右手，衣前后，襜如也。趋进，翼如也。宾退，必复命曰："宾不顾矣。"

When the ruler summoned him [to assist the chief counselor] in receiving a guest of the state, his face took on a solemn expression and his steps a brisk pace. When he bowed to those standing around him, raising his cupped hands to the right and to the left, his robed skirt swayed front and back, without being ruffled. When going forward with quickened steps, he was like a bird about to take flight [翼如]. After the guest had left, he always came back to report to the ruler, "The guest is no longer looking back."

政治世界中的礼仪通常显得有些不自然和僵硬，因为任何差池都可能有严重后果，对孔子来说也是一样，但观察者指出，孔子行正式礼仪的动作一气呵成："翼如也。"刘宝楠说"翼如"的意思可能是"如鸟之张翼"或"恭敬"。十八世纪的学者江永考证，和孔子同级的大夫不可能被要求接待外宾——这是卿相的特权——所以也可能是君主让孔子在这样的场合"协助卿相"，因为孔子"知礼"。

10.4 入公门，鞠躬如也，如不容。立不中门，行不履阈。过位，色勃如也，足躩如也，其言似不足者。摄齐升堂，鞠躬如也，屏气似不息者。出，降一等，逞颜色，怡怡如也。没阶，趋进，翼如也。复其位，踧踖如也。

When he entered the gate of his ruler, he drew himself in [in a respectful manner] as if the gate were not wide and tall enough to let him through. He did not stand in the middle of the gate and did not tread on the threshold. When he passed by the seat of the ruler, he looked energized and his pace hastened, and when he spoke, he appeared as if he could not get all his words out. When he gathered up his robe and ascended the hall of his ruler, again he drew himself in, and he held his breath in as if he was not breathing at all. But as soon as he was leaving the hall, descending even just one step, his whole expression would be relaxed with a touch of lightness and gaiety. And once he reached the bottom of the steps, he moved forward with quickened steps, like a bird about to take flight. But the next time he passed by the seat of the ruler, he would again assume a cautious and respectful demeanor.

传统学者运用他们对早期历史和与礼有关的文献的了解，试图解答与这段描述有关的问题。比如，为什么孔子认为入公门时，必须“立不中门”并“行不履阈”？“中门”是什么？“过位”又是什么意思？按照周礼的规定，诸侯的公门通常用在中央竖短木，谓之“闑”。国宾会从左侧门即西门进入，而君主和大夫会从右侧门即东门进入。孔子“立不中门，行不履阈”，因为这都是君主的特权。一些学者说，本章中的“位”指的是君位——国君在朝廷会见群臣时站的位置。学者说，之后，君主会回到“路寝”，也就是内朝，在那里和众大夫商议政事。由于君主首先离开，随他前往内朝的大夫就会经过他空出来的位置。本章中记载，此时，孔子“色勃如也，足躩如也”。在他“升堂”时，还会恭正姿态，屏住呼吸，但在他准备离开，“降一等”时，整个躯体会开始放松。当“没阶”——下完台阶后，他会优雅地行走，展现出“翼如”的样子。

10.5 执圭，鞠躬如也，如不胜。上如揖，下如授。勃如战色，足蹜蹜如有循。享礼，有容色。私觌，愉愉如也。

When he carried the jade tablet [of his ruler in the role of an emissary], he drew himself in as if he could not bear the weight. When he held it high, it seemed as if he was bowing to someone; when he held it low, it seemed as if he was offering an object to someone. He looked alert, as though in fear of making a mistake. And he walked in small steps as though his feet never left the ground [like the wheels of a cart]. But he looked amiable when presenting the official gifts and was even more agreeable in a private audience.

钱穆指出，本卷记载了三种“鞠躬”方式以表尊重。在 10.4 中，当孔子进入朝廷大门时，他敛身“如不容”，而“升堂”时，也会“鞠躬”并“屏气似不息”。此时执圭，为了保持谨敬，他鞠躬的样子“如不胜”圭的重量。一些注疏指出，孔子在鲁国做官时，国君从未派他出使别国。因此，他手持“圭”的状态是不可能发生的，也就是说，《论语》中的记载未必全部准确。一些学者为了捍卫文字的正确，提出一种诠释。他们说，在 10.5 中，孔子只是在向弟子们展示，作为使臣访问别国时，怎样的举止才是合适得体的。也就是说，仪式是孔子“礼”的教学中的一部分。

10.6 君子不以绀緅饰，红紫不以为亵服。当暑，袗絺绤，必表而出之。缁衣，羔裘；素衣，麑裘；黄衣，狐裘。亵裘长，短右袂。必有寝衣，长一身有半。狐貉之厚以居。去丧，无所不佩。非帷裳，必杀之。羔裘玄冠不以吊。吉月，必朝服而朝。

The gentleman would not use reddish indigo or iron gray to

trim his robe, nor vermillion and red for his casual clothes. In the heat of the summer, he wore an unlined garment of either fine or coarse hemp, but he always topped it with a jacket when he went out. He wore a black dust-gown over lambskin, a white one over fawnskin, and a yellow one over fox fur. His informal fur coat was longer than his formal ones but with a shorter right sleeve. When sleeping, he always had a coverlet, which was one and half times the length of his body. He used the thick fur of badgers and foxes as cushions to sit on. Other than when he was in mourning, he always wore his big sash with jade ornaments [that were proper to his position]. And except for his ceremonial skirts [which were made from single bolts of fabric with multiple pleats], all others were cut pieces sewn together. He never wore [black] kidskin jackets and black caps when making calls of condolence. And on the day of the new moon, he always went to court in his [black] court attire.

这段描述可能会给人一种印象，“君子”——学者们认为，指的只能是孔子——很会穿衣，每天早上都花很多心思选择白天和夜晚的着装。孔子认为美观和实用都很重要，但更关键的是符合礼。因此孔子服丧的衣着没有装饰——腰带上没有玉佩。孔子出席丧礼时，不着黑衣黑帽，因为在传统思想中，黑色象征高贵吉祥，更适合国家祭典这样的场合，而非哀悼。衣服的花费也是他考虑的因素。“帷裳”，也就是用布做的衣服花费不菲，所以孔子说，他只在朝廷的典礼上穿着。在 3.4 中，孔子告诉林放，“礼，与其奢也，宁俭”。因此，即便礼明确要求“奢”，孔子也宁愿简单朴素些。

10.7 齐，必有明衣，布。齐必变食。居必迁坐。

During periods of purification [before a sacrifice], he always wore a clean undergarment [mingyi] made of linen. During periods of purification, he always altered his diet, and he also changed his dwelling place.

汉代学者对“明衣”的含义意见纷纭。孔安国认为这个词指的是沐浴后穿的衣服。但郑玄的诠释是“亲身衣”，也就是干净的内衣，因为对于行“齐”礼的人来说，内衣是最为贴身的衣服，需要“洁清”。孔子在“齐”期间，饮食不含肉类，但食料新鲜，口味清爽；还会从卧室搬到屋子的前厅休憩，以避免接触女性。《礼记》记载，在祭祀前清洁，是为了让人以敏锐的头脑迎接祖先。

10.8 食不厌精，脍不厌细。食饐而餲，鱼馁而肉败，不食。色恶，不食。臭恶，不食。失饪，不食。不时，不食。割不正，不食。不得其酱，不食。肉虽多，不使胜食气。唯酒无量，不及乱。沽酒，市脯，不食。不撤姜食，不多食。

He did not overeat if the rice was polished or if the meat was finely cut. He did not eat rice that had gone off, nor fish or meat that had spoiled. He did not eat food with a sickly color or a foul odor, nor anything that was overcooked or undercooked. He did not eat food that was not in season, nor did he eat except at mealtimes. He did not eat meat that was not properly cut off or meat paired with the wrong sauce. Even when there was plenty of meat, he would not eat more meat than grain. Only in the case of wine was no limit laid down, but he never drank to the point of being addled. He would not touch wine that had been sitting overnight nor dried meat bought from a shop. And even when he kept a plate of ginger on the table [after the meal was over], he did not eat too much of it.

第一句话的另一种解读是："He did not mind if the rice was polished [or not] or if the meat was finely cut [or not]." 意思是孔子既能享受精致佳肴，也能享受粗糙的食物。我的翻译体现了这种解读，但更侧重平衡之道，也就是本章想传达的道理：即便是顶级的食物，也不要过量进食；即便是姜这样可以清醒头脑、改善口气的事物，也别吃太多。

我们还了解到，孔子拒绝吃"饐而餲"和处理方式不妥的食物。一些学者急于把孔子和美食家区分开来，认为孔子所说"割不正"暗指礼。在孔子的年代和整个周朝，"君子"即便在家进食，也会遵循礼对正式祭祀的规定。在那样的场合中，肉是大块的，每一份都割自这一大块肉。如果分发的那份肉"割不正"，孔子会拒绝接受。一些学者指出，这并不是说孔子会不接受"切不正"的肉，后者意味着看不起厨师的技艺。学者说，直到汉代，厨师才开始将肉切碎，用片状或条状的形式送上桌。

古代中国的烹饪和礼仪还有其他紧密的关联。在谈"礼"的文献中，烹饪技艺经常被拿来打比方，这也许是因为这些技艺的原理也要求动作协调、行为适时。公元前四世纪的思想家庄子也观察到了这点。在一个与厨师有关的故事中，庄子说观看此人解剖牛就像观看表演仪式中的舞蹈。

10.9 祭于公，不宿肉。祭肉不出三日。出三日，不食之矣。

After he had assisted his lord in a sacrifice, he did not keep his portion of the sacrificial meat overnight. And he did not let the meat from a sacrifice conducted in the family sit for more than three days. After three days he would not eat that meat.

政治中的“祭”从准备到完成通常需要三日：第一日清晨，屠宰用于祭祀的动物；第二日，天子和诸侯进行祭祀仪式；仪式还需一日，权位最高和第二高的众官员协同君主再行一轮祭祀。因此，当官员和宾客携带祭肉离开时，已经过去三日。在孔子看来，肉过了一宿就会腐坏。他也将祭肉不超过三日的规定用于家庭祭祀。

10.10 食不语，寝不言。

He did not speak [语] during meals and did not converse [言] when he was resting in bed.

传统学者明确区分“语”（探讨严肃话题）和“言”（闲谈）。

10.11 虽疏食菜羹，瓜祭，必齐如也。

Even when the meal was just coarse grain and vegetable broth, he always set aside a portion as an offering, and he did so with solemnity and respect.

另一种解读是："Even when all he had was coarse grain, vegetable soup, and melon, he would make the offering with solemnity and respect." 无论取哪一种，关键都在于孔子用餐时也心怀祖先，无论食物多么简单，他都会用充满尊敬的方式献祭。

10.12 席不正，不坐。

He did not sit unless the mat was properly straightened.

许多学者相信，本章的竹简是错置的——本应和 10.8 中的"割不正，不食"相连。的确，在好几种早期版本中，文本就是这样的："席不正，不坐；割不正，不食。"

10.13 乡人饮酒，杖者出，斯出矣。

When celebrating a drinking festival in the local community, he left as soon as those with walking sticks had left.

《礼记》的许多注疏提到了四种地方层面的饮酒之礼。本章所述应是"蜡祭"，每年年尾举行，由乡里长者主持，六十岁以上的老者则是嘉宾。学者认为，孔子对"杖者"表现出的尊敬，呼应了这个场合的意义与礼仪。礼明确规定了谁坐、谁站，六十、七十和八十岁的人分别应用几份菜肴。尽管这些规定井井有条，《礼记》记载，孔子问弟子子贡是否喜欢刚刚参加的"蜡祭"时，子贡说："一国之人皆若狂，赐未知其乐也。"这句话的意思显然是指饮酒过份了。孔子的回答意在让他看开些："百日之蜡，一日之泽，非尔所知也。张而不弛，文武弗能也。弛而不张，文武弗为也。一张一弛，文武之道也。"

10.14 乡人傩，朝服而立于阼阶。

When the villagers were performing the *nuo* [to drive away the spirits of disease and pestilence], he would put on his court robe and stand on the eastern steps.

"傩"和"蜡祭"一样，都是可能会失控的场合，因为整个社群都会参与——人数众多——还有驱魔和饮酒。在典礼进行的时候，为何孔子"立于阼阶"，身着"朝服"？孔安国说，孔子站在宗庙外，确保灵魂不离开宗庙，不会被意在驱逐恶灵的"傩"惊扰。另一些学者认为，孔子的仪态体现他愿意接受多数人信仰的某些事物，身着朝服则为这个场合带去一定的庄重，这也能防止他人行为失当。

10.15 问人于他邦，再拜而送之。

When he asked after someone in another state, he would bow twice [as if the person were present] before seeing the messenger off.

"再拜"强调了行礼的真诚，刘宝楠说，孔子的这种"拜"不是"稽首"（双手和头部都伏倒在地），而是"空手"（双手伏地，头低下但不接触地面）。刘宝楠还说，因为孔子当时没有表现出官员的姿态，所以被问者可能是友人；且发问时应当也附上了礼物，因为这是习俗。

10.16 康子馈药，拜而受之。曰："丘未达，不敢尝。"

When Ji Kangzi sent him a gift of medicine, he bowed and accepted it, and he said [to the messenger], "Since I don't know anything about this medicine, I dare not taste it."

季康子是鲁国正卿，也可能是孔子离开鲁国多年后邀请他回国的人。按照礼节的要求，孔子应该接受此人的礼物，但因为礼物是药——如果不清楚药性就服用，可能对身体有害——孔子这样回应信使，似乎是他不尝的合理解释。孔子的决定基于正确的判断，所以他不认为这违反礼。

10.17 厩焚。子退朝，曰："伤人乎？"不问马。

The stables caught fire. [Having learned about it] upon his return from court, the Master asked, "Was anyone hurt?" He did not ask about the horses.

一些学者认为，"厩"在这里指的是孔子自家的"厩"。因为如果是国家的公共财产失火，官方史书必定会记载，但《春秋》的鲁国史没有提及此事。受灾的是孔子私人的财产，然而孔子依然先问是否有人受伤，而非火情。

10.18 君赐食，必正席先尝之。君赐腥，必熟而荐之。君赐生，必畜之。侍食于君，君祭，先饭。

When the ruler bestowed on him a gift of cooked food, he would taste it right away after he had straightened his sitting mat. When the ruler sent him a gift of uncooked meat, he would cook it and make an offering to his ancestors. When the ruler sent him a live animal, he would raise it at home. When he was assisting his ruler at a meal, while the ruler was making an offering, he would taste the food first.

大多数注疏都引《礼记》中《玉藻》一章来诠释孔子在“君祭”时“先饭”的举动：如果一个官员是其君主的座上宾，在君主献祭后，他也要献祭。但如果官员仅仅“侍食”，那他就不必献祭，正确的礼仪是“先饭，辩尝羞，饮而俟”。

10.19 疾，君视之，东首，加朝服，拖绅。

When he was ill and the ruler paid Shim a visit, he lay with his head to the east, and with his court robe draped over him and his grand sash placed across his waist and hanging down [the side of his bed].

按惯例，患病的人在君主即将造访前，应把床挪到合适的位置，这样君主进屋时，他可以面向君主，如此方合乎礼仪。按古代中国房间的空间格局，进门应该朝东，因此卧床的人也应该头朝东，可以面对来人。同时，孔子也坚持加朝服腰带来面见君主。

10.20 君命召，不俟驾行矣。

When the ruler's order came to summon him to court, he would set off on foot, without waiting for the carriage to be harnessed.

孟子的弟子万章问，孔子在这种情形下是否行为得当，孟子给了肯定的回答，因为孔子当时为官，按他的职责，君主有命就应尽快行动。荀子的话也基本相同："臣不俟驾，颠倒衣裳而走，礼也。"

10.21 入太庙，每事问。

When he entered the Temple of the Great Ancestor, he asked questions about everything.

本章与 3.15 的记载相似。参见 3.15 的诠释。

10.22 朋友死，无所归，曰："于我殡。"

When a friend died, if this person did not have a kinsman who could take his body in [and give him a proper service], he would say, "I will arrange to have his funeral in my house."

学者指出，本章应结合《礼记·檀弓》中的一段记载理解："宾客至，无所馆，夫子曰：'生于我乎馆，死于我乎殡。'"

10.23 朋友之馈，虽车马，非祭肉，不拜。

Unless the present from a friend was sacrificial meat, in accepting it he did not bow, even when the present was as sizable as a carriage and horses.

“车马”是厚礼，而“祭肉”似乎没那么郑重，但前者贵在物品价值，后者有丰富的礼仪意义。面对两份礼物——其实它们都是赠予孔子的——孔子只会用最高的敬意接受“祭肉”。孔子就是这样决定事物的重要性。

10.24 寝不尸，居不容。

In bed, he did not lie like a corpse. At home, he did not carry himself like a guest.

“尸”是躯体、躯壳，汉代的一本辞典《说文》的解释是：“无所主。”因此，孔子“寝不尸”。但他也不至于在家中还像做客那样拘谨。

10.25 见齐衰者，虽狎必变。见冕者与瞽者，虽亵必以貌。凶服者式之。式负版者。有盛馔，必变色而作。迅雷风烈必变。

Whenever he met a person in mourning clothes, though the person might be a close friend, he always changed his countenance [to assume a grave expression]. Whenever he met a person wearing a ceremonial cap or a person who was blind, though the person might be on familiar terms with him [亵], he always greeted the person with the utmost courtesy. When he passed by a person dressed in funeral attire, he always leaned forward with his hands on the crossbar of his carriage [to show his respect]. The same could be observed even when the person was someone carrying official documents [of maps and household registration] [负版者].

When a sumptuous meal was brought forth [to honor the guest], he would always change his expression and rise to his feet [out of respect for the host].

He would also change his expression when there was a clap of thunder or a fierce wind.

一些学者认为，“亵”的意思也可能是“卑亵”，“负版者”中的“版”字可能是“贩”字的误写，意思是“小贩”。如此，第二句话到末尾的另一种解读就变为：“Whenever he met a person wearing a ceremonial cap or a person who was blind, though the person might be from a lowly class, he always greeted him with the utmost courtesy. When he passed by a person dressed in funeral attire, he always leaned forward with his hands on the crossbar of his carriage. The same was observed even when the person was a peddler.” 按照这些学者的说法，本章的要领是，在服丧时，孔子对他人的举止始终如一，与对方社会地位无关。

学者对于“负版者”社会地位的观点也有分歧。一些人认为“负版者”是“持邦国图籍者”，这样的人在周朝是受到尊重的，因为他手中有所有国人的官方记载。其他人认为这样的人只是一介微职，供人差遣。我认同后一种诠释，因为这和本章主旨一致。

在设盛宴（招待宾客）时，孔子的表情会变化，起身（向主人表示尊敬）。在遇到猛雷疾风时，孔子也会改变神情。

在环境中出现新状况或者意外时，人的表情都会有所改变。孔子的“变”经常和礼有关，在本章中我们看到，他面对服丧的人、盛情款待的主人或不寻常的自然现象都会改变神色。对于服丧者和主人，他表达尊敬，对自然奇观他心怀敬畏，尽管他从不谈论它们，但那是因为他不谈论自己不理解的事物。

10.26 升车，必正立执绥。车中，不内顾，不疾言，不亲指。

When climbing into a carriage, he always held his body erect as he clutched the mounting rope in his hand. When inside the carriage, he did not keep looking all around; he did not talk in a loud voice or at rapid speed; and he did not point at this or that.

自汉代起，对于第二句话里孔子在车中如何顾视就有许多讨论。一些人的理解是，孔子不回顾，以免阻挡车里其他人的视野。另一些人说，孔子的视线不越过车前侧和两边的横木。在刘宝楠看来，两种解释的结论相同：孔子在车中专注于乘车。这也是他不高声和不指指点点的原因。

10.27 色斯举矣，翔而后集。曰：“山梁雌雉，时哉时哉！”子路共之，三嗅而作。

Startled by the signs of an unfriendly presence, it rose up and circled a few times before alighting. [The Master] said, "The female pheasant on the mountain bridge—how timely, how timely!" Zilu saluted it. The bird flapped its wings three times [三嗅] and flew away.

许多学者觉得这个篇章很难理解。比如"三嗅"中的"嗅"字，原意是"闻"，但在这段描述中，这个意思不符合语境。鸟是在闻子路投喂的东西吗？如果是这样，为什么本章一开始不说明呢？因此，朱熹总结，这段记载必然有阙文。其他学者认为，"嗅"原本可能作"狊"字，意思是"盯着"或"拍翅"。本章的另一些问题引发了对这段记录真实性的怀疑。当代学者钱穆则简单地将它视作孔子人生中的一刻顿悟，在那一刻，孔子观察到了自己突然出现时野鸟的反应。孔子称之为"时"，这个词将他与过去其他圣人区分开来。尽管孔子绝不会这样描述自己，"时"却是他亲力追求的：他喜欢这个概念中道德的即时性，以及美学上的可能性。

先进第十一

本章记录的是孔子众弟子的言行。对话是本章重点，因为我们可以从中窥见孔子与弟子们的关系，他说话的方式，对弟子们的评价，以及孔子言教的内涵。

11.1 子曰："先进于礼乐，野人也；后进于礼乐，君子也。如用之，则吾从先进。"

The Master said, "Those who studied rites and music before [entering government service] were rustics [野人]. Those who studied rites and music after [they had entered government service] were men from hereditary families [君子]. When it comes to the question of employment, I prefer those who studied rites and music first."

关于"先""后"的含义，有许多种推测。一些学者认为，这说的是夏商周三代前后的君主，或是周朝建立前后的君主。另一些学者认为，"先"指的是孔子最早的弟子，也就是随他周游列国的那些；而"后"指的是后来的弟子，他们在孔子回鲁国后进入孔门。我则认为刘宝楠的诠释最有说服力，我的翻译也体现了他的解读。刘宝楠以为，"先"不是贵族子弟，所以需要先学习礼乐才能获得禄位；而"后"指的是继承爵禄，在出仕之后才学习礼乐的人。孔子会举荐前一种人为官——这些人跟他一样，凭借礼乐知识和勤奋获得一席之地。孔子对出身普通的人更为信任，因为他们不同于那些出身贵胄的“君子”，在进入纷乱的政治世界前，就已具备更出色的人品和判断力。

疏解中对“野人”与“君子”也有一些议论。野人可以指乡野之人或朴野之人——住在乡下，而非城邑之中的人。“君子”是比较复杂的问题，因为《论语》一般用来指道德高尚的人，但是此处用了“世袭贵族之人”的古义。

11.2 子曰 :“从我于陈蔡者，皆不及门也。”

The Master said, “Those who followed me [on my travels] to Chen and Cai are no longer studying with me now.”

本章中，孔子周游时的经历备受早期文献关注，尤其是“绝粮”这段旅程，孔子差点饿死。但他并非孤身一人，正如15.2中所说，子路、子贡和颜回伴随他前往陈蔡的偏远地区。但他返回鲁国后，这些弟子都不在身边了：子贡在齐国做官，子路在卫国一场政治冲突中丧生，而颜回死于疾病。

另一种解读——“诸弟子相从我于陈蔡者，其时皆不出仕”——可能受到孟子的影响，孟子说孔子当时的处境是“君子厄于陈蔡之间，无上下之交也”。

11.3 德行 : 颜渊，闵子骞，冉伯牛，仲弓。言语 : 宰我，子贡。政事 : 冉有，季路。文学 : 子游，子夏。

Virtuous in conduct: Yan Yuan, Min Ziqian, Ran Boniu, Zhonggong.

Skillful in speech: Zai Wo, Zigong.

Skillful in administrative affairs: Ran You, Jilu.

Accomplished in cultural pursuits: Ziyou and Zixia.

本章是孔子对各弟子长处的总结，大致上可以和《论语》中这些弟子的言行记载对应起来。由于这里都是用字来称呼弟子，一些学者认为这可能不是孔子的原话，因为孔子总是直接直呼其名。他们还指出，本章不以“子曰”开头。

11.4 子曰：“回也，非助我者也，于吾言无所不说。”

The Master said, “ Hui is of no help to me. He is pleased with everything I say.”

孔子对颜回的这句评价当与 2.9、9.11、9.20 一起阅读，还可参读我对 2.9 的诠释。

11.5 子曰：“孝哉闵子骞！人不间于其父母昆弟之言。”

The Master said, “ How filial is Min Ziqian ! No one would disagree with what his parents and brothers said about him.”

在不少汉代的记载中，闵子骞的故事里通常有一个坏心肠的继母，一心只想着自己儿子的好处，对闵子骞不闻不问。不过，闵子骞的父亲不像这类故事常见的套路那样，他很快注意到了这种偏心，并做出反应。父亲欲将妻子逐出家门，闵子骞阻止了他。他对父亲说："母在一子单，母去四子寒。"故事中，这些话深深打动了继母和兄弟们，他们改变了言行，从此对闵子骞非常关爱。一些学者认为这个故事是违背父亲之命却成就孝道的最佳范例。

11.6 南容三复白圭，孔子以其兄之子妻之。

Nan Rong repeated often the poem about the white jade tablet. Confucius gave him the daughter of his older brother for a wife.

本章所说的白圭出自《诗经》第256篇《大雅·抑》："白圭之玷，尚可磨也；斯言之玷，不可为也。"南容吟诵此诗，提醒自己说错话可能导致的麻烦。我在5.2中已经做出诠释，也许正因南容谈吐谨慎，所以即便国中无道，也可"免于刑戮"。因此，孔子认为他完全是自己侄女夫婿的理想人选。

11.7 季康子问："弟子孰为好学？"孔子对曰："有颜回者好学，不幸短命死矣，今也则亡。"

Ji Kangzi asked, "Who among your disciples love learning?"

Confucius responded, "There was Yan Hui who loved learning. But unfortunately he had a short life and is dead now."

本章是6.3中孔子与哀公对话稍有删减的版本。这段记载可能是传抄了另一句话，但从编纂的角度来看，再次记述孔子对颜回之死的感叹，并置于接下来四章之前，也是合理的。

11.8 颜渊死，颜路请子之车，以为之椁。子曰："才不才，亦各言其子也。鲤也死，有棺而无椁。吾不徒行以为之椁。以吾从大夫之后，不可徒行也。"

When Yan Yuan died, his father, Yan Lu, asked the Master if he would sell his carriage so that he, the father, could use the money to buy his son an outer coffin.

The Master replied, "Whether a son is talented or not, he is still a son to his parents. When my son Li died, he had an inner coffin but no outer coffin. I did not go on foot in order to provide him with an outer coffin. Since once I held the rank just below that of a counselor, it would not be right for me to go on foot."

11.9 颜渊死。子曰："噫！天丧予！天丧予！"

When Yan Yuan died, the Master cried out, "Oh, Heaven is destroying me! Heaven is destroying me!"

11.10 颜渊死，子哭之恸。从者曰："子恸矣！"曰："有恸乎？

非夫人之为恸而谁为？”

When Yan Hui died , the Master wept with uncontrollable emotion. His followers said, “Master, you have gone too far.”

The Master said, “Have I? If not for this man, for whom should I show so much sorrow?”

11.11 颜渊死，门人欲厚葬之。子曰：“不可。”门人厚葬之。子曰：“回也视予犹父也，予不得视犹子也。非我也，夫二三子也。”

After Yan Yuan died, the disciples wanted to give him a lavish burial. The Master said, “That would not be appropriate.” The disciples gave him a lavish burial anyway.

The Master said, “Hui looked upon me as a father. But in this matter I could not treat him like a son. This was not my doing—it was on account of you, my young friends.”

我们可以从 11.9 和 11.10 中读到，孔子痛失颜回，弟子见他这样也感到不忍。但颜回的父亲要求孔子卖掉马车来购买椁（即外棺）安葬颜回时，孔子拒绝了。当弟子们违背孔子的意愿，厚葬颜回时，孔子很不高兴。他究竟爱颜回吗？学者们历来对这个问题思考良多，做出各种诠释，但孔子自己说得最清楚。我们从 9.12 中了解到，在颜回去世的多年前，孔子曾差点病死，子路要其他众弟子扮作孔子的“家臣”，为孔子准备大夫级别的“大葬”。后来孔子康复，当他发现子路的意图时，责备子路“行诈”，因为孔子当时没有官位。他说：

“无臣而为有臣。吾谁欺？且予与其死于臣之手也，无宁死于二三子之手乎！”我相信，这也是孔子对如何安葬颜回的看法。颜回处境贫寒，前来与他永别的友人不过寥寥数位，椁或者厚葬有无必要？况且，这些形式与真情无关。它们无法表达失去的哀痛，对孔子来说，这种哀痛就像失去儿子之痛一样。

11.12 季路问事鬼神。子曰：“未能事人，焉能事鬼？”“敢问死。”曰：“未知生，焉知死？”

Jilu asked about how to serve the spirits of the dead and the gods. The Master said, “You can’t even serve men properly, how can you serve the spirits?”

“May I then ask about death?”

“You can’t even understand life, how can you understand death?”

孔子的回应可能是对子路的轻视，认为子路还不足以“事鬼”和“知死”，也可能是孔子自己不愿思考人事以外的话题。刘宝楠等学者则从另一种角度理解这段对话。他们认为，子路提出的问题并不好笑：“事鬼”在古代中国是“无不至”的习俗，所有人脑中都有死亡的概念，因为随时可能会死。但“惟孝子为能飨亲”，按照刘宝楠的诠释，这是孔子试图告诉子路的道理。至于死亡，刘宝楠写道，“敬吾生，故重吾死也”。孟子对这个观点表达得最为精当：“莫非命也，顺受其正。是故知命者，不立乎岩墙之下。尽其道而死者，正命也。”

11.13 闵子侍侧，訚訚如也；子路，行行如也；冉有、子贡，侃侃如也。子乐。“若由也，不得其死然。”

When Min Ziqian was attending the Master, he looked upright; Zilu looked tough and unbending; Ran You and Zigong looked affable. The Master was pleased. He said, “A man like You will not die a natural death.”

注疏记载，孔子很开心，因为每个弟子各尽其性，但看到子路时，他预感到子路将不得寿终，因为他“行行如也”，太过刚勇。孔子的预感果然成真。《左传》记载，子路陷入卫国一场父子争位的动乱中，在双方决战时惨死。

11.14 鲁人为长府。闵子骞曰：“仍旧贯，如之何？何必改作？”子曰：“夫人不言，言必有中。”

The people of Lu wanted to rebuild the treasury. Min Ziqian said, “Why can’t we just restore it? Why must we rebuild it?”

The Master said, “This man rarely speaks, but when he does, he always gets it right.”

大多数注疏者都认为，闵子骞不仅是在谈论建造的事——是拆旧建新，还是原地修缮。他们说，这句话有其政治背景。鲁昭公二十五年，鲁国三桓把昭公驱逐出去，他们想要重建长府，因为这是存放财货和武器的场所，其结构象征着三桓在鲁国的权势。闵子骞则反对这一想法。他想要修复——不仅仅是建筑本身，还有原本的政治架构。

究竟是推翻当下的政治架构重新开始，还是加以修缮并牢固根基——十一世纪的改革论争对此尤为关注。司马光支持改造修缮，用了和本章类似的比喻。

11.15 子曰:“由之瑟奚为于丘之门？”门人不敬子路。子曰:“由也升堂矣，未入于室也。”

The Master said, “Why do I hear You playing the zither inside my door?” The disciples began to treat Zilu with disrespect.

The Master said, “You may not have entered the inner room, but he has ascended the hall.”

在汉代典籍《说苑》中，对孔子有关子路鼓瑟的评价，有一段很长的诠释。子路演奏的音乐被描述为“北鄙之音”。孔子认为这样的音乐有“杀伐”之气，并将之与“温和而居中”的南方之音对比，后者“象生育之气”，但“忧哀悲痛之感不加乎心”。不过孔子随后指出，这样的说法并非一成不变：他说，南风之声源于北方，但在南方得以生发；身为平民的舜，最称得上是“温和而居中”，而末代商纣王创造了“杀伐”的音乐。许多评论者引用这段资料，解释为什么孔子听到子路在家中鼓瑟而感到不悦。他们指出，孔子不喜欢“暴厉淫荒”之音，也担心子路的音乐不能温和居中，就像他刚勇的气质，可能不得善终。当其他门人因为孔子的批评而不敬重子路，孔子就修正了他的说法，指出子路或许尚未“入室”，但却已经“登堂”了。

11.16 子贡问:"师与商也，孰贤？"子曰:"师也过，商也不及。"曰："然则师愈与？"子曰："过犹不及。"

Zigong asked, "Of Shi and Shang, which one is worthier?"

The Master said, "Shi overshoots the mark, while Shang falls short."

"Does this mean, then, that Shi is the better of the two?"

The Master said, "Overshooting the mark is about as imperfect as falling short."

刘宝楠引述了《礼记》中互不相连的几章，以阐述两种对"过"和"不及"的理解——孔子所言对象是礼，还是弟子们的天性。《礼记·仲尼燕居》里的一段文字与第一种相符，而《中庸》则贴合第二种。不过我们知道，聪明却没耐心的人与愚钝但有条理的人都属违礼。《论语》证明，师（子张）和商（子夏）就是如此，19.12、19.15 和 19.16 这些章节最有代表性。

11.17 季氏富于周公，而求也为之聚敛而附益之。子曰："非吾徒也。小子鸣鼓而攻之，可也。"

The wealth of the Jisun family exceeded that of the Duke of Zhou, yet Ran Qiu had been collecting taxes for them to add further to their wealth. The Master said, "He is no disciple of mine. My young friends, you may beat the drums and attack him."

《左传》相当详细地记述了引发这一场景的一系列事件。在这个场景中，孔子显然对冉求动怒了。冉求本该是孔子最为感激的弟子，因为他的精心筹划，孔子才得以返鲁，并被尊为“国老”。《左传》记载，公元前 484 年末，孔子一回到鲁国，季孙氏宗主即差遣家臣冉求见孔子，告知征收田赋的计划。冉求询问孔子时，孔子说：“丘，不识也。”但他私下告诉冉求：“君子之行也，度于礼：施取其厚，事举其中，敛从其薄。”孔子还说：“且子季孙若欲行而法，则周公之典在。若欲苟而行，又何访焉？”周公设定的标准在 12.9 中有探讨。这一标准叫作“彻”，“什一而税”，且这种税只适用于公田上的劳动所得。较早的注疏说“彻”是“周公之典”——这一标准最合理，因为这样，无论是丰年还是荒年，“民庶足食”，而君主的财富也会增加。（本章中冉求的角色显得更为复杂，因为季孙氏是贵族卿相，不是君主，无权征税。因此，他们从君主那里攫取的权力无论如何都是不正当的。）

孔子私下对冉求说的话没有发挥作用。根据《春秋》记载，第二年春天，“用田赋”；到冬天，发生蝗灾。孔子对冉求相当愤怒。所以他告诉弟子可以“鸣鼓而攻之”时，意思是可以公开批评冉求的罪行了。

11.18 柴也愚，参也鲁，师也辟，由也喭。

Chai [子羔] is simpleminded; Can [曾参或曾子] is slow; Shi [子张] is given to excess; You [子路] tends to be unruly.

子羔是孔子的弟子，据《左传》记载，卫国继承之乱结束前夕，子路惨遭屠杀前，他曾和子路短暂相处。子羔曾要求子路不要介入这场结果已经分明的争斗。《论语》中子羔出现两次：一次是本章，他被描述为“愚”；另一次是 11.25，其中的对话表明他学习不够。历来学者们都为子羔辩护，引述汉代一些有关子羔的故事，说子羔并不是头脑简单，而是天真单纯。但为什么孔子说曾参（曾子）“鲁”呢？我在 1.4 的诠释中指出，这可能是因为曾参花太多时间反省自己的行为。而孔子对子张和子路的评价，和我们在《论语》中读到的形象一致。刘宝楠认为，对这四个人的评价和孔子对弟子一贯的看法相同——有一些过于谨慎，另一些性情太野，而除了颜回，没有人称得上泰然自若。

11.19 子曰："回也，其庶乎，屡空。赐不受命，而货殖焉，亿则屡中。"

The Master said, "Hui is almost there, yet he frequently lives in poverty. Si does not accept his lot, and so he is good at making money. And [because of it] he is given to assessing a situation and weighing the favorable against the unfavorable, and is often right in his speculation."

颜回的德行几乎臻于完美——“其庶乎”，尽管他的人生多半是贫穷的。这意味着环境不会影响他，因为他好学，致力于修身。孔子观察到，子贡则不同：他“不受命”，于是学习赚钱之道，学会了“货殖”和“意度”的技巧，因此“屡中”。尽管孔子更偏爱颜回，他也欣赏子贡。因为子贡不屈服于处境，能够用经商获得的技能辅助自己的智慧和判断。

11.20 子张问善人之道。子曰："不践迹，亦不入于室。"

Zizhang asked about the way of a truly good man [善人].

The Master said, "He does not tread in the footsteps of those before him, but, then, he is unable to reach the inner recesses [of moral knowledge]."

"善人"有强烈的道德追求。这样的人可能在"胜残去杀"上取得成功，但不会达到"入于室"的境界——不会拥有道德洞见和圣人的形象——如果他不遵循文化传统，不学习先王留下的礼乐。这是传统经义的解读。

11.21 子曰："论笃是与，君子者乎？色庄者乎？"

The Master said, "You show approval of him because he seems sincere in what he says. But is he truly a gentleman, or does he simply put on a dignified appearance?"

汉代学者认为，11.20 的后半部分体现的"笃者""君子者""色庄者"，是"善人"的特征。朱熹不赞同。他认为孔子的意思是，区分真假君子很难——即便是言论笃实的人，也可能只是伪装。我的解读和朱熹一致，因为他的诠释反映了孔子学说关注的一个重点，不仅仅是何为真，还有言与行之间的差距。

11.22 子路问："闻斯行诸？"子曰："有父兄在，如之何其闻斯行之？”冉有问：“闻斯行诸？”子曰：“闻斯行之。”公西华曰：“由也问‘闻斯行诸’，子曰：‘有父兄在。’求也问‘闻斯行诸’，子曰：‘斯行之。’赤也惑，敢问。”子曰：“求也退，故进之；由也兼人，故退之。”

Zilu asked, “ When I hear something [that needs to be addressed] , should I take action right away?”

The Master said, “When your father and elder brother are still alive, how can you take action as soon as you hear something?”

Ran You asked, “When I hear something [that needs to be addressed], should I take action right away?”

The Master said, “Upon hearing such a thing, you should take action right away.”

Gongxi Hua said, “When You asked you whether he should take action as soon as he heard something [that needed to be addressed], you said, as long as his father and elder are still alive [he should not]. But when Qiu asked you the same question, you said, he should take action right away. Now I am confused. May I beseech you for an explanation?”

The Master said, “Qiu tends to hold back, and so I like to urge him on. You has the fire of two, and so I like to restrain him.”

冉有（冉求）不惧死于沙场，如果他退却，是因为有政治抱负，所以小心谨慎，不冒犯那些可能决定他政治生涯成败的人。（3.6 和 11.17 就是很好的例子。）这也是为什么孔子想让他在必要时立刻行动，以免他改变想法。子路恰好相反。他有“暴虎冯河”“死而无悔”

的准备。孔子对子路的性命很担忧，所以想让他在行动前先加以思考。孔子觉得，牵制子路最有效的方法，是让他时刻谨记父亲和兄长尚在世。很多学者认为，这个例子是孔子为师之道的最佳诠释：他按人的性情对弟子加以不同的引导。

11.23 子畏于匡，颜渊后。子曰："吾以女为死矣。"曰："子在，回何敢死？"

When Confucius found his life under threat in Kuang, Yan Hui fell behind. [Later, when they reunited,] Confucius said, "I thought you were dead."

Yan Hui replied, "With you, Master, still alive, how would I dare to die?"

匡地发生的危机首见于《论语》9.5，战国时期和汉代学者对此尤为关注。他们试图解释孔子进入匡地时被暴民包围的原因，以及最后全身而退的办法。但我们从本章了解到，孔子"畏"于匡时，颜回不在身边。早期记载中的这一信息和随后的对话在此引发了许多猜测。学者们想知道：颜回为何掉队？是偶然还是有意为之？为什么他说"子在，何敢死"？为了解答问题，学者们喜欢强调颜回对孔子的敬爱——就像孝子敬爱父亲一般。这样的儿子在父亲在世时，绝不会行为轻率，因为他害怕自己一旦死亡，父亲无人照管。颜回不像子路，他行为谨慎，"好谋"，在安全无虞之前不现身。但他怎么知道孔子可以安然度过匡地的危险呢？汉代学者认为，孔子的德行最终会显露出来，而匡人必会明白孔子的为人，然后放他离开。这些论点都是事后聪明——如果颜回并非有意滞后，他们也太轻易就放过他了。

11.24 季子然问："仲由、冉求可谓大臣与？" 子曰："吾以子为异之问，曾由与求之问。所谓大臣者，以道事君，不可则止。今由与求也，可谓具臣矣。" 曰："然则从之者与？" 子曰："弑父与君，亦不从也。"

Ji Ziran asked, "Could one consider Zhong You and Ran Qiu to be great ministers?"

The Master replied, "I thought you were going to ask me about other things, yet you are only interested in questions about You and Qiu. The term 'great ministers' applies to those who serve their lord in a moral way. If they simply cannot, then they stop. Now You and Qiu are men appointed to fill the ranks of a supervisory staff [in a hereditary family]."

"Does this mean, then, they will always do what they are told to do?"

The Master said, "Not if they are told to kill their father or their ruler."

学者认为，季子然可能来自季孙氏，因此很想从孔子那里知道，子路和冉求是否可以被称作"大臣"。孔子一开始似乎被问题激怒，他没有回应。他对学生倾注一切，希望弟子们诸事顺利，因此，他没有给出高度赞许的评价有些出乎意料，但孔子有意成为这样清醒、准确的老师。季子然更进一步，想知道子路和冉求既然没有“大臣”的审慎、勇毅，是否会按部就班地为官，孔子给予否定，说他们有不为之事——即便收到命令，也不会杀害父亲、君主。

11.25 子路使子羔为费宰。子曰：“贼夫人之子。”子路曰：“有民人焉，有社稷焉，何必读书，然后为学？”子曰：“是故恶夫佞者。”

Zilu wanted to find a way to let Zigao become a steward of Bi. Confucius said, “You are going to do harm to someone else’s son.”

Zilu replied, “But there are people for him to govern and the altar of grain and soil for him to look after. Why must one read books to be considered to have learned?”

The Master said, “It is for this reason that I dislike glib men [佞者].”

子羔是孔子年轻的弟子之一。子路想要把他举荐给季孙氏，让他担任季孙氏重镇费邑的“宰”，孔子强烈反对，认为子路此举完全是害这个年轻人——“夫人之子”。季孙氏的势力遍布朝廷上下，在孔子看来，子羔还不足以接受这个当权世家的任命。从11.17中我们了解到，就算是冉求这样的能人，在担任季孙氏家臣时也只能听令。我相信，这也是孔子害怕见到的——像子羔这样天性“愚”且仍相当需要教育的人，会完全受季孙氏操控。子路则反驳说，子羔可以一边任职，一边学习——学习不仅仅是“读书”。这显然是子路自己学习的方式，孔子一定认为，这是造成子路性格鲁莽固执，做事不先行考虑的原因。孔子最后一句评价可能是在说子路的反驳是“佞”——逞口舌之利，也可能是指那些仅仅从世俗经验中学习，没有受益于史、诗的人。

11.26 子路、曾皙、冉有、公西华侍坐。子曰：“以吾一日长乎尔，毋吾以也。居则曰：‘不吾知也！’如或知尔，则何以哉？”子路率尔而对曰：“千乘之国，摄乎大国之间，加之以师旅，因之以饥馑；由也为之，比及三年，可使有勇，且知方也。”夫子哂之。“求！尔何如？”对曰：“方六七十，如五六十，求也为之，比及三年，可使足民。如其礼乐，以俟君子。”“赤！尔何如？”对曰：“非曰能之，愿学焉。宗庙之事，如会同，端章甫，愿为小相焉。”“点！尔何如？”鼓瑟希，铿尔，舍瑟而作，对曰：“异乎三子者之撰。”子曰：“何伤乎？亦各言其志也。”曰：“莫春者，春服既成，冠者五六人，童子六七人，浴乎沂，风乎舞雩，咏而归。”夫子喟然叹曰：“吾与点也！”三子者出，曾皙后。曾皙曰：“夫三子者之言何如？”子曰：“亦各言其志也已矣。”曰：“夫子何哂由也？”曰：“为国以礼，其言不让，是故哂之。”“唯求则非邦也与？”“安见方六七十，如五六十，而非邦也者？”“唯赤则非邦也与？”“宗庙会同，非诸侯而何？赤也为之小，孰能为之大？”

Zilu, Zeng Xi, Ran You [Ran Qiu], and Gongxi Hua were seated in the Master's company. The Master said, “Just because I am a little older than you are, don't let that stop you [from speaking your mind]. You have often said, 'No one understands me.' If someone did understand you [and appreciate you], what would you do then?"

Zilu quickly offered a response: "If I were to govern a state of a thousand chariots, one that was squeezed between two powerful states, worn out by unwanted warfare, and made even weaker by famine, I would be able, within three years, to give the people courage and let them know the right way to put their lives in order."

Confucius smiled at him.

"And Qiu, what about you?"

"If I were put in charge of a place measuring sixty or seventy *li* square, or even fifty to sixty *li* square, I would be able, within three years, to meet the people's needs. As for the practice of rites and music, I will have to leave them to the gentlemen."

"What about you, Chi?"

"I am not sure if I can do this well, but I am willing to learn. I would like to be a minor official, assuming the role of either an assistant in ritual affairs at the ancestral temple or a junior diplomat, dressed in a black robe and ceremonial cap, at a conference of the regional rulers."

"And you, Dian?"

Zeng Xi had been playing the zither. Now his playing was coming to the end. With the last note still vibrating in the wind, he put down his instrument, stood up, and said, "What I would like to do is different from what we have just heard from these three."

Confucius said, "There is no harm in that. We are all telling each other what's on our mind."

Zeng Xi replied, "In late spring, when the spring clothes have just been made, with five or six young men or six or seven young boys, I would like to go bathing in the River Yi and enjoy the breeze at the rain prayer altar, and then come home singing."

Confucius sighed and said, "I am for Dian."

When others had left, Zeng Xi stayed behind. He asked, "What did you think of what those three said?"

The Master responded, "Each spoke what he had set his mind on."

"And why did you smile at Zilu?"

"One should govern a state by way of ritual propriety, but his words lacked modesty, and so I smiled at him."

"[Despite what he said,] was Qiu not concerned with governing a state?"

"How can an area of sixty or seventy—or even sixty or fifty—square *li* not be considered a state? [And so you are right, he was talking about governing a state.]"

"And what about Chi [Gongxi Hua], was he also talking about governing a state?"

"If performing the ceremonies in ancestral temples and performing them at diplomatic gatherings are not the business of regional rulers, what are they? If Chi thinks that [in assisting the ruler in fulfilling these duties] he plays only a minor role, who, then, has the major role?"

本章主体的翻译都出自我的《孔子:喧嚣时代的孤独哲人》一书。由于我对本章的理解，以及对孔子的人生与学说之间的关系的理解与该书大致相同，我决定沿用我的诠释，并稍作修改：

"人们可以从这个场景解读出不少意涵。长久以来，儒家各派对此解释不一。有人主张这段话是敌对学派（很可能是道家）捏造并且添附在《论语》中，用以戏弄或证明：即便是孔子，到了晚年也不得不赞成他们的观点——甚至舍弃国家、宗庙与礼乐，转而跟他们一样过着清净无垢的生活。另一些人（如十六世纪思想家王阳明）则坚持，'戏耍时'精神的亲密正可看出孔子最真实的一面。王阳明说：'三子是有意必'，但曾点是'无入而不自得'，'素狄夷，行乎狄夷。素患难，行乎患难'。王阳明的解读与我们在 5.26 和 7.19 中对孔子不为人知的另一面（他最希望得到的与能让他感到满足的）理解若合符节。然而，如果我们接受这个观点，将无法解释孔子何以长久以来一直执着于寻找政治机会实现他的雄心。孔子隐遁（与随后的宁静生活）是晚年的事，然而这不表示孔子承认失败。"

颜渊第十二

12.1 颜渊问仁。子曰："克己复礼为仁。一日克己复礼，天下归仁焉。为仁由己，而由人乎哉？"颜渊曰："请问其目。"子曰："非礼勿视，非礼勿听，非礼勿言，非礼勿动。"颜渊曰："回虽不敏，请事斯语矣。"

Yan Yuan asked about humaneness. The Master said, "Restrain the self and return to the rites [克己复礼]. This is the way to be humane. If for one day you are able to restrain the self and return to the rites, this means that your capacity to be humane will open up to the world. Humaneness rests with the self. How could it come from others?"

Yan Yuan asked, "May I ask about the specific steps to go about this?"

The Master replied, "Do not look at anything that is contrary to ritual propriety. Do not listen to anything that is contrary to ritual propriety. Do not speak in ways that are contrary to ritual propriety. Do not act in ways that are contrary to ritual propriety."

Yan Yuan said, "Even though I am not that smart, I will do my best to put into practice what you have said."

传统注疏对本章中的"克己复礼"着墨较多。孔子的意思是不是人应该约束自己，不偏离礼的要求（这是汉代学者的理解）？或者，孔子认为人应该克制自己的私欲，实现更高尚的天理（这是宋代儒学家的诠释）？

第二种诠释反映了宋代理学思想，但并非孔子本意，因为后世学者指出，《论语》中本没有"天理"这一概念。孔子答语的后半部分也需要进一步诠释。传统学者这样理解这句话："能一日克己复礼，则天下之人莫不归与其仁。"钱穆则有不同见解。他说孔子的观点是，"一日克己复礼"的努力，可以使自身更有成效地培养仁。钱穆指出，"仁为己之心德，以存诸己者为主，不以外面之效应为重"。我的翻译体现了钱穆的解读。

要做到不看、不听、不说、不行任何违礼之事，关键在自身。但礼是谁创立的？还是自身：每个人都靠自己对仁的理解，发现自身与世界的正确关系。但也需要引导——道德方向上的指引——告诉他何为过度，何为不足。孔子在 3.3 中对此话题的阐述是："人而不仁，如礼何？人而不仁，如乐何？"

12.2 仲弓问仁。子曰："出门如见大宾，使民如承大祭。己所不欲，勿施于人。在邦无怨，在家无怨。"仲弓曰："雍虽不敏，请事斯语矣。"

Zhonggong asked about humaneness. The Master said, "When

abroad, conduct yourself as if you were receiving an honored guest. When employing the people in your state, deport yourself as if you have been put in charge of a grand sacrifice. Do not impose on others what you do not desire for yourself. In this way, you will not incur any resentment whether your work is in the state or in a hereditary family."

孔子再次强调了他在 12.1 中表达的观点。但对于礼正确的表现形式，这里的表述更为精要。应用原则是“己所不欲，勿施于人”，因此正确的表现形式也体现了一个人的“仁”。为了真正成“仁”，人的行为必须时刻遵循礼的要求。孔子告诉仲弓：无论身处国外或国内，担任使臣或大夫，面对官吏还是平民，都应“如见大宾，如承大祭”。

12.3 司马牛问仁。子曰：“仁者，其言也讱。”曰：“其言也讱，斯谓之仁已乎？”子曰：“为之难，言之得无讱乎？”

Sima Niu asked about humaneness. The Master said, "A humane person is reluctant to speak."

"Being reluctant to speak—is that what it means to be humane?"

The Master replied, "When it is difficult to carry it out, how can this person not be reluctant to speak [about it]?"

多数学者认为，难以为之的是实现“仁”，而仁者在尝试用行动实践之前，是不会加以谈论的。此处有关言行的关系，显然和孔子贯穿《论语》的思想一致——君子“讷于言而敏于行”，会“先行其言，而后从之”，因为他“耻躬之不逮”。刘宝楠则认为，说一个人“其言也讱”可能是指他内心“烦重”——他之所以不出言，是因为不知道该怎么做——因此司马牛原本是问仁，最后变为对言行的讨论。刘宝楠解释说，司马牛的兄弟桓魋是宋国主管军事行政的司马，在孔子经过宋国时曾试图设伏。桓魋是宋景公最亲信的臣属，但他的野心超过了责任心，在他官居高位时，决定挑战君主的权威。桓魋的计划显露之前，司马牛就发现了，他不知如何是好：应该保密，导致“上别祸国”，还是告发兄弟，以致“下致绝族”。刘宝楠用历史的眼光看待，他认为孔子了解司马牛面对的困境，所以当司马牛问仁于孔子时，孔子向他保证，“不忍言”也没关系——他说，这也是仁的表现。这样的诠释初读似乎有些牵强，但把它和再次提到司马牛的后两章放在一起理解，就显得合理。

12.4 司马牛问君子，子曰：“君子不忧不惧。”曰：“不忧不惧，斯谓之君子已乎？”子曰：“内省不疚，夫何忧何惧？”

Sima Niu asked about the gentleman [君子]. The Master said, “A gentleman has no vexations and no fears.”

“Having no vexations and no fears—is that what it means to be a gentleman?”

The Master said, “When such a person looks into himself and finds that he has done nothing wrong, what vexations and what fears could he have?”

如果我们假定，司马牛仍然因兄弟桓魋进退两难，那么他“问君子”时，孔子的回答可能指涉司马牛的困境。孔子说，君子“不忧不惧”，因为他认为自己的意图和行为无可指摘。这显然说明，只要司马牛在内省中发现自己没有不足，那么他也应该不忧不惧。但司马牛的困境相当复杂，因为他兄长制造的麻烦可能会给自己的家族和国家带来严峻后果。刘宝楠和钱穆认为，孔子不可能不清楚这点，但他仍然觉得这是测试一个人道德决心的根据。

12.5 司马牛忧曰:“人皆有兄弟，我独亡。”子夏曰:“商闻之矣:‘死生有命，富贵在天。’君子敬而无失，与人恭而有礼，四海之内，皆兄弟也。君子何患乎无兄弟也？”

Sima Niu, in a state of distress, said, “All men have brothers. I alone have none.”

Zixia responded, “I have heard it said, ‘Life and death are a matter of destiny; wealth and honor rest with Heaven.’ The gentleman is respectful and [tries to be] free of errors. He is courteous toward others and conducts himself with ritual propriety. All men within the four seas are his brothers. Why should he be worried about not having brothers?”

我们从《左传》中了解到，司马牛的兄弟桓魋企图推翻君主宋景公，失败后逃到曹国，家族中其他人也四散逃逸，这可以解释为何司马牛最后栖身鲁国。司马牛离开宋国前放弃了封地，并在齐国和吴国短暂停留，但最终都没有留下。由于他的兄长们大多支持桓魋，他感到孤立无援。但子夏对他说，尽管人不能掌控命运，仍有机会完善自身；因此君子若决心实践礼，尊敬他人，在“四海之内”都会有兄弟。大多数学者都认为子夏引述的是孔子的教诲。

12.6 子张问明。子曰：“浸润之谮，肤受之愬，不行焉，可谓明也已矣；浸润之谮，肤受之愬，不行焉，可谓远也已矣。”

Zizhang asked about keen perception. The Master said, “When slanders that seep under your skin and grievances that cut through the flesh do not drive you to an immediate response, you may be said to have keen perception. And if indeed you are this clear-eyed, you may be said to have far-reaching perception.”

十七世纪学者陆陇其认为，要理解孔子的回答，关键在于谈话对象：子张很有抱负，对自己的才智很自信，当他问“明”时，可能期望孔子给出宏大的回答——只有他独自能领会的内容。孔子的回应不同于他的预想。孔子描述的“明”是可以触及的，始于侵蚀你的诽谤和刺痛你的控诉。如果它们“不行”，不会驱使你做出冲动的反应，那么“可谓明也已矣”。需要“明”的事物不仅在身边，还在远方——也就是一开始引起子张发问的事物。

12.7 子贡问政。子曰：“足食，足兵，民信之矣。”子贡曰：“必不得已而去，于斯三者何先？”曰：“去兵。”子贡曰：“必不得已而去，于斯二者何先？”曰：“去食。自古皆有死，民无信不立。”

Zigong asked about the way of governing. The Master said, "Sufficient food, a well-equipped army, and the trust of the common people."

Zigong said, "Suppose you are forced to do away with one, which of the three would you let go first?"

The Master said, "The army."

Zigong continued, "Suppose you are forced to give up one more, which of the two would you let go now?"

The Master said, "Food. Death has been the human lot since the beginning of time, but a state cannot survive if it does not have the trust of the common people."

对于子贡和孔子的这段对话，刘宝楠的诠释最为深入。当一个国家"足食，足兵，民信之"时，必然是强大的。但他指出，这不是对话的重点。孔子和子贡谈论的是，当国家陷入危难——遭遇干旱或者瘟疫之类的灾祸时，这三者中应放弃哪一样。孔子的回答是"去兵"。刘宝楠认为，这说的是取消征兵，因为可以减轻人民的负担。但如果情况恶化，国家跌入更黑暗的境地，再放弃哪一样呢？孔子说"去食"，因为历来都有饥荒致死，但君主不该放弃"信"。但这并不意味着孔子不关心普通民众的死活。而是孔子觉得，在国家濒临崩溃时，存续下去的唯一的希望是"民信"。用刘宝楠的话说："死而君德无所可讥。"

12.8 棘子成曰："君子质而已矣，何以文为？"子贡曰："惜乎，夫子之说君子也！驷不及舌。文犹质也，质犹文也。虎豹之鞟，犹犬羊之鞟。”

Ji Zicheng said, “What matters about a gentleman is the stuff he is made of. What need is there for cultural refinement?”

Zigong said, “I am sorry to hear what you have just said about the gentleman. Even a team of horses cannot catch up with [misspoken words] from a tongue. The stuff of a gentleman is not different from his refinement, and his refinement is not different from the stuff he is made of. The skin of a tiger or a leopard, shorn of hair, is not different from the skin of dog or a sheep.”

这段对话发生在子贡和棘子成之间，据早期文献记载，棘子成是卫国大夫。我在 11.9 的诠释中提到，孔子发现，由于子贡不甘于自己的出身，所以学习货殖，在此过程中掌握了“亿”和“识人”的技能。这意味着子贡会运用货殖的经验完善自己的思考和智慧，因此可以说，他的“文”和“质”是分不开的。为了支持自己的观点，子贡谈论的可能是自己。

12.9 哀公问于有若曰：“年饥，用不足，如之何？”有若对曰：“盍彻乎？”曰：“二，吾犹不足，如之何其彻也？”对曰：“百姓足，君孰与不足？百姓不足，君孰与足？”

Duke Ai said to You Ruo, “This is a lean year. I don’t have enough to keep things going. What should I do?”

You Ruo replied, "Why not apply the [Zhou] system of *che*, under which the people were taxed one part in ten?"

"If I don't seem to have enough if I tax them two parts in ten, how will I manage if I tax them one part in ten?"

You Ruo replied, "If the people have enough, how can their ruler be left without enough? When the people do not have enough, how can their ruler hope to have enough?"

有三个问题需要分别探讨：对话发生的时间，两种赋税的本质，以及哀公在处理鲁国的财政问题时，咨询的人究竟是不是有若。一些学者认为，这段对话发生的时间一定是在公元前 483 和前 482 年间，当时鲁国屡遭蝗灾，民不聊生，君主却在担心邻国齐国的军备建设。正因如此，学者们说，哀公向有若寻求建议：他需要更多收入用于军事开销和其他花费，该如何获得。刘宝楠则认为这段对话发生在公元前 483 年之前，当时鲁国的情况还没那么糟糕，但君主已经在为钱发愁了。所以此情此景下，哀公希望有若可以帮他找到解决国家财政危机的方法。

有若的回答——将赋税减至什一——看起来似乎有违常理。但有若和孔子一样，相信如果人民已经处于贫困中，君主还想进一步压榨，最终君主的损失最大。荀子在《富国》一文中说，可以把土地视作国家的根基，把仓廪视作枝叶。荀子写道："故田野荒而仓廪实，百姓虚而府库满，夫是之谓国蹶。"他还写道，为了避免这样的灾祸，君主必须滋养根基：他必须让土地繁荣，人民富足——这意味着他不能让人民赋税过重，荒年尤其如此。有若告诉哀公，合理的赋税是"什一"，这是周公设定的标准。据许多早期的文献，"一"

并非取自每年私田上的收成，而是以九个家庭为一个单位耕耘的公田，每一个家庭都要付出劳动。这也是为什么在公元前 594 年，即孔子出世前五十年左右，鲁国国君桓公推行“初税亩”这一税制——以私田的收成为基础——被视为“非礼”。《左传》的作者写道：“谷出不过藉，以丰财也。”

最后一个问题和有若有关。有若即 1.2、1.12 和 1.13 中的有子。他比孔子小四十三岁，在公元前 484 或前 483 年时，他还只有二十几岁，按他的地位，不可能有机会接触鲁君。但这段记载在传抄过程中可能被混淆——也许是文牍存在谬误。如果是这样，则不知与哀公对话的人是谁。

12.10 子张问崇德辨惑。子曰：“主忠信，徙义，崇德也。爱之欲其生，恶之欲其死。既欲其生又欲其死，是惑也。‘诚不以富，亦只以异。’”

Zizhang asked, “How does one take virtue to a higher level, and how does one know that one’s judgment is clouded?”

The Master said, “If you hold on to doing your best and being trustworthy [in words] as your principle and try always to direct your intent and action to what is right, you will be taking virtue to a higher level. When you like a person, you want him to live. When you dislike a person, you want him to die. To wish him to live at one moment and to wish him to die at the next, this is clouded judgment. [The Ode says,]

'Not for her wealth, oh, no!
But merely for the novelty.'"

宋代学者程颐说，“诚不以富，亦只以异”，出自《诗经》第188篇《小雅·我行其野》的这两句诗，应为“错简”。他认为这本应是16.12开头的部分。但此诗的内容——一个女子谴责丈夫变幻无常，她说丈夫不忠，不是因为其他女人的财富，而是因为追求一时之快——似乎和孔子在本章中对“惑”的阐述相符。在孔子看来，情感会干扰判断，一个人对另一个人的爱憎之情影响巨大，除了会改变对另一人的看法，还可以让人从欲其生变为欲其死。

12.11 齐景公问政于孔子。孔子对曰："君君，臣臣，父父，子子。"公曰："善哉！信如君不君，臣不臣，父不父，子不子，虽有粟，吾得而食诸？"

Duke Jing of Qi asked Confucius about the way of governing.

Confucius replied, "Let the ruler be a ruler, the subject be a subject, a father be a father, a son be a son."

The Duke said, "Right! If indeed the ruler is not a ruler, a subject is not a subject, a father is not a father, a son is not a son, even though there is plenty of grain, will I be able to eat it?"

学者们喜欢给这段对话赋予历史意义。他们认为，孔子的回答指涉齐景公的私人问题：他正在失去权威和“臣”的尊敬，也无法决定立哪一个儿子为继承人，所以在民众眼中，他缺少为君、为父的德行。但孔子的话还表达了其政治学说中一个基本观念，后世一位历史学家这样诠释：只有当君臣、父子思考何为君、臣，何为父、子时，他们“乃深察名号之大者”。在 13.3 中，当子贡问“政”于孔子时，孔子自己提到了“正名”这一概念。

学者们还试图考证会面发生的时间。多数人认为是公元前 517 年，那一年鲁国国君昭公被三桓所迫而出奔。学者说，孔子离开鲁国前往齐国，是为躲避国内的混乱并谋求仕途。他们还指出，一年后，即公元前 516 年，齐景公的正卿晏子也就整顿国家和家族一事，向景公提出了类似的建议。这些学者认为，这说明晏子追随孔子的脚步，也向景公施加压力，敦促他负起责任。我倒觉得，孔子直到公元前 505 年左右才访问齐国。那时鲁国三桓的家臣欲发起叛乱，孔子知道动乱迫在眉睫，于是前往安全的地方。当时的孔子要在别处谋得官职并不难，因为在鲁国以外，他的辅佐智慧和从政才能都相当出名。齐景公在会面之后是否聘用了孔子？我们从 18.3 中了解到，他原本打算任命孔子，但谈到职位和官禄时，他犹豫了，说自己衰老，无法给孔子提供一个配得上他才能的位置。十五年后景公过世，他死后不到十年，陈氏的人就取代他的后裔，成为君主。而晏子很久以前就预见了这种情况。

12.12 子曰：“片言可以折狱者，其由也与？”子路无宿诺。

The Master said, “The person who could bring a legal case to a conclusion by speaking from just one side of a dispute is You, is it not?” Zilu would never wait for a moment to fulfill his promise.

孔子对子路的这段评价有另一种解读：“The person who could

decide on a legal case from hearing just one side of a dispute is You, is it not?” 这种解读显然不是在夸奖子路——因为它说，子路在了解另一方观点之前就已经下了判断——这和其余称他可以信赖的评价不一致。我的翻译体现了刘宝楠和钱穆的诠释。刘宝楠说：“言人既信子路，自不敢欺，故虽片言，必是直理。”

12.13 子曰：“听讼，吾犹人也。必也使无讼乎！”

The Master said, “In hearing litigation, I am no different from others. Yet what I think is important is to bring it about that litigation no longer exists.”

大多数学者把焦点放在第二句话，但刘宝楠认为我们应该把两句话放在一起理解，从孔子说自己听讼无异于他人开始——这句话的意思是，在判决案件时，他会和所有负责任的司寇一样，仔细聆听案件各方说的话，认真观察他们的举止和性情——但比听讼更重要的是无讼。孔子后一句话的意思可能是，司寇应该让涉事双方自行商议，而不是通过诉讼来解决，或者应让没有实据的一方放弃诉讼。大多数传统学者则有不同的见解。他们认为孔子是想触及问题的根本，孔子相信，如果人们互相尊重，行为符合礼的规定，那么讼就不会发生。

12.14 子张问政。子曰：“居之无倦，行之以忠。”

Zizhang asked about the way of governing. The Master said,

“Never be weary when you are in the position you occupy. Do your best when you conduct business.”

学者在诠释本章时，喜欢引《大戴礼记》，书中说，为了有效地执行政策，负责的官员要带头以身作则。我则倾向于按照孔子的原话理解。我读到的含义是：如果你不厌倦自己的工作，你会尽力而为，这就是最有效的为政之道。

12.15 子曰："博学于文，约之以礼，亦可以弗畔矣夫！"

The Master said, “The gentleman broadens his learning in literature and holds himself back with the practice of the rites. And so he is able not to go beyond the bounds of the moral way.”

本章和 6.27 相仿，可以参读那一章的诠释。

12.16 子曰："君子成人之美，不成人之恶；小人反是。"

The Master said, “A gentleman helps others to realize what is good in them. He does not help others to realize what is reprehensible about them. A petty man is just the opposite.”

关于孔子对“君子”的观察，《大戴礼记》中有稍为深入的探讨：“君子好人之为善，而弗趣也，恶人之为不善，而弗疾也；疾其过而不补也，饰其美而不伐也，伐则不益，补则不改矣。”

12.17 季康子问政于孔子。孔子对曰：“政者，正也。子帅以正，孰敢不正？”

Ji Kangzi asked about the way of governing [政]. Confucius replied, “To govern [政] is to correct [正]. When you set an example by correcting your mistakes, who will dare not to correct his mistakes?”

我所理解的孔子会抱持这样的信念：有纠正自己错误的意识，是完善人格和建立有力、有德的国家的关键。孔子在 12.11 和 13.3 中对“正名”的阐述也符合这一观念，因为正名就是不断恢复“父”“子”“君”“臣”这些名分的正道，从而修正自己的行为。

12.18 季康子患盗，问于孔子。孔子对曰：“苟子之不欲，虽赏之不窃。”

Ji Kangzi was troubled about the problem of thieves, and he asked Confucius for advice. Confucius said, “When you do not have excessive desires, even if you were to offer rewards for stealing, people would not do it.”

季康子担忧的是更为具体的事——鲁国的偷窃现象。孔子的回答暗指，季康子身为鲁国最有权势的人，权力甚至大过君主，和贼也没有区别：遭他偷窃的是百姓，甚至是身处绝境的人，因为他不能克制自己的欲望。孔子在 11.17 中对冉求的批评已经揭露了季孙氏的贪婪，而在本章的对话中，孔子更是直截了当地告诉季康子：如果你停止偷窃，百姓也会停止，将“虽赏之不窃”。

12.19 季康子问政于孔子曰：“如杀无道，以就有道，何如？”孔子对曰：“子为政，焉用杀？子欲善而民善矣。君子之德风，小人之德草。草上之风，必偃。”

Ji Kangzi asked Confucius about the way of governing, saying, “In order to realize the moral way, how about if I were to kill those who do not live by it?”

Confucius replied, “As head of the government, why would you need to kill anyone [to bring about moral order]? The character of those at the top [君子] is like that of the wind. The character of those below [小人] is like that of grass. When wind blows over the grass, the grass is sure to bend.”

《论语》中的“君子”和“小人”通常是用德行区分的。但钱穆指出，这两个词在本章中取更古老的含义“在上者”和“在下者”——仅仅代表地位，没有道德意味。这段对话的核心问题是如何治理社会。季康子认为应该根除坏人坏事。但孔子说：你是当政首脑——国家中权力最大的人——何必要杀人呢？想一想你的权力——你就像风，可以吹倒阻拦你的一切。如果你的权力建立在品德之上，那么一定能以德化民。

季康子提出的意见对君主而言更容易做到——他只需要凭借权力，消除所有自己不喜欢的因素。而孔子提出的理想国家中，责任在于君主和其修养、行为，尽管这一观念在过去两千五百多年间发生了很多变化，它仍是儒家政治思想中的基石。

12.20 子张问："士何如斯可谓之达矣？" 子曰："何哉，尔所谓达者？" 子张对曰："在邦必闻，在家必闻。" 子曰："是闻也，非达也。夫达也者，质直而好义，察言而观色，虑以下人。在邦必达，在家必达。夫闻也者，色取仁而行违，居之不疑。在邦必闻，在家必闻。"

Zizhang asked, "What must an educated professional [士] be like before he can be said to possess a gentleman's adroitness [达] in all he does?"

The Master said, "You tell me first what you mean by possessing a gentleman's adroitness."

Zizhang replied, "Being a person that everyone would know, whether he is in the service of the state or in the service of a hereditary family."

The Master said, "You are talking about fame [闻], not about possessing a gentleman's adroitness. A person who is gentlemanly and adroit is by nature fair-minded and upright, and he is bent on aiming at what is right. He also listens to what others have to say and is observant of their expressions and moods. He is ever mindful of not being high-handed. Such a man possesses a gentlemanly adroitness whether he is in the service of the state or in the service of a hereditary family. A person who covets fame takes on the appearance of humaneness, which is belied by his deeds, and he is not troubled by his hypocrisy. Surely people would know him or his reputation whether he is in the service of the state of in the service of a hereditary family."

最难译成英文的汉字之一是"达",意思包括"to reach"(达至)"to have arrived"(抵达)

"to be accomplished"(达成)或"to have gotten through"(历达)。"达"经常和"通"联系在一起,意思是"connectibility"(连通性)和"interchangeability"(可互换性),本章就取此意。"达"用以形容人品时,意思是"fluency"(流畅)和"adroitness"(灵敏),这也是我的翻译。刘宝楠写道,"'达'者,通也。通于处人处己之道,故行之无所违阻"。刘宝楠还说,这是孔子在15.6中对子张说的话的含义,原话是"言忠信,行笃敬,虽蛮貊之邦,行矣"。

刘宝楠还指出,孔子非常怀疑"闻者",因为他们为了出名无所不为。这也就是"乡愿",孔子严厉指责这样的人,说他们是"德之贼"。

12.21 樊迟从游于舞雩之下,曰:"敢问崇德,修慝,辨惑。"子曰:"善哉问!先事后得,非崇德与?攻其恶,无攻人之恶,非修慝与?一朝之忿,忘其身,以及其亲,非惑与?"

Fan Chi accompanied the Master on an outing to a clearing below the rain altar. He said, "If I may, I would like to ask how one takes virtue to a higher level, how one corrects moral transgressions, and how one knows when one's judgment is clouded."

The Master said, "Excellent questions! To get things done before thinking about the reward—is this not taking virtue to a higher level? To attack what is wrongful and not what is wrongful in a particular person, is this not the way to correct the moral transgressions [of another] [修 慝]? To let a sudden fit of anger make you forget the dangers you risk for yourself and for those who are nearest and dearest to you—is this not clouded judgment?"

我对孔子回答中第二句话的翻译，跟随了刘殿爵（D. C. Lau）的译文：To attack evil as evil and not as evil of a particular man, is that not the way to reform the depraved? 但大部分学者的见解都和这一种解读不同。他们认为前半部分是：攻击自己的错误而不是他人的错误——to criticize what is wrongful in yourself and not what is wrongful in other people，认为这是孔子心中最有效的"修慝"正道。我以为他们的解读与 D. C. Lau 相比站不住脚。要想让别人改正，首先要省察自身的错误，这代表了曾子和后来孟子的思想，并不能完全包括孔子有关情感及其对认知及德义的见解。如果孔子确实认为——我相信他是这样认为的——要想纠正他人违反道德的行为，应"攻人之恶"，他的意思应该是论事，而非论人。这是良策，因为身为观察者，如果只分析错误和原因，不评判人，犯错的人也会对自己的行为有更清晰的认识。

在注疏中，关于这段对话发生的可能原因也有一些探讨。一些学者认为，舞雩之行让樊迟想起了公元前 517 年发生的一系列事件。那一年，季孙氏将国君昭公驱逐出鲁国，秋季时发生严重旱灾，于是在舞雩之处举行了一场大型祭祀活动。由于旱灾持续，又再次祭祀。早期史学家说，第二场祭祀求神实际上是为了"聚众以逐季氏也"。本章中的对话至少发生在那之后三十五年、孔子回到鲁国后，因为樊迟是后一批进入孔门的年轻弟子。当时，鲁国再次遇到自然灾害，季孙氏亦有篡位的企图。因此，学者们认为，樊迟提问的用意，是想了解孔子是否认为驱逐季孙氏有足够的道德根据。钱穆则认为，“无切证”，无法知道樊迟在舞雩下从游时的真实想法。

12.22 樊迟问仁。子曰：“爱人。”问知。子曰：“知人。”樊迟未达。子曰：“举直错诸枉，能使枉者直。”樊迟退，见子夏曰：“乡也吾见于夫子而问知，子曰：‘举直错诸枉，能使枉者直。’何谓也？”子夏曰：“富哉言乎！舜有天下，选于众，举皋陶，不仁者远矣。汤有天下，选于众，举伊尹，不仁者远矣。”

Fan Chi asked about humaneness. The Master said, “Love others.”

He asked about wisdom. The Master said, “Know others.”

Fan Chi failed to grasp what the Master meant.

The Master explained, “Raise the upright and place them above the crooked—this will cause the crooked to be upright.”

After Fan Chi left his teacher, he saw Zixia, and he said, “A while ago, I saw the Master, and when I asked him about wisdom, the Master said, ‘Raise the upright and place them above the crooked—this will cause the crooked to be upright.’ What did he mean?”

Zixia said, “What a wealth of riches is in these words! After Shun had gained possession of the empire, he searched from among the multitude [for someone of worth] and raised Gao Yao to a position at the top, and because he did so, those who were without humaneness stayed away. After Tang gained possession of the empire, he searched from the multitude [for someone of worth] and raised Yi Yin to a position at the top, and because he did so, those who were without humaneness stayed away."

我认为樊迟无法理解孔子所说的话，有两个原因。首先，孔子没有说明白"爱人"和"知人"的关系。其次，他对于"直"和"枉"的评述并不像是对樊迟问"知"的直接回答。子夏的话可以回答樊迟的第二个问题——"知人"的意思，是知道如何在"众"中寻找有才能、正直的人，以及何时提拔他们，就如皋陶和伊尹的例子，无仁的人自然就"远"。但子夏的回答还有另一层含义：仁君应有智慧。不能空谈爱人民，他要懂得人性——必须"知人"——而且，他应该选拔最有才能的人辅佐自己。如此，他才能把自己的爱和关切付诸实际。《大戴礼记》说，"仁者莫大于爱人，知者莫大于知贤"。然而，君主若无智慧，也就不能为仁君。

12.23 子贡问友。子曰："忠告而善道之，不可则止，毋自辱焉。"

Zigong asked about the way of being a friend. The Master said, "Be honest when there is a reason to reprove a friend, and guide him with a deft hand. But if he is unwilling to listen, you should stop, because you don't want to be humiliated."

孔子在本章中谈的为友之道，可以和他在 4.18 中对为子之道的阐述对比来看。尽管两段话都是在说如何劝阻他人的错误行为，孔子的建议却有区别，处理问题的方式要看对象是友人还是父母。

12.24 曾子曰 :“君子以文会友，以友辅仁。”

The gentleman makes friends by way of his interest and his education in the arts and in culture. He finds support from his friends in the cultivation of his humanity.

钱穆认为，参考 9.30 有助于理解孔子的这段话。钱穆写道 :“本章上句即言与共学，下句言与共适道与立与权。”

子路第十三

13.1 子路问政。子曰："先之劳之。"请益。曰："无倦。"

Zilu asked about the way of governing. The Master said, "Take the lead, and then put the people to work."

Zilu asked him to elaborate. The Master said, "Do not let up on your effort."

孔安国对孔子第一句话的理解是："先导之以德，使民信之，然后劳之。"他的解读与 19.10 中子夏的话呼应："君子信而后劳其民；未信，则以为厉己也。"但大多数学者倾向于更直白的解读，我的翻译和《大戴礼记》中的一句话也体现了这种观点："君子欲政之速行也者，莫若以身先之也。"

13.2 仲弓为季氏宰，问政。子曰："先有司，赦小过，举贤才。"曰："焉知贤才而举之？"曰："举尔所知，尔所不知，人其舍诸？"

Zhonggong, after being appointed as a steward in the Ji family, asked about the way of governing. The Master said, "The first thing is [to assemble your staff and] to assign them to the right positions. Try to overlook their minor shortcomings. Promote those of outstanding talent."

"How can I recognize those of outstanding talent in order to promote them?"

The Master said, "Promote those you recognize to be outstanding. As for those that you miss, will other people let them slip by you?"

一旦被任命为高官，首要任务就是组建强大的团队——刘宝楠相信，这是孔子想告诉仲弓的讯息。在成书于公元前三世纪末期的《吕氏春秋》中，刘宝楠也发现了类似的观点，原文是“凡为善难，任善易。奚以知之？人与骥俱走，则人不胜骥矣；居于车上而任骥，则骥不胜人矣。人主好治人官之事，则是与骥俱走也，必多所不及矣”。

如果为政时，权力委任很重要，那要怎样组建强大的团队并寻找有才能的人呢？这是仲弓的第二个问题。孔子说，他应该首先选拔那些他了解的人才，之后，其他人自然会推荐一些他不曾注意的人选。清代学者宋翔凤说，孔子的话与《易经》第十一卦《泰》中的一句话相呼应：“拔茅茹，以其汇。”

13.3 子路曰：“卫君待子而为政，子将奚先？”子曰：“必也正名乎！”子路曰：“有是哉，子之迂也！奚其正？”子曰：“野哉，由也！君子于其所不知，盖阙如也。名不正，则言不顺；言不顺，则事不成；事不成，则礼乐不兴；礼乐不兴，则刑罚不中；刑罚不中，则民无所措手足。故君子名之必可言也，言之必可行也。君子于其言，无所苟而已矣。”

Zilu asked, “If the ruler of Wei were to wait for you to take charge of his government, what would you do first?”

The Master said, “It would have to be rectifying names.”

Zilu said, “Are you really so out of touch? How does one rectify names?”

The Master replied, “How boorish you are! With things he does not understand, a gentleman would know to keep quiet. If names are not rectified, what is said will not seem reasonable. When what is said does not seem reasonable, nothing will get accomplished. When nothing gets accomplished, rites and music will not flourish. When rites and music do not flourish, punishments and penalties [will take their place, and they] will fail to be just when put into use. And when punishments and penalties fail to be just in practice, people will not know where to put their hands and feet. Thus when a gentleman names something, the name can surely hold up in speech. When he says something, his words can surely be carried out in action. When a gentleman speaks, there is nothing casual or careless about what he says.”

名不正，言语就不可信，言语不可信，什么也做不成：政府会停止运转，国家也会逐渐衰微。这也是为什么孔子说，如果他负责管理，必会先“正名”。由于子路明确提到卫国，一些学者认为，孔子的回答指的是年轻的卫君辄。公元前 492 年的继承危机中，辄没有表现出儿子应有的样子。在 7.15 中，孔子被委婉问及对此人的看法，他的态度是不欣赏。基于这样的背景，孔子想要先“正名”显得符合情理，让辄有人子的样子，然后言行会一一就位：礼乐兴，刑法可能也就不再必要；但倘若需要确立刑罚制度，公正会占上风；民众不会无所适从，也不会受专制的威胁。

荀子在《正名》一文中进一步阐释这一话题。他说，在古代，有“明君”，“民易一以道”。这些明君“临之以势”，临之以庄，于是“民之化道也如神”。但荀子观察到，“今圣王没”，再无人有这样神奇的能力了，就连君子也不行。那之后的历代君主必须依靠言语——阐述和论证——来执政，当中最贤明的君主明白，正名是第一要务，因为这可以培养信任，并防止“奇辞起，名实乱”的现象。

13.4 樊迟请学稼。子曰：“吾不如老农。”请学为圃。曰：“吾不如老圃。”樊迟出。子曰：“小人哉，樊须也！上好礼，则民莫敢不敬；上好义，则民莫敢不服；上好信，则民莫敢不用情。夫如是，则四方之民襁负其子而至矣，焉用稼？”

Fan Chi wanted to learn [from his teacher] how to grow grain crops. The Master said, “An old farmer would be a better person to ask.” He wanted to learn how to grow vegetables.

The Master said, “An old gardener would be a better person to ask.”

After Fan Chi had left, the Master said, “What a simpleminded person [小人] Fan Xu is! If those above love the rites, then none of the common people will dare to be disrespectful. If those above love rightness, then none of the common people will dare to be disobedient. If those above love trustworthiness, then none of the common people will dare not to be forthcoming about the truth of things. When [the governing principle of a place] is like this, then people will flock to it from all directions with their babies strapped to their backs. What need is there to learn about growing grain crops?"

孔子称樊迟为"小人"，在这里的意思是细民，因为有志于从政的樊迟不明白，他不必学习务农技能。孟子也表达过类似的想法，在责备一个要求君主和普通民众一起下地劳作的农人时，他说："有大人之事，有小人之事……故曰：'或劳心，或劳力；劳心者治人，劳力者治于人。'……天下之通义也。"孟子还指出，圣人治国会担忧民生的方方面面，是否吃饱穿暖，是否知道人际关系的准则。孟子说，圣人思考得这么多，"而暇耕乎？"他还说，尧舜这样的君主是用心治国，而非耕作。

13.5 子曰："诵《诗》三百，授之以政，不达；使于四方，不能专对；虽多，亦奚以为？"

The Master said, "A person may be able to recite the three hundred poems, but if he is unable to put [this knowledge] to full use when he is given a political assignment, or if he is unable to hold his own in a diplomatic exchange when he is sent abroad on a mission, no matter how many poems he has learned, what good will it do?"

对孔子来说，诵读《诗》三百，是一个人受过教育、德性完善的标志。他在 16.13 中对儿子说："不学《诗》，无以言。"但这种学问对于治国和外交也有用处，最显著的例子莫过于《左传》中记载的，关于公元前 544 年吴国公子札访问鲁国时的情形。公子札推辞了吴国国君之位，仅担任全权使节。《左传》记载，他出使鲁国时，襄公作为东道主，安排乐工表演《诗经》中的篇章。公子札能够分辨这些歌曲的地区差异、美学特色，以及道德和历史内涵，他用一连串的赞扬表达了这些意涵，令出使大获成功。尽管无意于政治，他作为吴国使者的表现却有很强的政治因素。此事发生时，孔子年仅七岁，但公子札这样的典范无疑对他有深远影响，使他认定诗的教化作用。

13.6 子曰："其身正，不令而行；其身不正，虽令不从。"

The Master said, "If he himself is upright, he does not have to give orders and things will get done. If he himself is not upright, even though he gives orders, they will not be obeyed."

大多数学者推断，这段讨论的对象是君主，但孔子所指可能是任何身居高位的人。他的观点和 2.1、2.3、12.17 以及 13.13 中所说一致。荀子的《不苟》《正名》二文对此展开了探讨。

13.7 子曰："鲁卫之政，兄弟也。"

The Master said, "The political institutions of Lu and Wei are like brothers."

我认为，把13.7、13.8和13.9放在一起阅读会有帮助。孔子在这些记载中的言论都和卫国有关：为何鲁国与卫国关系密切？卫国何人是榜样？政府应该为民众做什么？

孔子在13.7这章中的话与一桩鲁卫两国之间的史事有关：两国亲如兄弟，因为其皇族祖先——周公和康叔是兄弟。宋代学者的视角不同。朱熹说："鲁，周公之后；卫，康叔之后，本兄弟之国。而是时衰乱，政亦相似，故夫子叹之。"然而，孔子的话还有另一种解读。鲁卫的政治制度相仿，因为尽管两国君主都道德堕落且为政昏庸，但卿相大夫都很杰出——我认为，这是孔子的意思。因此，他在本章中的话表达了对两国政府的乐观。这种乐观在《论语》并不少见。比如，他在6.24中就说，"鲁一变，至于道"。在14.19中，被问到为何卫灵公这样没有良知的君主可以把持国家，孔子说，这是因为卫国拥有出色的卿相"治宾客"，诚信的太祝"治宗庙"，以及有能力的将军"治军旅"。（在13.8中，他还提到另一个卫国的有功之人，该人有王室血统。）对鲁卫两国的这些看法，似乎在孔子所处时代颇为普遍。《左传》告诉我们，齐国出现政治危机时，一个家臣打算逃到鲁国或卫国，他首先确保自己没有做任何僭越的事，否则——他说，"何以见鲁、卫之士？"

13.8 子谓卫公子荆：“善居室。始有，曰：‘苟合矣。’少有，曰：‘苟完矣。’富有，曰：‘苟美矣。’”

The Master said of Prince Jing of Wei, “He showed a sensible attitude toward running a household. When he first began to have some possessions, he said, ‘That is about right.’ When he accumulated some more, he said, ‘That is about perfect.’ When he had a wealth of assets, he said, ‘That is opulent enough.’”

谈到礼，孔子对节俭最为推崇。但这并不意味着孔子对财富持怀疑态度，看不起富人或相信贫穷的生活更有德行。孔子在 1.15 中说，“贫而乐道，富而好礼”，关于贫和富何者更有德，这段话更准确地反映了他的思想。卫公子荆就是有德行的富人，因为他有约束——知礼——即便在财富增长后也是如此。吴公子札敏于人性，他的一段评价佐证了孔子对卫公子荆的评价。公子札称卫公子荆为“君子”。

13.9 子适卫，冉有仆。子曰：“庶矣哉！”冉有曰：“既庶矣，又何加焉？”曰：“富之。”曰：“既富矣，又何加焉？”曰：“教之。”

The Master went to the state of Wei. Ran You drove the carriage for him. The Master said, “What a lot of people here!”

Ran You said, “When you already have a lot of people, what else should you do?”

“Make them rich.”

"Once they are rich, what comes next?"

"Instruct them."

孔子对理想国家的核心构想是，这样的国家可以吸引远近的人民。孟子所处时代的君主抱怨人口减少时，孟子建议他们不要发动战争，而是关注民生。此处，当孔子来到卫国，只是简明地陈述了他在卫国见到的状况——"庶矣哉"，人口众多。既然如此，冉有问道，卫国政府应该为人民做些什么呢？孔子说，"富之"。然后呢？孔子答，教他们过有德行的生活。为什么君主要在推行礼乐教化前先确保人民生活安稳？孟子解释，如果不按照这样的顺序就会落入陷阱，因为"若民"不像受过教育的"士"，他们"则无恒产，因无恒心"，"苟无恒心，放辟，邪侈，无不为已。及陷于罪，然后从而刑之，是罔民也"。孟子说："是故明君制民之产，必使仰足以事父母，俯足以畜妻子，乐岁终身饱，凶年免于死亡，然后趋而之善。"荀子的阐释更加简练，他说："不富无以养民情，不教无以理民性。"

13.10 子曰："苟有用我者，期月而已可也，三年有成。"

The Master said, "If someone were to employ me [in government], it would take me only a year to bring things to an acceptable condition. After three years, I would have real accomplishments to show."

司马迁认为，孔子这句话是在他抵达卫国之后说的，本意是希望卫国国君可以聘用他。为了弄明白孔子说"可"和"有成"的意思，刘宝楠建议我们借鉴 13.9 的背景来理解 13.10，可以认为“可”指的是人民生活舒适，而“有成”则是指道德教化。

13.11 子曰 :“‘善人为邦百年，亦可以胜残去杀矣。’诚哉是言也！”

The Master said, “How true is the saying that only after good men [善人] have been in government for a hundred years is there the possibility of winning the war against cruelty and doing away with capital punishment.”

11.20 中孔子的观察是，这些“善人”可能是善的，但如果他们不遵照过去的文化传统，就不能在道德知识上“入于室”。由于“不入室”，郑玄说，“此人为政，不能早有成功”。事实上，孔子认为，他们要用几百年的时间，才能解决“残”的问题，并且废除最残忍的刑杀。但如果真君执政，情况就会不同。郑玄指出，这也是下一章的话题。

13.12 子曰 :“如有王者，必世而后仁。”

The Master said, “Even if we were to have a true king, it would have to take a whole generation before humaneness could prevail.”

注疏中对本章的讨论大多集中于 : 为何真正的君王也要花费整整一代的时间或者三十年，才能实现以德治国、教化百姓的目标。清代学者包慎言写道："饥寒并至，虽尧、舜在上，不能使民无寇盗；贫富兼并，虽皋陶制法，不能使强不凌弱。"而且，真正的君王刚刚掌权时，"必先制田里，教树畜，使民家给人足，然后以礼义化导之"。包慎言还说："言'必世'者，量民力之所能，不迫切之也。"

13.13 子曰："苟正其身矣，于从政乎何有？不能正其身，如正人何？"

The Master said, "If you know to correct yourself, what difficulty will you have should you decide to serve in government? If you do not know to correct yourself, how can you hope to correct others?"

本章和12.17及13.6中孔子的话相似，可以参照相关章节和诠释。

13.14 冉子退朝。子曰："何晏也？"对曰："有政。"子曰："其事也。如有政，虽不吾以，吾其与闻之。"

Master Ran returned from court. The Master said, "Why so late?"

Ran Qiu replied, "There were government matters [政] [to discuss]."

The Master said, "They must have been the private business [事] [of the Jisun family]. If they were government matters,though

I am no longer employed, I would have heard about them."

从《左传》的记载可知，直到孔子回到鲁国后，冉求仍是季孙氏家臣。也可知，孔子回国后没有得到官职——他是退休的政治家，也就是"国老"。从《论语》中我们读到，冉求不愿阻止季孙氏的僭越行为，孔子对此数次动怒。郑玄推测这可能是本章对话的背景，因此他关注"政"和"事"二字的解读。"在君为政，在臣为事。"文中写道"冉子退朝"，郑玄解释说，"朝"字指的是"季氏之私朝"。郑玄以后的大多数学者都同意他的诠释，因此注疏中的讨论大都指向"私朝"一词：是否存在，发生在何处——是在贵族世家的范围内，还是其他地方。一些早期文献记载说，"私朝"可能是君主朝堂边的房间。战国晚期文献《考工记》就记载，在君主正朝的两侧，"外有九室，九卿朝焉"。学者们的另一个问题是，冉求身为家臣是否可以进入朝堂。《左传》说，公元前 484 年春，冉求和季孙氏宗主一起上朝，他必须在君主殿中某处等候宗主。这意味着，冉求虽为季孙氏家臣，不得现身君主朝上，所以也不可能参与任何与国政有关的讨论。这可以支持孔子对冉求的谴责。就算冉求并非不诚实，他对所到之处、参与的谈话也避而不谈。

13.15 定公问："一言而可以兴邦，有诸？"孔子对曰："言不可以若是其几也。人之言曰：'为君难，为臣不易。'如知为君之难也，不几乎一言而兴邦乎？"曰："一言而丧邦，有诸？"孔子对曰："言不可以若是其几也。人之言曰：'予无乐乎为君，唯其言而莫予违也。'如其善而莫之违也，不亦善乎？如不善而莫之违也，不几乎一言而丧邦乎？”

Duke Ding asked, “Is there a saying that can bring prosperity to a state?”

Confucius replied, “No saying can do that, but there is something that comes close to it. People have a saying, ‘It’s difficult to be a ruler, and it’s not easy to be ministers and officials.’ But if the ruler knows that it is difficult being a ruler, would it not come close to having a saying that can bring prosperity to a state?”

Duke Ding asked, “Is there a saying that can bring a state to its demise?”

Confucius replied, “No saying can do that, but there is something that comes close to it. People have a saying, ‘I get no pleasure from being a ruler except for the fact that no one goes against my words.’ If what the ruler says is good and no one goes against him, is this not good? But if what the ruler says is not good and no one goes against him, would it not come close to having a saying that can bring a state to its demise?”

鲁定公对孔子在公元前497年被逐出鲁国，是有责任的。为了解释孔子和定公这段对话，刘宝楠引述好几种他认为有帮助的早期文献。首先引的是《诗经》第236篇《大雅 · 大明》。这首诗说文王收到“燮伐大商”的天命，建立新的王朝。诗歌的首两句是对这位未来君主的警示，“天难忱斯，不易维王”。这段文字表达的情绪被其他文献加以扩充，譬如《尚书·君奭》中周公对召公所说的话。周公说，“天不可信。我道惟宁王德延，天不庸释于文王受命”。此外还有汉代对《诗经》的注疏《韩诗外传》，其中记载三位大夫敦促新君不要自得，不要不顾职守，因为“以治为忧，未以位为乐也”。

这段对话的第二部分谈的是进谏——君主是否有权不容反对的声音，如果是，那么他为何还要任命大夫？刘宝楠举了好几个例子以说明孔子的观点，我认为其中最精辟的例子来自《国语》。在那个场景中，一个大臣对一个不听忠言的君主说：“昔吾先王世有辅弼之臣，以能遂疑计恶，以不陷于大难。今王播弃黎老，而孩童焉比谋，曰：‘余令而不违。’夫不违，乃违也。夫不违，亡之阶也。”

13.16 叶公问政。子曰：“近者悦，远者来。”

The Governor of She asked Confucius about the way of government. The Master replied, “See to it that those who are near are pleased, and those who are far away are drawn to it.”

我把孔子的话和孔子访问期间叶地的历史状况联系起来——在《孔子：喧嚣时代的孤独哲人》一书中曾探讨过这个话题。我在那本书中写道：

“叶邑原属蔡国。公元前493年，蔡昭公决定将都城东迁到靠近当时盟友吴国的位置，并且放任叶邑地区自生自灭。两年后，楚国控制了叶邑，楚国大夫鼓励不跟随蔡昭公东迁的蔡人返回叶邑并向楚王效忠。孔子抵达叶邑时，叶邑大夫才刚上任，他底下的臣民其实都是蔡国人，而叶邑又距离楚国政治中心相当遥远。”

鉴于这种情况，孔子对叶公的劝告合情合理，他告诉叶公，如果确保他的治下认同他的政策，其他地方的人就会愿意来叶国生活。

据《左传》记载，叶公在位十二年。公元前479年，他回到楚国国都，帮助解决一场朝廷危机，但事成之后就回到叶邑。他的余生都在叶邑度过。

13.17 子夏为莒父宰，问政。子曰："无欲速，无见小利。欲速，则不达；见小利，则大事不成。"

When Zixia was appointed the steward of Jufu, he asked about the way of government. The Master said, "Don't try to rush things. Don't look to small gains. If you rush things, you won't reach your goal. If you look to small gains, you won't be able to accomplish the important tasks."

荀子在《致士》一文中说，君主整顿政府秩序至少需要三年：第一年，确立他灵活、宽大、可敬的人格形象；第二年，找到权衡所有国事政事的平衡点；第三年，建立公正的赏罚体系。荀子警示君主，如果想加快步伐，先建立赏罚体系，那么"用其终为始，则政令不行而上下怨疾"。尽管荀子提出的纲领（针对那些刚刚执掌国家或地方权力的人）和孔子在13.10中说的有些不同，但两种观点都强调，要想统治顺利，君主和大臣需要有远见，先培养信任。威胁或刑法是一时之策，对人民没有道德教化作用。而且事实上，这样的方法常常会滋生敌对，埋下暴动的祸根。

《吕氏春秋》中的一个例子，很准确地说明了这种目光短浅、拘于小利的行为。齐军遭遇严重挫败，但仍需与敌军决战。将军要求君主从国库中提取金赏以鼓舞士气，君主拒绝。齐军战败，敌军涌入齐国国都，夺走所有的金子。这显示了《吕氏春秋》中所说："不去小利，则大利不得。"

13.18 叶公语孔子曰："吾党有直躬者，其父攘羊，而子证之。"孔子曰："吾党之直者异于是：父为子隐，子为父隐。直在其中矣。"

The Governor of She said to Confucius, "Right here, in our place, there is a man called Upright Gong. When his father stole a sheep, he bore witness against him."

Confucius responded, "Where I came from, those who are considered upright are different from this man. Fathers cover up for their sons, and sons cover up for their fathers. Being upright lies therein."

直躬者是小贼的儿子，在过去两千五百多年间，他一直是中国人一个有意思的话题，因为他的行为引起了关于家、国的争论，也带出这两种互相争斗的制度最令人关注的问题：如果二选一，我们应忠于哪一方？孔子对叶公的回答则引发了后世的道德哲学家和研究法律的史学家的更多关注。宋代思想家（大多数英文翻译采用他们的诠释）这样理解：孔子认为父子应该互相包庇，这体现了"直"。清代学者程瑶田有另外的看法，他对直躬者存有疑虑，尽管直躬者的行为看上去完全是为公共利益。在《述公》一文中，他写道："天下之人，皆枉己以行其私矣。而此一人也，独能一公而无私。果且无私乎？圣人之所难，若人之所易。果且易人之所难乎？果且得谓之公乎？"

不过程瑶田也反对宋代学者的观点。他说，如果真如他们所说，那么两种忠诚相对立就不能算作道德问题，因为面对问题的人总是会站在家这一边。程瑶田倾向于把孔子理解为一位长于道德的思想家。因此他论证说，“直在其中”的意思是人之为人，应“以私行其公”。

13.19 樊迟问仁。子曰 :“居处恭，执事敬，与人忠。虽之夷狄，不可弃也。”

Fan Chi asked about humaneness. The Master said, “Remain reverent in your private life; be respectful in handling affairs; do your best in your relationship with others. Do not leave them behind even when you go and live among the Di and Yi [border] tribes.”

对于“居处恭”和“执事敬”，12.1 和 12.2 中有更为精要贴切的阐述。但钱穆认为，孔子在本章中想要强调的是，人即使身居“夷狄”这样未受文化熏陶的人之中，也不能放弃这些规矩。因为尽管“夷狄”的行为可能不合乎礼，但他们同属人类。

13.20 子贡问曰 :“何如斯可谓之士矣？”子曰 :“行己有耻，使于四方，不辱君命，可谓士矣。”曰 :“敢问其次。”曰 :“宗族称孝焉，乡党称弟焉。”曰 :“敢问其次。”曰 :“言必信，行必果，硁硁然小人哉！抑亦可以为次矣。”曰 :“今之从政者何如？”子曰 :“噫！斗筲之人，何足算也？”

Zigong asked, “What sort of men could be considered good enough to be in government [士]?”

The Master said, “Men who have a sense of shame in the way they conduct themselves and, when sent abroad, will not bring disgrace to the mission their ruler has entrusted to them.”

“What would be the next best?”

“Those who are good sons in the eyes of their kin and fine young men in the eyes of their neighbors and villagers.”

“And the level below that?”

“Men who insist on keeping their word and seeing their actions through to the end. They have little pebbles for brains and are inferior indeed. But I suppose you can say that they come next.”

“And what about those who are in public life right now?”

“Unh? They are puny vessels, men with hardly any capacity. They don’t even count!”

“士”的出现早在孔子之前——他们是为从政而接受教育的人——但正是孔子道出了士人从政的要求。在他看来，最符合资格的士，其为人必定有羞耻心，在政界游刃有余，因此受命出使可“不辱有命”。第二等则是在亲人、乡党眼中品格出众的人，但这种人的管理和外交技能未必纯熟。再次一等的人信守承诺，会完成自己要做的事：他们值得信任但不够变通；他们坚硬顽固，仿佛发出“硁硁”声响的小石头。而孔子对自己时代官员的评价是“斗筲”，最多只能装下“十升”谷物的容器。

13.21 子曰:“不得中行而与之,必也狂狷乎!狂者进取,狷者有所不为也。”

The Master said, “Not being able to be in the company of those who do not swerve from the right path, I must turn to the wildly spirited [狂] and the overly cautious [狷]. The wildly spirited forge ahead [without reservation]. The overly cautious refrain from doing certain things.”

孔子评说的是理想的友伴,他在 2.2 中说“《诗》三百,一言以蔽之,曰:‘思无邪”’,这一思想也体现在本章中。尽管孔子可以马上领会诗的妙处,但他与人相交却没有这么幸运。似乎没有人可以像一首好诗一样带给他愉悦——就像 2.2 和 3.20 中描述的那样,是道德和美学层面的平衡带来的愉悦。这样的平衡体现在精进与休养生息、鞭策和约束、放弃和坚持之间。

要了解孔子对“狂”者的看法,可以参读 5.22 和相关诠释。他对“狷”者没有太多评价。但从本章的描述可以推断,孔子心中的“狷”者注意自己的行为,不过度,不逾越礼的界限。孟子则对“狷”加以批判。他说这样的人“不屑不洁之士”,意思是他们过于谨慎清高。孟子认为“狷”不是孔子交友首选:只有无法结识“狂”的人时,他才会和他们结交。这个观点正确与否难以判断,但从 11.26 中孔子对曾皙说的话来看,他很欣赏“狂”的人。

13.22 子曰:“南人有言曰:‘人而无恒,不可以作巫医。’善夫!‘不恒其德,或承之羞。’”子曰:“不占而已矣。”

The Master said, "People from the south have a saying, 'A man lacking constancy will not make a shaman or a doctor.' Well put, is it not? [*The Book of Changes says*,] 'The person who lacks constancy in upholding his virtue will be met with disgrace.'" [Commenting on this,] the Master said, "It means that there is simply no point for him to have his fortune told."

这一章引发很多疑问，最困难的问题在于如何整合记载中孔子的两句话。从汉代开始就有很多学者认为，要把它们联系起来，不妨这样理解第一句：南人有言，巫医不能治无常之人也。他们论证说，这样就可以让两句话显得连贯，因为所指对象相同，即反复无常却又想预知未来的人。为了支撑这种诠释，学者们引《礼记·缁衣》中一段据说也是孔子所说的话，文字相仿但篇幅更长。孔子说："南人有言曰：'人而无恒，不可以为卜筮。'古之遗言与？龟筮犹不能知也，而况于人乎？《诗》云：'我龟既厌，不我告犹。'……《易》曰：'不恒其德，或承之羞。'"

这种解读的问题在于太斧凿。可能有人会问，为什么孔子谈的不是巫医和向他寻求建议的人呢？为什么不是在说占卜者和问卜者都不够"恒"呢？由于中国近期出土大批竹简，现在有了年份早在公元前300年的《缁衣》文本。与通行版本相比，以上这段文字有两处显著不同。竹简开头写的是"子曰：宋人有言曰"，而不是"子曰：南人有言曰"；且结束于两句取自《诗经》的诗。也就是说，这一版本中并没有取自《易经》的那段引文，而它比通行版本早了一百五十年左右。这个差别的一种可能解释是，汉代初期的编纂者用《论语》中的记载扩充《缁衣》的内容，也就是始于"宋人"，终于"南人"

的这一段。这样做是为了让两处记载更统一。在后汉时，郑玄等学者又反过来引用《缁衣》来诠释孔子的意思，而当时《缁衣》的文本已经扩充，因而和《论语》明确地联系起来。

13.23 子曰："君子和而不同，小人同而不和。"

The Master said, "The gentleman harmonizes [和] without being an echo. The petty man echoes [同] and does not harmonize."

大多数注疏在阐述孔子的观点时，都引用齐国正卿晏子与齐侯谈论同一话题时所作的比方。这段对话记载于《左传》，晏子告诉齐侯，"和如羹焉"。他说："水火酰醢盐梅以烹鱼肉，燀之以薪，宰夫和之，齐之以味，济其不及，以泄其过。"晏子又说："君臣亦然，君所谓可而有否焉，臣献其否以成其可；君所谓否而有可焉，臣献其可以去其否。是以政平而不干，民无争心。"按这种治国方式，君主和众臣在管理风格和政策制定上合力调整两极，寻找平衡，以达到"和"，晏子将它与另一种方式相比较，按后一种，对于君主所有指令，大臣全部"同"。"若以水济水，谁能食之？"

13.24 子贡问曰："乡人皆好之，何如？"子曰："未可也。""乡人皆恶之，何如？"子曰："未可也。不如乡人之善者好之，其不善者恶之。"

Zigong asked, "What would you think of a person if everyone in the village liked him?"

The Master said, "I still would not be able to tell [one way or another about him]."

"What would you think of a person if everyone in the village disliked him?"

"I still would not be able to tell [one way or another about him]. Better if the good people in his village liked him and the bad ones disliked him."

对那些名声在外的人，孔子一般持保留看法。名声无论好坏，都基于成见：反复无常，难以实证。因此，他蔑视那些精于制造成见、操控民情的人。惟有公正的人才能给予纠正。孔子在 4.3 中说，"唯仁者能好人，能恶人"。

13.25 子曰："君子易事而难说也。说之不以道，不说也；及其使人也，器之。小人难事而易说也。说之虽不以道，说也；及其使人也，求备焉。"

The Master said, "The gentleman is easy to serve but difficult to please. He will not be happy if, in trying to please him, you veer from the proper way; but when he employs others, he does so with respect to their capacity. The petty man is difficult to serve but easy to please. He will be happy even though, in trying to please him, you veer from the proper way; but when he employs others, he expects them to be able to handle everything."

孔子在本章和 13.26 中，试图说服读者：他眼中的君子是怎么样的。他首先做出明确的描述，然后将君子与小人对比，细化这一概念。

13.26 子曰："君子泰而不骄，小人骄而不泰。"

The Master said, "The gentleman has breadth of character [泰] but is not arrogant. The petty man is arrogant but has no breadth of character."

孔子在 20.2 中再次提到这一观点，并对"君子泰而不骄"的含义做出更为精要的诠释。他说，这样的人"无众寡，无小大，无敢慢"。庄子将这一观点提升至另一层面。庄子通常被视作孔子的对手、百家争鸣中的竞争者，尽管后世儒家拥护者不愿意承认，但其实两人相似之处颇多。一个很好的例子是，庄子曾这样描述过自己敬仰的人——庄子称之为"大人"，在《秋水》中写道："动不为利，不贱门隶；货财弗争，不多辞让……不贱贪污……不贱佞谄。"清代学者焦循认为"泰"（人格宽度）就是"通"（通畅）。庄子在对"大人"的描述中，扩展了"通"的意涵：这样的人尽管自己坚持原则，面临贪污佞谄，也可随遇而安。

13.27 子曰："刚、毅、木、讷近仁。"

The Master said, "Unwavering [in integrity] [刚], resolute

[in one's moral conviction] [毅], simple as [a piece of unadorned] wood [木] and hesitant [as if too clumsy] to speak [讷]—these qualities come close to being humane [仁]."

三世纪学者王肃首先诠释了“刚”“毅”“木”“讷”。刘宝楠在注疏中参考了王肃的诠释，并引孔子自己的话，更为清楚地解读这四个概念。我的翻译体现了他们的诠释，也参考了《论语》其他篇章。

13.28 子路问曰：“何如斯可谓之士矣？” 子曰：“切切偲偲，怡怡如也，可谓士矣。朋友切切偲偲，兄弟怡怡。”

Zilu asked, "How should a person conduct himself in order to be considered good enough to serve in government [士]?"

The Master said, "He must be critical, encouraging, and affable to be considered good enough to serve in government: critical and encouraging to his friends; affable to his brothers."

“士”是拥有从政所需的知识、技能和品格的人，孔子已经和子贡讨论过“士”应具备的条件，子路在这里提出同样的问题。孔子再次谈到品德这一话题，但他想要探讨的是“士”和家人、友人等亲近的人之间的关系。孔子对家人和友人做出区分：对前者“切切偲偲”，切责鼓励貌；对后者“怡怡”，和顺之貌。刘宝楠在注疏中说，必须加以区分，因为两种关系的本质不同：“朋友以义合，兄弟以恩合。”孟子的学说也强调了这一点。他说：“子父责善而不相遇也。责善，朋友之道也；父子责善，贼恩之大者。”

13.29 子曰：“善人教民七年，亦可以即戎矣。”

The Master said, “A good man will give his people seven years of instruction before he is ready to arm them for military action.”

孔子的这句话应和下一章结合起来阅读。两章都是谈戎兵备战，他认为这是一件极为严肃的事。在本章中，孔子说“善人”、善君在送士兵上战场前，会“教民七年”。孔子所说的“教”是怎样的？大多数学者认为，这包括道德教化和军事训练。他们认为，仅有军事训练还不够：在做好为职责献身的准备之前，人应该学习何为正直、正当、忠信。郑玄说，“七年”的时间足以让君主培养军队的“恩”“爱”，这是军旅制胜的必要条件。

13.30 子曰：“以不教民战，是谓弃之。”

The Master said, “If you send your troops to war without first instructing them, this is the same as throwing them away.”

同是说将人送上战场之前必须进行适当的教导，孔子在这里的语气更为紧促。他强调，不这样做，就是弃掷他们的生命。在战国和汉初的文献中也有类似观点，其中最有代表性的是《孟子》。有一次，孟子告诉鲁国的将军：“不教民而用之，谓之殃民。”另一次，他谴责梁惠王派遣人民，甚至青年人上战场送死，而这仅仅出于盲目的野心。

宪问第十四

14.1 宪问耻。子曰:“邦有道，谷;邦无道，谷，耻也。”“克、伐、怨、欲不行焉，可以为仁矣？”子曰:“可以为难矣，仁则吾不知也。”

Xian asked what conduct could be considered shameful.

The Master said, “When the state is governed according to the moral way, one would accept a salary. When the state is not governed according to the moral way, it would be shameful to accept a salary.”

“[If a person] does not insist on winning and is not boastful, begrudging, or covetous, can such conduct be called humane?”

The Master said, “One can call that difficult, but I don’t know whether it measures up to being humane.”

宪是原思之名，所以学者认为，这段对话应该是他本人记录下来的。假如记录者另有其人，使用的当是他的字原思。

大多数学者喜欢把这段对话与 6.5、8.13 联系起来看。在 6.5 中，我们了解到原思是鲁国一个地方的“宰”，他推辞了一份“粟九百”的俸禄，孔子责备他拘谨清高，并说：“以与尔邻里乡党乎？”但孔子在此处则似乎认为，接受一个失能的政府发放的俸禄，不管俸禄是多少，都是羞耻的事，而当时鲁国的政治事实上就被认为是失能的。如果孔子确是这个意思，那么他为何又要责备原思在 6.5 中拒绝接受俸禄的行为呢？孔子的回应——如何使用原思的俸禄——是不是更异想天开？孔子在 8.13 中也展现了他的灵活变通，对何以为耻的思考较此章涵盖面更广。他的话令人惊讶：“邦有道，贫且贱焉，耻也。”

一直以来，后半段对话也备受关注。讨论多集中在“难”和“仁”的区别上。大多数学者同意，原思所描述的很难实现，但只适用于个人修身以及“苦心洁身”。清代学者阮元说：“此但能无损于人，不能有益于人，未能立人达人，所以孔子不许为仁。”阮元在诠释中指的是孔子在 6.30 中说的“仁之方”。孔子解释说，仁人能“近取譬”，所以他“己欲立而立人，己欲达而达人”。

14.2 子曰：“士而怀居，不足以为士矣。”

The Master said, “An educated professional who longs for [the ease he finds at] home does not live up to the name of an educated professional [士].”

孔子再次谈到“士”：怎样的人有从政的资格。但没有谈论品格和技能，而是将目光放在人的情感和关切上：如果一个人仍然眷恋家室——妻儿和家里的安逸——那他还不足以成为“士”。一个真正有资格从政的人“志仁义”，刘宝楠这样解释。这意味着，他要准备好为责任付出一切，抵挡家的牵引力。在许多中国士大夫的文章中，归家的冲动一直是重要主题。国家无道时，这种冲动会不断增强，变得难以抗拒。孔子一定意识到了这个事实，也许正因如此，他想要明确地指出“士”应满足的条件。

14.3 子曰：“邦有道，危言危行；邦无道，危行言孙。”

The Master said, “When a state is governed according to the moral way, be exact [危] in speech and action. When the state is not governed according to the moral way, be exact in action but soften your speech.”

国家有道，可以冒险采取“危”的言行（“危”的字面意思是“在高而惧也”）。国家无道，就应该谨言慎行。这是孔子对从政之人的建议。是否遵循有生死之别。我们再次发现了孔子和庄子之间的相通之处。庄子借孔子之口说：“而强以仁义绳墨之言术暴人之前者……命之曰菑人。菑人者，人必反菑之。”

14.4 子曰：“有德者必有言，有言者不必有德。仁者必有勇，勇者不必有仁。”

The Master said, “A person who has integrity is sure to have something to say, but a person who has something to say does not necessarily have integrity. A person who is humane is sure to possess courage, but a person who possesses courage is not necessarily humane."

刘宝楠在注疏中写道:"德不以言见,仁不以勇见,而此云'必有'者,就人才性所发见推之也。"在刘宝楠看来,荀子对孔子这段话做了全面清晰的阐释。但我认为,在"言"和"德"的问题上,荀子比孔子思考得更深。荀子认为,如果一个人"不好言,不乐言",那么即便他的行为"法先王"且"顺礼义",他也"必非诚士"。在荀子看来,君子必须劝德,所以一定要参与辩论。荀子还在另一篇文章中解释了仁者为何一定有勇:"天下知之,则欲与天下同苦乐之,天下不知之,则傀然独立天地之间而不畏。"荀子认为,仁者的勇是"上勇",即便表现得不花俏、不高调。

14.5 南宫适问于孔子曰:"羿善射,奡荡舟,俱不得其死然。禹、稷躬稼而有天下。"夫子不答。南宫适出,子曰:"君子哉若人!尚德哉若人!"

NangongKuo said to Confucius, "Yi was a fine archer, and Ao [was strong enough to] overturn the boats [of his enemies], yet neither was able to die a natural death. Yu and HouJi personally planted seeds in the field and were able to gain possession of an empire." The Master made no reply.

After NangongKuo had left, the Master said, "A gentleman, this man. An example of the highest virtue, this man!"

对于南宫适的身份有几种推测。宋代学者朱熹说,他是在 5.2 和

11.6 中出现过的南容。孔安国说他是鲁国大夫南宫敬叔。刘宝楠认为他们都错了，但他也觉得南宫是贵族，因为“南宫”“北宫”“东宫”和“西宫”这样的姓氏常用来称呼贵族子弟。

更有趣的是射师羿和人力士奡的故事。《左传》记载，他们都是夏朝人。羿是猎人和地方首领。由于武力出众，他的权威甚至盖过了夏朝的君主。但他后来变得自满，并将所有的政事交给寒浞，自己去野外捕猎。有一天，羿捕猎后回家被寒浞杀害。寒浞将羿烹煮，投喂给羿的儿子。羿一家的故事就像是中国版的阿特柔斯家族神话。杀害羿的人与羿的妻子生下两个儿子，其中一个叫作奡，他和父亲一样作恶多端。在一场部落战争中，他单手倾覆了敌人的船只。但这位战士也不得善终——他被自己杀害的一个人的儿子亲手杀了。同一段话中，南宫适还提到禹与后稷。他们代表了另一类人。禹治理洪水，肇建夏朝；后稷教民稼穑，是周民的始祖。这两个人躬耕田亩，播种耘苗，最后拥有天下。南宫适对比游猎与农耕，战士与文明缔造者，指出最后各得其所。孔子觉得无可增益，除了认为南宫适是个君子。

14.6 子曰：“君子而不仁者有矣夫，未有小人而仁者也。”

The Master said, “A gentleman but not humane, there are such examples. But there has never been a petty man who is humane.”

孔子坚定地认为，只有极少数的人称得上“仁”。就算一个人“克、伐、怨、欲不行”，他也不会说他“仁”。他在 4.6 中说，尽管他确定所有人都有能力“用其力于仁”，但他“未见好仁者，恶不仁者”。这就是人类对善的追求所含的矛盾。君子会严肃对待自己的追求，但即便君子也会步履蹒跚，就像孔子的弟子曾子观察到的那样，“任重而道远”。

14.7 子曰：“爱之，能勿劳乎？忠焉，能勿诲乎？”

The Master said, “When you love someone, how can you not encourage him to work hard? When you want to do your best for someone, how can you not try to instruct him [to do the right thing]?”

有学者认为，前半句话是对君主和他的大臣所说，这些人理应劝勉人民勤劳，以防懈怠；而后半句是对大夫们说的，他们的责任是在君主不达时进谏。刘宝楠认为，没必要如此区分。在他看来，孔子说的话对管辖地方的县官或者在朝廷辅佐君主的卿相同样适应。刘宝楠说，如果一个人真正关心另一人，他会同时做到两件事：就像“慈父之于子”，会鼓励他“劳”，并通过“诲”引他走上正道。

14.8 子曰：“为命，裨谌草创之，世叔讨论之，行人子羽修饰之，东里子产润色之。”

The Master said, “In preparing for a diplomatic agreement, Pi Chen would compose a draft in the wild; Shi Shu would discuss it; Ziyu, the master of protocol, would revise it; and Zichan of the Eastern Village would put on the final touches.”

子产是郑大夫，年代比孔子早约一百年，我们从 5.16 中已经了解到孔子对子产的看法，在本章和下一章中，孔子谈的都不仅仅是他对此人的景仰，还有子产和郑国其他大夫共事的政绩以及他在郑国创造的政治环境。《左传》中也可以找到简短的类似记载，“子产之从政也，择能而使之”。据记载，子产有一位属下叫裨谌。此人“能谋”，他只有在“谋于野”的时候才会想出点子，因为他的思维“谋于邑则否”。这也解释了为什么孔子说裨谌“为命”的时候，会“草创之”。

14.9 或问子产。子曰：“惠人也。”问子西。曰：“彼哉！彼哉！”问管仲。曰：“人也。夺伯氏骈邑三百，饭疏食，没齿无怨言。”

Someone asked about Zichan. The Master said, “He was a generous and a caring man.”

He asked about Zixi. The Master said, “That man! That man!”

He asked about Guan Zhong. The Master said, “He was a man [人]. After Guan Zhong seized control of the district of Pian, which had three hundred households, from the head of the Bo family, Bo was reduced to living on coarse rice, yet, to the end of his days, he had nothing resentful to say.”

孔子对子产的景仰必定广为人知，因为《左传》也记录了他的称赞。但并非所有人都同意他对子产的评价，就连孔子坚定的追随者孟子也是如此。孟子也认为子产“惠”，但仅限于在冬天见到人无法渡过结冰的河流时，用自己的马车载他们过河。他为什么不建一座桥呢？孟子发问。一定是因为子产“不知为政”。大多数学者认为孟子的观点薄弱，例子也很无力。在评价管仲时，孟子也加以贬损。说管仲的为官不值得仿效。但在 14.16 和 14.17 中，孔子对管仲大加褒扬，为他辩护，说其行为“仁”，是“人”——学者认为，这是“仁”的同义词。我们要如何理解孔子与孟子对子产和管仲的意见分歧呢？这一问题无法一言蔽之。不过，孔子对子产和管仲这类卿相的高度评价很有意思——他们的行为一度被认为是另有所图甚至错误的。子产上任后，贿赂当权者，讨好他们从而达成合作。管仲选择的君主是齐桓公，此人谋害亲兄弟（以及管仲原本的君主）。为什么孔子愿意无视这些不正当的做法呢？他是不是觉得次要的道德问题——可能会形成阻碍的问题——不应该在这些宏图远大的人身上追究呢？伯氏的宗主是齐国大夫。管仲决定转而效忠齐桓公时，齐桓公将伯氏骈邑授予管仲。学者们认为，伯氏一定犯了“大罪”，所以被没收所有财产，但他一定也意识到了管仲的不寻常之处，才“无怨言”。最后，还有子西的问题。他是郑国的大夫，学者对他本人没兴趣，却对孔子提到他的名字，评说“彼哉，彼哉”（那人！那人！）大有兴趣。他们认为，在孔子的眼里，子西实无足称。

14.10 子曰：“贫而无怨难，富而无骄易。”

The Master said, “It is difficult to be poor and not resentful, and easier to be rich and not arrogant.”

一些学者认为，这段话说的是上一章里的伯氏宗主——在他被褫夺所有财产后，没有怨恨，孔子认为值得敬佩。不过刘宝楠认为这段议论是针对君主所言，为了让君主知道人民生活在贫困中有多艰难。也许这也是为何孔子在 13.9 中说，要先使民“富之”，然后“教之”。

14.11 子曰：“孟公绰为赵、魏老则优，不可以为滕、薛大夫。”

The Master said, “MengGongchuo would be an excellent retainer in the family of Chao or Wei, but he could not possibly be a [good] counselor in the state of Teng or Xue.”

此处孔子好像在为政治舞台担任导演一职。孟公绰是鲁国的世袭大夫，因此不可能是赵氏或魏氏家臣，因为赵魏都是晋国的世卿。尽管如此，孔子仍想象孟公绰身居此位会如何做。他曾和此人共事，知道他在任何家族担任“老”——家臣之长，都是适合的，因为赵氏和魏氏都对有才能的人相当欣赏，孟公绰就是其一。但在滕国或薛国这样的小国当大夫，甚至挂个名，对孟公绰来说都是灾难，因为他喜欢独处和自省，在小国任职琐事太多。

14.12 子路问成人。子曰：“若臧武仲之知，公绰之不欲，卞庄子之勇，冉求之艺，文之以礼乐，亦可以为成人矣。”曰：“今之成人者何必然？见利思义，见危授命，久要不忘平生之言，亦可以为成人矣。”

Zilu asked about the complete man. The Master said, “A man with the knowledge of ZangWuzhong, as devoid of greed as Meng

Gongchuo, as courageous as Zhuangzi of Bian, as skilled in the arts as Ran Qiu, and then further refined by rites and music—he could be considered a complete man."

The Master [paused and then] continued, "But why does a complete man of our times need to be like that? If he is mindful of what is right when he sees profit, is ready to lay down his life when faced with danger, and does not forget what he said as a youth about promises made long ago, he can well be a complete man."

可以说孔子降低了他那个时代"成人"的标准，但作为声明，却比他最开始提出的衡量方式更明确有力。语气令人印象深刻——"久要不忘平生之言"，可能有另一种解读，"他终其一生没有忘记自己重复的话语，即使处在无尽的艰难之中"（[if he] does not forget the words he has repeated all his life even when he is experiencing protracted hardship），前提是把"平生"理解成"终其一生"（all one's life），把"久要"理解成"无尽的艰难"（protracted hardship）。

至于上述四人——孟公绰，我们已经从 14.11 中有所了解，对孔门弟子冉求也不陌生。在孔子的时代，卞庄子的膂力和勇气很出名。根据传说，他可以单挑二虎，但他也有行为过火的倾向，即便本意是好的。事实上他就是因此而丧命：一处早期记载说，卞庄子为了证明自己的忠诚，多次请命战敌，就连主帅都劝阻他，最后他杀敌七十人而死。臧武仲也有类似的毛病，尽管他是另一种人。孔子在 5.18 中谈及臧武仲的祖父臧文仲。臧武仲和祖父一样，很聪明，但仍冒犯了鲁国的季孙氏和孟孙氏，因而逃往齐国。就在齐国国君同意赐他封地时，他又做了不讨喜的事，于是封地被收回。《左传》引孔子的话说："知之难也。有臧武仲之知，谓能避齐祸；而不容于鲁国，抑有由也。作不顺而施不恕也。"臧武仲、卞庄子和冉求都有出众的才能，但未受礼乐教化，仍有所缺。

14.13 子问公叔文子于公明贾曰："信乎，夫子不言，不笑，不取乎？"公明贾对曰："以告者过也。夫子时然后言，人不厌其言；乐然后笑，人不厌其笑；义然后取，人不厌其取。"子曰："其然？岂其然乎？"

The Master asked Gongming Jia about Gongshu Wenzi, saying, "Is it true that your master did not speak, did not laugh, and did not take anything?"

Gongming Jia replied, "Whoever told you that must have exaggerated. My master spoke only when it was the right time for him to speak, and so others were not tired of him speaking. He laughed when he was happy, and so others were not tired of him laughing. He only took when it was right for him to take, and so others were not upset about his taking."

The Master said, "So it was like this. Or was it like this [and so people thought that he did not speak, did not laugh, and did not take anything]?"

公叔文子即公孙拔，卫国大夫，年代稍早于孔子。《礼记》说，他死后，卫国国君赐谥号"文子"，以纪念他的仁善、忠诚和在国事中表现出的文雅。孔子无缘和他见面，但有耳闻。在本章中，他问公明贾，公叔文子是否真的“不言，不笑，不取”。当公明贾告诉孔子为何公叔文子获此评价后，孔子的第一反应是赞同——“其然”。但他随后重复这句话，以发问的方式——“岂其然乎？”——表明他不相信这是公叔文子被评价为“不言，不笑，不取”的原因。

14.14 子曰：“臧武仲以防求为后于鲁，虽曰不要君，吾不信也。”

The Master said, “Zang Wuzhong used his fief, a town called Fang, to bargain [with his ruler] for an heir [to continue the Zang family line] in Lu. Although he claimed that he did not coerce his lord to accept the deal, I do not believe it.”

孔子在 14.12 中评价臧氏宗主臧武仲是一个知识卓越的人，但《左传》里孔子对他的评价是有时行为过度，引火上身。公元前 550 年，臧武仲和鲁国当权者闹翻后，被迫出奔。《左传》记载，他在跨越齐鲁边境时，曾派信使向君主要求准许一名家族继承人“守先祀”。作为交换，他会献出家族传承数代的封邑防地。君主接受了条件，允许臧武仲同父异母的兄弟臧为继承臧氏宗主的位置。孔子似乎质疑这笔交易的道德根基。

14.15 子曰：“晋文公谲而不正，齐桓公正而不谲。”

The Master said, “[As lord protector,] Duke Wen of Jin was politically expedient [谲] but not principled [正]. Duke Huan of

Qi was principled but not politically expedient."

公元前 771 年，犬戎入侵，周幽王被处死后，周朝处于倾覆边缘。周王的继承人与支持者为了避免覆灭，决定迁都至东部。但经此一役，周朝再未恢复元气，从东周初期开始，历代周王既无意志也无能力抵抗外族侵略和内部争斗。这为此后一百年间的争霸埋下种子。春秋时期共有五“霸”。齐桓公居首，其次是晋文公。五霸都是地方诸侯，他们凭借军事威权和性格力量获得“霸”的称号。齐桓公在公元前 685 到前 643 年间称霸，在位共四十二年，晋文公称霸八年，从公元前 636 年直至前 628 年去世。孔子评价了这两人。他说晋文公“谲而不正”，齐桓公“正而不谲”。大多数学者都同意“正”的意思是“符合道德”或“有原则”。“谲”的含义就更复杂难解，不过也很有意思。汉代学者郑玄说，“谲”是“诈”的意思，大多数注疏家和译者都参照他的诠释。但也有一些学者存疑。于是他们费尽心思地从早期文献中挖掘“谲”的含义，搜集了大量不同文本中运用此字的例子，并总结出它的含义是更为中性的“权”。他们论证说谲，特别是政治上的谲未必是诈。清代学者宋翔凤说：“善用谲则为权，不善用谲则为诈。”由于晋文公总是将“谲”置于“正”之上，所以他更可能是诈。因此刘宝楠指出，孔子说此人“谲而不正”的意思是“嘉其谲，而惜其不正”。但将“正”置于“谲”之上也会有问题。比如说，它会使人不知变通，这也是齐桓公的历史形象。明代学者杨慎这样说：“文公之功多于桓公者，罪亦多于桓公者也，事速于桓公者，义犹坏乎桓公者也。”

14.16 子路曰:“桓公杀公子纠,召忽死之,管仲不死。”曰:“未仁乎?”子曰:“桓公九合诸侯,不以兵车,管仲之力也。如其仁,如其仁。”

Zilu said, “Duke Huan had [his older brother] Prince Jiu killed. Shao Hu died on account of what had happened [to his lord], but Guan Zhong did not.” Then he added, “Did his conduct fall short of being humane?”

The Master said, “It was due to Guan Zhong's strength that Duke Huan was able to assemble the regional rulers nine times for their joint meetings without flexing his muscles. Such was his humaneness. Such was his humaneness.”

我们了解到,齐桓公杀了公子纠——这不是一个有原则的人的行为。但讨论的重点不是他,而是他的大夫管仲是否“仁”。要解答这个问题,需要了解这两人的相关历史和共事的由来。齐桓公(在成为齐国国君前称为公子小白)和公子纠是僖公不同妻子所生的儿子。他们的兄长襄公继承了君位,但行为无道——和妹妹姜氏通奸,并谋杀了她的丈夫,也就是鲁桓公。襄公最后被自己人弑杀,死状亦惨。在他死前,他的两个弟弟,公子小白和公子纠分别在莒国和鲁国找到庇护。襄公死后,公子小白回到齐国,自立为齐桓公;并传话给鲁君,让他杀掉兄弟公子纠,同时将公子纠的两名随从召忽、管仲遣返齐国。鲁国刚刚在战场上被齐国击败,由于害怕再遭打击,答应了齐桓公的要求。召忽在君主被杀后当即自尽,但管仲没有。他被送回齐国,接受了桓公的任命,担任大夫。子路对这一事实感到困扰,但孔子的见解不同:正是因为有管仲的才能,桓公才能九度不费武力会盟诸侯,保证了周朝多年的和平。这难道不是一种更高的成就吗？孔子说，“如其仁，如其仁”，这就是管仲的“仁”啊。

14.17 子贡曰：“管仲非仁者与？桓公杀公子纠，不能死，又相之。”子曰：“管仲相桓公，霸诸侯，一匡天下，民到于今受其赐。微管仲，吾其被发左衽矣。岂若匹夫匹妇之为谅也，自经于沟渎而莫之知也？”

Zigong said, “Guan Zhong was not humane. When Duke Huan had Prince Jiu killed, he chose not to die, and instead he decided to serve Duke Huan as his counselor.”

The Master said, “When Guan Zhong served as the counselor of Duke Huan, he saw to it that Duke Huan would stand as the lord protector among the regional rulers, drawing all the states together under one empire. To this day, people [of all the Chinese states] still benefit from what he accomplished. If not for Guan Zhong, we would be [like the barbarian tribes,] wearing our hair loose and fastening our robes to the left. How could he have acted on the petty loyalty of a common man or a common woman and committed suicide in a ditch without anyone taking notice?”

本章继续探讨管仲。子贡提出反对：为什么管仲选择效忠杀害公子纠的齐桓公？孔子的回答再次突出管仲在更大层面上的贡献：他为春秋定义了一种新的领袖“霸”，即君主的辅助者。这不是完美的领袖——他既不同于先王，也没有推翻现任君王的想法——但凭借性格力量和备受认可的能力，可以在和平与战争时期凝聚帝国。在桓公称霸的四十年间，有管仲辅佐，中国以外的国家未能侵犯，而中国范围内诸侯共存，在原则上，实际上也经常如此——同意贸易、灌溉、继承制、家族关系的准则。但管仲是否知道，在他接受桓公任命后，会帮助这位君主成就大业？孔子说管仲有超越“匹夫匹妇”的抱负，但他是否觉得管仲一开始就有计划辅佐公子小白？一些早期的资料说，管仲在回国后一心向齐。他只是希望照管齐国人民和他们的社稷宗庙，为此，他重新组织政府的政事和军事体系，推行社会改革，鼓舞士气。齐国发展得更为强大自信，成为其他各国陷入危机或需要援军时可以投靠的国家。所以，管仲原本的蓝图并非帮助桓公“一匡天下”，但后来事实却发展如此。同时值得赞扬的是，孔子不顾齐鲁之间的敌对情绪和弟子们在道德基础上提出的反对，他不偏不倚，不预设政治立场，而是选择了更难辩护的立场，嘉许管仲的成就，说“民到于今受其赐”。

14.18 公叔文子之臣大夫僎，与文子同升诸公。子闻之，曰：“可以为‘文’矣。”

Gongshu Wenzi had his family retainer Zhuan promoted along with him to positions within the court. When he heard about this, the Master said, “He deserved the posthumous name ‘the refined one [文].’”

孔子从未见过公叔文子，但他很乐意从与后者有交集的人那里了解他。在 14.13 中，他问为何公叔文子“不言，不笑，不取”。在本章中，他了解到此人非常慷慨，竟荐举自己的家臣在卫国朝廷任职，他和这位家臣遂成为同级，孔子因此评价说，公叔文子配得上“文”这一谥号。

14.19 子言卫灵公之无道也，康子曰："夫如是，奚而不丧？"孔子曰："仲叔圉治宾客，祝鮀治宗庙，王孙贾治军旅。夫如是，奚其丧？"

When the Master talked about the moral depravity of Duke Ling of Wei, Ji Kangzi said, "If that was the case, how did this ruler not lose his state?"

Confucius replied, "It was because he had Zhongshu Yu in charge of foreign guests, Priest Tuo looking after the ancestral temple, and Wangsun Jia responsible for military affairs. When it was like this, how could he have lost his state?"

我已经在13.7的诠释中论证过，孔子在这里表达的观点以及在13.8中对卫国的乐观，是因为卫国有出色的卿相。所以，即便君主无德无能——卫灵公就是这样的君主——卿相大夫也能够经营国家，令一切运作顺畅。

14.20 子曰："其言之不怍，则为之也难。"

The Master said, "If a person speaks immodestly [不怍], he

will have a difficult time carrying out his words in action."

汉代学者马融提出另一种视角。他认为，孔子评说那些言语“不怍”的人，意在称赞。马融写道：“内有其实，则言之不惭，积其实者为之难。”按照他的诠释，可以这样翻译孔子的评价：“If a person is able to speak without shame, [he is the genuine article, but] it must have been difficult for him to acquire the integrity [he possesses]."

14.21 陈成子弑简公。孔子沐浴而朝，告于哀公曰：“陈恒弑其君，请讨之。”公曰：“告夫三子！”孔子曰：“以吾从大夫之后，不敢不告也。君曰‘告夫三子’者！”之三子告，不可。孔子曰：“以吾从大夫之后，不敢不告也。”

Chen Chengzi killed Duke Jian [of Qi]. Confucius [fasted for three days and] had a ritual bath, and he went to court. He reported to Duke Ai, saying, "Chen Heng [Chen Chengzi] murdered his ruler. I ask that you take punitive action against him."

Duke Ai said, "Go and tell the three counselors."

Confucius, afterward, said [to someone else], "I take my position after the three counselors [and so should have reported to them], but [since this was a matter of great urgency,] I simply had to speak to my lord [right away]. Yet my lord said to me, 'Go and tell the three counselors.'"

He went to see the three counselors, and they did not approve of his proposal. Confucius said, "I take my position after the three counselors [and so should have reported to them], but [since this was a matter of great urgency,] I simply had to speak to my lord [right away]."

公元前 481 年春，齐国世家头领、大夫陈成子，与另一位大夫斗争时，将对手和君主都杀害了。这个消息一定震惊了孔子，因为鲁国也可能发生这样的事。于是孔子直接向鲁君禀告此事，他说，尽管这不是他的职责，因为他的地位低于三子。当孔子告诉哀公之后，得到的反应很令他失望，因为哀公回答他说，"告夫三子"（去告诉三桓的宗主们）。显然，三桓无意听孔子的话，如果他们的打算和齐国那位一样，他们又何必听呢？《左传》中的记载大致相同：齐陈恒弑其君壬于舒州。孔丘三日齐（斋），而请伐齐三。公曰："鲁为齐弱久矣，子之伐之，将若之何？" 对曰："陈恒弑其君，民之不与者半。以鲁之众，加齐之半，可克也。" 公曰："子告季孙。" 孔子辞，退而告人曰："吾以从大夫之后也，故不敢不言。"

两个版本中，哀公都推脱逃避。尽管他也同意孔子的看法，应该讨伐齐国，可仍然没有实施，因为鲁国军队受三桓把控。哀公对孔子的回应——"告夫三子"——听起来像是无望处境中的悲叹。但孔子依然保持尊敬——在觐见哀公前，他按礼沐浴清洁，依然把哀公视作鲁国君主。

14.22 子路问事君。子曰："勿欺也，而犯之。"

Zilu asked about how to serve one's ruler. The Master said, "Do not deceive him, and only then will you able to confront him directly [and deliver your admonishment]."

孔安国说："事君之道，义不可欺，当能犯颜谏争。"我的翻译参照了他的话。

14.23 子曰："君子上达，小人下达。"

The Master said, "The gentleman reaches the higher things. The petty man understands the lower things."

读者可以把孔子的这句评价和 4.16 中的话结合起来，认为高尚的事物属"义"，而低贱的事物为"利"。但也有可能是另一种解读。孔子在 14.35 中描述他的精神历程是"下学而上达"的旅途。这一描述中的"上"指的是天德，也是君子希望达到的；而"下"指的是实用的学问或谋生的技能和教育。因此孔子的意思也可能是"君子追求更高尚的事物，普通人是满足于理解低层次的事物"（The gentleman reaches for higher things. The ordinary man is content with understanding things at a low level）。

14.24 子曰："古之学者为己，今之学者为人。"

The Master said, "People of antiquity engaged in learning to cultivate themselves. People today engage in learning with an eye toward others."

在《劝学》中，荀子简要地诠释了孔子的这段话。他写道："君子之学也，入乎耳，箸乎心，布乎四体，形乎动静，端而言，蠕而动，一可以为法则。小人之学也，入乎耳，出乎口。口耳之间，则四寸耳，曷足以美七尺之躯哉？古之学者为己，今之学者为人。"

14.25 蘧伯玉使人于孔子。孔子与之坐而问焉，曰："夫子何为？"对曰："夫子欲寡其过而未能也。"使者出。子曰："使乎！使乎！"

Qu Boyu sent a messenger to Confucius. Confucius sat down with him and asked, "What has your master been doing?"

The messenger replied, "My master wishes to make fewer mistakes but has not been able to do so."

After the messenger left, the Master said, "A fine messenger! A fine messenger!"

蘧伯玉是卫国备受尊敬的大夫。司马迁说，孔子初到卫国时曾投奔蘧伯玉。但这不太可能，因为孔子抵达卫国时，蘧伯玉已经九十多岁了。根据这段记载，孔子似乎应该收到蘧伯玉遣信使送来的消息。尽管此人只是一名信使，孔子用平等的礼仪相待——他"与之坐"。这段评价的末尾也是在说信使。他诚恳的回答显然令孔子印象深刻。

庄子对蘧伯玉有自己的看法，和信使对他的描述相仿，但更极端。他写道："蘧伯玉行年六十而六十化，未尝不始于是之，而卒诎之以非也。未知今之所谓是之非五十九非也。"可以认为蘧伯玉质疑他知道和相信的一切，以求少犯错，但这里的蘧伯玉不同于历史记载中的蘧伯玉。就像《庄子》中的很多人物一样，他只是作者的载具。

14.26 子曰:“不在其位,不谋其政。” 曾子曰:“君子思不出其位。”

The Master said, “If you don’t have a particular position, then don’t meddle with any of its business.”

Master Zeng commented, “The gentleman does not allow his thoughts to go beyond what his position calls for.”

本章与 8.14 相似，因此可以参读那里的诠释。曾子是孔子的弟子曾参。

14.27 子曰：“君子耻其言而过其行。”

The Master said, “The gentleman would be ashamed to let his words run ahead of his action.”

孔子多次提到这一观点。可以参考 2.13、4.22、4.24、14.20 以及相关诠释。

14.28 子曰：“君子道者三，我无能焉：仁者不忧，知者不惑，勇者不惧。” 子贡曰：“夫子自道也。”

The Master said, “The way of the gentleman consists of three things, none of which I have been able to realize: the humane never suffer from vexation; the wise are never perplexed; the brave are never afraid.”

Zigong said, “The Master has just given a description of

himself."

孔子在 9.29 中对“仁者”“知者”“勇者”做出相同的描述。本章中他说他们的特点构成“君子道”。但他声明，他无法做到三者中的任何一种。大多数传统学者认为，孔子谈论自己的时候谦虚了。钱穆则提出不同观点。他说只有这样自视，才能不断精进，“日进不止”，永不自满。子贡的评论因而显得很重要：体现了旁观者的看法。在子贡看来，孔子已经三道皆备。

14.29 子贡方人。子曰：“赐也贤乎哉？夫我则不暇。”

Zigong was given to assessing people [方人]. The Master said, "Si must be a man of worth! I am afraid I haven't got the time for such things."

汉代学者孔安国把“方人”理解为“比方人”，即评价人、比较人物长短。但大多数学者认同汉郑玄的观点：他认为“方”是“谤”的通假字，是批判他人、“言人之过恶”。他们论述，如果子贡只是常常评价他人的长短，孔子不会说“夫我则不暇”，因为他也有类似的倾向。因此这些学者总结，“方人”一定有负面含义，批评的是子贡热衷于言人过失。钱穆则赞同孔安国的观点。他说，即便孔子自己喜欢臧否他人品格，他也可能批评子贡在这上面花了太多时间。我要补充的是，《论语》中没有记载称子贡喜欢迅速形成观点或先入为主地看到别人的缺点，但有大量证据表明他喜欢“方人”，喜欢考虑多方面的情况之后再对结果做出最深思熟虑的推测。

14.30 子曰："不患人之不己知，患其不能也。"

The Master said, "Do not worry that other people do not know you. Be concerned about your own lack of ability."

本章与 1.16 稍有不同，但在两段评论中，孔子都强调，人不应该担心为何自己不受人关注——无论是知识还是才能——而应担心自己的不足。

14.31 子曰："不逆诈，不亿不信，抑亦先觉者，是贤乎！"

The Master said, " Not to anticipate deception and not to expect bad faith and yet to be the first to be aware of such behavior—this is proof of one's worthiness."

孔子在本章中描述了"贤"者的精微才智。此人不以诈意度人，也不疑人以不信，但如果有欺骗的事情发生，他总能最先发现迹象。这意味着他不对任何人心存成见，但同时又对欺诈的企图保持警惕。这和孔子在 6.26 中与宰我对话时对君子的阐述相呼应——如果他被"告之曰：'井有仁焉'"，他"可逝也，不可陷也"。

14.32 微生亩谓孔子曰："丘何为是栖栖者与？无乃为佞乎？"孔子曰："非敢为佞也，疾固也。"

Weisheng Mu said to Confucius, "Qiu, why are you always hopping around? Could it be that you are practicing the glibness [of a persuader]?"

Confucius said, "I would not dare to be glib [佞]. It is just that I worry about getting stuck in one place and with just a single point of view [固]."

这段对话必然发生在孔子周游列国年间，其时他四处寻求官职。微生亩的问题很合理，因为对不知情的人来说，孔子看起来可能与四处游说的人没什么不同，这样的人巧舌如簧谋得职位。大多数学者认为，微生亩比孔子年长，所以他直呼孔子名，问他一些不甚尊敬的问题。不过孔子依然认真回答。他说，他无法安顿于任何一个地方，因为他担心"固"。有学者指出，"固"也有"固陋"的意思，即道德衰微，所以也可以认为，孔子感到不得不周游，因为他想要警示天下之"固陋"。

14.33 子曰："骥不称其力，称其德也。"

The Master said, "A fine [chariot] horse is praised for her inner integrity [德], not for her strength."

一匹好马，骥，是经过"调良"的，其品德也反映了骑马者的品德。马上之人灵活地引导它，两者心意相通，一起驰骋于开阔的平原或弯曲的河岸。因此孔子说，骥不是因"力"而受称赞。

14.34 或曰："以德报怨，何如？"子曰："何以报德？以直报怨，以德报德。”

Someone said, “What do you think of the expression ‘Repay a wrong with kindness’?”

The Master said, “How, then, would you repay kindness? Repay a wrong with uprightness. Repay kindness with kindness.”

本章中的观点在《礼记》中得到扩展，同样记为孔子的言论：“以德报怨，则宽身之仁也；以怨报德，则刑戮之民也。”清代学者吴嘉宾更进一步。他说：“以直者，不匿怨而已。人之性情未有不乐其直者……怨期于忘之，德期于不忘，故报怨者曰‘以直’，欲其心之无余怨也。报德者曰‘以德’，欲其心之有余德也。其心不能忘怨，而以理胜之者亦直，以其心之能自胜也。直之反为伪，必若教人以德报怨，是教人使为伪也。乌乎可？”

14.35 子曰：“莫我知也夫！”子贡曰：“何为其莫知子也？”子曰：“不怨天，不尤人，下学而上达。知我者其天乎！”

The Master said, “No one understands me.” Zigong said, “Why is it that no one understands you?” The Master said, “I blame neither Heaven nor men [for my not being understood]. I begin my learning on the ground and travel up to reach a higher knowledge. It is, I believe, only Heaven that understands me.”

“下学”说的可能是学习如何解决人世中的实际问题，也可能是学习如何立于德。钱穆说，无论取哪一种，如果从基础开始，“知愈深而怨尤自去，循至于无人能知惟天独知之一境”，你的德行将会上达于天。荀子这样描述这一境界：“君子至德，嘿然而喻，未施而亲，不怒而威。”

14.36 公伯寮愬子路于季孙。子服景伯以告，曰：“夫子固有惑志于公伯寮，吾力犹能肆诸市朝。”子曰：“道之将行也与，命也；道之将废也与，命也。公伯寮其如命何。”

Gongbo Liao spoke ill of Zilu to the head of the Jisuns. Zifu Jingbo reported to Confucius, saying, “There is no doubt that my master harbors suspicion [about Zilu], but I still have enough sway [with him] to see that Gongbo Liao gets executed and his corpse gets exposed in the marketplace.”

The Master said, “It is destiny whether the moral way prevails or whether it is cast aside. What effect could Gongbo Liao have on the course of destiny [命]?”

由子服景伯对孔子说的话，我们知道，他、公伯寮和子路当时都为季孙氏服务。但公伯寮对子路会有怎样的攻讦呢？为何子服景伯认为这些话太危险，以至于他要先采取行动杀了公伯寮，以防子路受到伤害？朱熹将这段对话置于鲁国特定的历史情景中。他认为对话应发生在公元前 498 年前后，约定公十二年。当时子路是季孙氏家臣，他说服季孙氏宗主季桓子堕毁三都。子路的密谋是为“强公室”，也就是鲁国合法的君主，并且“弱私家”。假如朱熹对事件和地点的判断正确，那么就不难理解，为何子服景伯找到孔子，要求立刻行动：

如果公伯寮把子路的计划透露给季孙氏，子路可能葬送性命，而孔子身为子路的老师，也可能遭殃。

其次是“命”的问题。这一概念很难把握，尽管相关文献很多，但只有一篇文章对孔子本意的阐述令人信服。十七世纪的学者张尔岐写道：“人道之当然而不可违者，义也；天道之本然而不可争者，命也。……君子当以义知命矣。凡义所不可，即以为命所不有也。故进而不得于命者，退而犹不失吾义也。小人尝以智力知命矣，力不能争，则智邀之，智力无可施，而后谓之命也。君子以义安命，故其心常泰；小人以智力争命，故其心多怨。众人之于命，亦有安之矣，大约皆知其无可奈何，而后安之者也。”

根据这些文字，可以认为，孔子深刻理解在当时的环境中要做正确的事有多么难，因为他屡次尝试都挫败，所以可以清醒地看待命运。不过正如张尔岐所说，即便君子后退，命运的不顺也不会带走他固有的正义感。

14.37 子曰：“贤者辟世，其次辟地，其次辟色，其次辟言。”子曰：“作者七人矣。”

The Master said, “Worthy men steer clear of the world. Next are those who steer clear of a particular place. After them are those who steer clear of [people with] hostile looks. And finally there are those who steer clear of [people with] hostile words.” The Master said, “There were seven such men who did exactly that.”

孔子在本章中提出避世的不同原因：天下无道；所居之地过于

危险；他人在言行中透露出敌意。避世或避开特定地方的"七人"是谁，有许多推测，也有一些学者认为这句话可以单独成章。

14.38 子路宿于石门。晨门曰："奚自？" 子路曰："自孔氏。" 曰："是知其不可而为之者与。"

Zilu spent the night at the Stone Gate. The gatekeeper asked him, "Where did you come from?" Zilu said, "From the Kong family."

"Is that the person who knows that what he is working toward simply cannot be realized?"

本章揭示的内容令人诧异。这段记载说，就算是晨门（看门的人），也知道孔子在追求不可能达成的事。也许这位晨门并非一般的晨门，而是以晨门身份隐居起来的人，如此，他和 14.39 中的"荷蒉"者有相同的精神气息。

14.39 子击磬于卫，有荷蒉而过孔氏之门者，曰："有心哉，击磬乎！" 既而曰："鄙哉，硁硁乎！莫己知也，斯已而已矣。'深则厉，浅则揭。'" 子曰："果哉！末之难矣。"

The Master was playing the stone chimes in Wei when a man, carrying a bamboo basket, went past his door. This man said, "This playing is fraught with a heavy and careworn heart." He continued,

"How squalid this *kengkeng* sound! If no one understands him, then he should just keep what he believes to himself and that is all: 'If the water is deep, just wade across it. If the water is shallow, lift your hem and cross it.'"

The Master said in response, "[This man sounds like he knows what he wants.] If he is so resolute, he should not have any difficulties."

"荷蒉"者应该是隐者,孔子会说他是"贤者"、"辟世"者。《论语》中这样的人不多见，他们都显得很坚定。我在《孔子：喧嚣时代的孤独哲人》中写过："他们懂得按照水的深浅来调整袍子的长度——天下有道则入世，天下无道则辟世。孔子了解他们的想法，也称赞他们的决定，但他也认为，如果这些人真的知道该做什么与该怎么做，则他们应该不会认为入世是件难事。然而，孔子不同。他对人类的爱是出于焦急不安，他与世界的关系不因道德气候而变。"

14.40 子张曰:"《书》云:'高宗谅阴，三年不言。'何谓也?"子曰:"何必高宗，古之人皆然。君薨，百官总己以听于冢宰三年。"

Zizhang said, "*The Book of Documents* says, 'Gaozong stayed in his mourning hut, and for three years he did not speak.' What does that mean?"

The Master replied, "It was not just Gaozong; all the ancients followed the same ritual practice. After their ruler died, for three years the hundred officials would attend to their responsibilities, and they would look to the prime minister for guidance."

人子为何要在父母去世后服丧三年，《礼记》做了诠释。书中写道："创巨者其日久，痛甚者其愈迟，三年者，称情而立文，所以为至痛极也。"其中还说"三年之丧，二十五月而毕"，"哀痛未尽，思慕未忘……复生有节"。同一段记载还描述了服丧的茅屋，即"倚庐，不涂"，儿子在倚庐居住，直至逝者被埋葬："寝苫枕块，非丧事不言。"还说："既葬，柱楣涂庐，不于显者。"《礼记》说，高宗服丧时就住在这样的茅屋里，期间他"不言"。子张不太理解这句话。因为高宗是武丁王，商朝第四十代君主，如果他隐于茅庐中哀悼父亲，谁来负责治国？谁来照管人民？孔子回答说，不独是高宗，"古之人皆然"。他解释道，在当时，官员懂得尽责，总有冢宰加以引导。而且，高宗"不言"的意思并非他服丧期间一言不发。汉代学者说，高宗可能是"不言政事"或"默而不言"。

近期出土的竹简《说命》又称《傅说之命》，成书于公元前三百年。此书使学者对高宗和他的冢宰傅说产生兴趣。在通行版本中，有若干有关他们会面和共治的记载。这些记载中有一些关键的出入，但故事主干相近：高宗三年不言，他的大臣担心帝国每一日的统治，最后，一个有着圣人姿态的人出现在高宗梦中。高宗被此人的形态吸引，他的大臣据此在前线修筑城墙的劳工中找到了此人，也就是傅说。高宗使之为冢宰，此后，帝国得到善治。这些记载的主要分歧在于高宗三年不言的原因。《论语》引《尚书》说，高宗服丧；但其他文献说高宗在"默以思道"以及"中兴殷室"，这可以解释他为何寻找能人辅佐。近期出土的版本也支持后一种——这一版本使得高宗的"不言"具有更深厚的意义。

14.41 子曰：“上好礼，则民易使也。”

The Master said, “If those at the top love the rites, then it will be easy to govern the people.”

本章承袭了孔子在 2.3 中所说的话。如果君主以身作则，让礼的规范成为人民行为的教导，人民就会“有耻且格”。知道如何修身的人民更易于管治。

14.42 子路问君子。子曰：“修己以敬。”曰：“如斯而已乎？”曰：“修己以安人。”曰：“如斯而已乎？”曰：“修己以安百姓。修己以安百姓，尧舜其犹病诸？”

Zilu asked about the gentleman [君子]. The Master said, “He cultivates himself in order to acquire a respectful attitude.”

“Is that all?”

“He cultivates himself in order to give ease to those around him.”

“Is that all?”

“He cultivates himself in order to give ease to the people. To cultivate oneself in order to give ease to the people—even the sage rulers Yao and Shun found it difficult to do.”

刘宝楠和钱穆都认为，此处的“君子”是指在位者而非德行超群的人，所以子路的问题是，在位者应该从哪里出发以安天下。无论是哪一种解读，孔子的回答都和《中庸》的最后一章呼应：“是故君子笃恭而天下平。”

14.43 原壤夷俟。子曰："幼而不孙弟，长而无述焉，老而不死，是为贼。"以杖叩其胫。

Yuan Rang sat, squatting, while waiting [for Confucius to arrive]. The Master said, "To be neither deferential nor respectful as a youth, to have nothing exceptional to pass on as a grown man, and to keep hanging on to life and not die when old—this is what I call a pest." He then tapped on Yuan Rang's shin with his stick.

本卷最后两章的孔子都在自己的归属地——家乡，和原壤这样认识了一辈子的人在一起。可能正因如此，孔子可以直截了当地和他说话。我相信原壤不会介意：尽管话语有些严厉，他知道孔子没有恶意,况且之前他可能也听过这样的话。原壤还在其他的文献中出现过，尤其在《礼记》中，他的形象无拘无束，是孔子的反面。这让一些学者认为，原壤是道家传统早期的先驱，但缺乏历史证据，只是推测。不过从这里的描述不难想象——他的坐姿，问候孔子的方式，都表现出不拘小节。学者们想知道，为何孔子微击其胫。大多数人同意，这一动作是为提醒原壤跪地，而非蹲着。两腿分开且弓背的蹲姿被视为不雅，不像跪坐那样体现出身体的肃然。两腿并拢、脊背挺直的跪姿，才是礼仪中正确的迎客姿势。

14.44 阙党童子将命。或问之曰："益者与？"子曰："吾见其居于位也，见其与先生并行也。非求益者也，欲速成者也。"

A young boy from Que took on the task of being a messenger

[for the people] of this district. Someone asked Confucius, "Do you see him as someone who is eager to make progress in his learning?"

The Master replied, "I have seen this boy sitting down [in a gathering of adults] and walking abreast of his elders. He is not someone who seeks to make progress. He simply wants to grow up fast."

不少早期文献记载，阙是孔子的故里。本章中有人观察到，来自阙地的男孩虽然年纪尚幼，但已经承担起为乡党传递信息的重要责任。此人说，男孩显然受到强烈的求知欲和进取心驱使。孔子则看到了这个男孩性格中的另一方面——他的举止就像成年人和长辈那样。孔子认为，这说明男孩不是好学，而是急于"速成"。

卫灵公第十五

15.1 卫灵公问陈于孔子。孔子对曰："俎豆之事，则尝闻之矣；军旅之事，未之学也。"明日遂行。

Duke Ling of Wei asked Confucius about military formations. Confucius responded, "I know something about the use of ritual vessels but have not learned anything about commanding troops." The next day, Confucius decided to leave Wei.

孔子首次到访卫国时，居留了约五年，而很长一段时间内他都无法获准见到卫灵公。一些批评的声音认为，他甚至接触了灵公亲信中最臭名昭著的两个人——夫人南子和宦医雍雎，恳求他们相助。现在孔子终于得到和灵公当面交流的机会，但仅仅因为灵公问了失当的问题，孔子就决定离开卫国。为什么会这样？基于孔子对军旅之事的看法——如果不先教化士兵就派他们上战场，"是谓弃之"——这段对话显示，孔子意识到自己所托非人。孔子用了多久离开？文中说"明日"，但准备远行，即便用不了几个月，也起码需要数周时间，所以更合理的说法应是"明日，孔子欲行"，所以我翻译为："The next day, Confucius decided to leave."

15.2 在陈绝粮，从者病，莫能兴。子路愠见曰："君子亦有穷乎？"子曰："君子固穷，小人穷斯滥矣。"

In Chen, when their provisions ran out, [Confucius'] followers had become so weak that none of them could rise to their feet. Zilu, with a resentful look, said, "Does a gentleman find himself in circumstances as bleak as this?"

The Master said, "Of course the gentleman would find himself in circumstances as bleak as this. It is the petty man who would not be able to withstand it."

孔子和他的弟子在周游列国途中有许多艰险的遭遇。陈蔡二国之间的危机可能是最凶险的一遭，因为《论语》说"绝粮"，他们似乎有饿死的可能。迎来这样的结局——死在无人知晓的荒野中——可能是子路无法接受的，所以他问孔子，为什么君子会遭受这样的厄运？为什么不会呢？这是孔子的回答，但是君子不屈不挠，就算遭受逆境，他会安于命运，因为他已经尽己所能完善品格。而小人不同，他经受不住这样的考验。《论语》中这寥寥数句使早期中国思想深受震撼。一些史学家和思想家为这场危机做出各自的诠释：庄子创作了孔子和颜回的一段对话，为故事添上辛酸色彩和哲学深度；荀子借孔子的原话挖掘进一步的思想内涵；而司马迁将整个情景放置在历史想象中。

15.3 子曰：“赐也，女以予为多学而识之者与？”对曰：“然，非与？”曰：“非也，予一以贯之。”

The Master said, “Si, do you think I am the sort of person who learns many things and who retains this knowledge in his mind?”

Zigong replied, “Yes. Is it not so?”

“No. I bind it together into a single thread.”

由于孔子在 7.2 中已经说过，他可以轻松做到“默而识之”和“学而不厌”，子贡便认为这是对老师的准确评价，但孔子不同意。在本章中，他说他“一以贯之”。“一”指的是什么？大多数学者征引 4.15，孔子在其中说“吾道一以贯之”，他的弟子曾参解释道，“ ”与“忠”、“恕”有关。刘宝楠和钱穆则认为，孔子这里的话和 4.15 几乎全无关系。因为孔子思考的不是如何过有德行的生活，而是知的问题——如何理解诸般所学。在孔子的学说中，行和知是分不开的，刘宝楠说，应通过笃行实践“一以贯之”。孔子在 13.5 阐明了这一点：“诵《诗》三百，授之以政，不达；使于四方，不能专对；虽多，亦奚以为？”钱穆观察到，“一以贯之”也可以指任何知识的基本原则。比如说，孔子认为，“《诗》三百，一言以蔽之，曰：思无邪”。

15.4 子曰：“由！知德者鲜矣。”

The Master said, “You, there are only a few who understand virtue [德].”

钱穆说，孔子的意思是：要理解德——真正理解——“德必修于己而得于心”，而很少有人能做到。

15.5 子曰："无为而治者其舜也与？夫何为哉？恭己正南面而已矣。"

The Master said, "The one ruler who was able to order the world without taking any [deliberate] action [无为] was Shun. So what did he do? He held himself respectfully and faced south—that was all."

孔子这里的话再次强调了他在 14.42 中和子路探讨“君子”时所说的“修己以敬”和“修己以安人”。从旁观者的角度看，这样的人似乎什么都没做，但事实并非如此，因为就连尧舜都很难达到。

“无为”的观念，即什么都不做或不采取行动，通常和《老子》中的学说有关。儒家学者坚称，孔子在本章中对舜的评价和《老子》的“为无为，则无不治”有根本不同。差异确实存在，但两种学说都强调，君主修身是治理天下的关键。用荀子的话说，能够行出必成的君主有精微的内心，其心可以察觉“危微之几”。

15.6 子张问行。子曰："言忠信，行笃敬，虽蛮貊之邦，行矣。言不忠信，行不笃敬，虽州里，行乎哉？立则见其参于前也，在舆则见其倚于衡也，夫然后行。"子张书诸绅。

Zizhang asked about getting on in the world. The Master said,

"If you impart sincerity and trust in your words, and integrity and respect in your deeds, you will get on even in the lands of the barbarians. If you do not impart sincerity and trust in your words, and integrity and respect in your deeds, how can you get on even in your own region or in your own neighborhood? When you stand, you see the plumb lines in front of you. When you ride in a carriage, you see them resting on the crossbar. Only then will you be getting on in the world."

Zizhang wrote down these words on his sash.

子张对从仕和高升很感兴趣。一言以蔽之，他想要"行"。孔子在 2.18 中告诉他如何为仕途做准备，那些建议非常实际——子张应该多闻、多见，从而在言语上减少过失，在行为上少些后悔。本章中的建议则有道德意味。要"行"，人应该言行"忠信"，行为"笃敬"。事实上，这些标准一刻都不能松懈，无论是站立时或坐于车厢内时，都是如此。子张应该想牢记这些话语，因为他把它们写在自己的腰带上。

15.7 子曰："直哉史鱼！邦有道，如矢；邦无道，如矢。君子哉蘧伯玉！邦有道，则仕；邦无道，则可卷而怀之。"

The Master said, "How upright Shi Yu was! He was straight as an arrow when the moral way prevailed in the state, and he was also straight as an arrow when the moral way was absent. How gentlemanly Qu Boyu was! He took office when the moral way prevailed, and he let his knowledge and skills be rolled up and hidden away when the moral way was absent."

史鱼和蘧伯玉都是卫国大夫。《韩诗外传》记载，史鱼死前让儿子在“室”为他举行丧礼，而非通常用于正式礼仪的“正堂”。原因是他未能尽到向君主进谏之责，以致蘧伯玉这样的贤人没有得到提拔，弥子瑕这样无能的人却没有被屏退。这个故事可能是虚构，但充分说明史鱼临死依旧正直如矢。

《左传》记载，公元前559年，当几名卫卿联合将卫献公逐出卫国时，其中一人告诉当时还很年轻的蘧伯玉：“君之暴虐，子所知也。大惧社稷之倾覆，将若之何？”蘧伯玉回答说：“君制其国，臣敢奸之？虽奸之，庸知愈乎？”随后，他“遂行，从近关出”。大约十二年后，另一位卫国卿谋杀卫殇公，打算迎卫献公复位，蘧伯玉再次决定离开卫国。每一次，他似乎都没有离开很久。他活了九十多岁，从政的年份很长。我们可以从14.25中了解到，在他初次试图掩藏自己才学的六十多年后，他仍然活着，安居卫国。在刘宝楠看来，孔子对他的敬仰理所当然，他似乎觉得蘧伯玉比史鱼更可敬，因为史鱼是行直如矢，伯玉则守直道。

15.8 子曰：“可与言而不与之言，失人；不可与言而与之言，失言。知者不失人，亦不失言。”

The Master said, "Not to speak to a man who is capable of absorbing what you say is to let the man go to waste. To speak to a man who is incapable of absorbing what you say is to let your words go to waste. A person of wisdom does not let either men or words go to waste."

大多数学者在诠释这段话时会引汉代思想家徐幹的《中论》，文中写道："君子必贵其言。贵其言则尊其身，尊其身则重其道，重其道所以立其教。言费则身贱，身贱则道轻，道轻则教废。"但徐幹发现，"贵其言"还不够，因为在同别人交谈时，"使辞足以达其知虑之所至"很重要。如果过度，他会感到疑惑，进而怀疑你的动机。"明偏而示之以幽，弗能照也；听寡而告之以微，弗能察也。"徐幹觉得，这是孔子希望阐明的。但孔子意不止于此。他认为，遇到一个可以领会含义的人时，不能错过与之交谈的机会。此点对那些重视教导的人来说，显然有额外的意义。

15.9 子曰："志士仁人，无求生以害仁，有杀身以成仁。"

The Master said, "A man of high purpose and a man with deep humaneness would not seek to stay alive at the expense of humaneness. There are times when they would sacrifice their lives to have humaneness fulfilled."

多数学者不同意孔安国"志士仁人不爱其身也"的评注。钱穆说："苟知如何生，自知如何死。"而清代学者焦循指出，"成仁不必杀身，死不死之关乎仁不仁可互见矣"。在焦循看来，孟子在《孟子·告子上》中阐述了这一观点："生亦我所欲，所欲有甚于生者，故不为苟得也。死亦我所恶，所恶有甚于死者，故患有所不辟也。如使人之所欲莫甚于生，则凡可以得生者何不用也？使人之所恶莫甚于死者，则凡可以避患者何不为也？”孟子认为，在“舍身而不能取义”的情况下，应该选择生，而不是死。管仲的处境就是很好的例子。孔子在 14.17 中为管仲辩护，“岂若匹夫匹妇之为谅也，自经于沟渎而莫之知也”。若这样死，说明他不理解生。

15.10 子贡问为仁。子曰：“工欲善其事，必先利其器。居是邦也，事其大夫之贤者，友其士之仁者。”

Zigong asked about the practice of humaneness. The Master said, “Artisans who wish to excel at their craft must sharpen their tools. When you live in any given state, you should serve the worthiest among the counselors and befriend the most humane among the educated professionals.”

在 1.15 中，孔子再次和子贡探讨修养的话题。就像“工欲善其事，必先利其器”，想“为仁”的人必须亲近贤者和仁者，接受他们的熏陶，才能完善自己的品格。

15.11 颜渊问为邦。子曰：“行夏之时，乘殷之辂，服周之冕，乐则韶舞。放郑声，远佞人。郑声淫，佞人殆。”

Yan Yuan asked about how to govern a state. The Master said, “Follow the calendar of the Xia dynasty, ride in the carriages of the Shang, wear the ceremonial cap of the Zhou, and as for music, embrace the music of *shao* and *wu*. Ban the tunes of Zheng and keep at a distance from glib men. The tunes of Zheng are licentious. Glib men are dangerous."

这个问题已经多次出现，迄今为止，孔子呼吁君主和大臣正名修身。但在本章中，他谈论礼乐标准和历法的选择。这让学者相信，他想的是另一种问题，与制度的变化和政府的行为有关：到底应该遵循什么规则以及如何在变换的环境中调整作为真正君主的榜样。孔子没有提到如何根据变化来调整榜样，但他答颜回的话展露了他的思想。从他道出的喜好先后中，我们可以总结出他的选择的潜在原则。

首先是历法。这三种历法的区别在于指定哪个月份为王朝的初始月份，也就是一年中的"正月"：是像夏朝那样定冬至后的第二个新月，像商朝那样定冬至后的第一个新月，还是像周朝那样定冬至所在的阴历月。孔子认为夏历符合农耕时令，因此他说，国家应该选择夏历。其次是"辂"（车驾），周辂可以用玉、金、象牙和皮革作繁复的装饰，但最简单朴素的一种仅仅用木材制成，在座位上放置蒲席。这种木辂也是商天子所乘之车。由于孔子在礼仪内涵且涉及观瞻的事物上崇尚节俭，所以他主张这种辂。但典礼用的冠，他选择周朝的风格，因其优雅而不奢靡。这样的冠冕饰有冕旒珠帘，垂挂于前端，以防目光游离；两侧悬有丝带，防止耳朵被杂音干扰。孔子已经谈论过韶乐的辉煌：他听到后，"三月不知肉味"。孔子称韶乐和武乐"尽美"，但对郑乐的感受就不同。郑乐像是"佞人"的声音：郑乐纵欲，佞人危险，两者都有误导判断的作用。

15.12 子曰 :“人无远虑，必有近忧。”

The Master said, “A person who does not think ahead about the distant future is sure to be troubled by worries close at hand.”

对潜在的祸患不曾采取预防措施的人会发现，自己总是不得不在问题出现后解决——这是多数学者的理解。但钱穆认为，还有另一种诠释 :“故虑不在千里之外，则患常在几席之下矣。”

15.13 子曰 :“已矣乎！吾未见好德如好色者也。”

The Master said, “I should give up hope! I have never met a person who loved virtue as much as he loved physical beauty.”

这也是孔子在 9.18 中表达的意思，不过在本章中，他补充说，他将放弃寻找这样的人——“已矣乎”。可参考我在 9.18 的诠释。

15.14 子曰 :“臧文仲其窃位者与！知柳下惠之贤而不与立也。”

The Master said, “Zang Wenzhong betrayed the integrity of his office. He knew Liuxia Hui to be worthy, yet he did not recommend him for a position equal to his.”

孔子在 5.18 中说，比他早一百多年的臧文仲缺少智慧，因为他僭越礼制。本章中孔子又指责他“其窃位者与”，因为他故意不推举柳下惠，而荐举这样有才能的人为官本是他的责任。钱穆认为臧文仲与公叔文子形成鲜明对比，很有道理，正如我们在 14.18 中读到的，“公叔文子之臣大夫僎，与文子同升诸公”。

15.15 子曰：“躬自厚而薄责于人，则远怨矣。”

The Master said, “Be hard on yourself and be sparing when criticizing others—this way you will keep resentment at bay.”

汉代学者董仲舒写道：“以仁治人，义治我，‘躬自厚而薄责于外’，此之谓也。”他说：“且论己见之而人不察……故自称其恶谓之情，称人之恶谓之贼；求诸己谓之厚，求诸人谓之薄。……是故以自治之节治人，是居上不宽也。”对于求诸己和求诸人的区别，《吕氏春秋》也提出类似观点：“故君子责人则以人，自责则以义。责人以人则易足，易足则得人；自责以义则难为非，难为非则行饰。”

15.16 子曰：“不曰‘如之何，如之何’者，吾末如之何也已矣。”

The Master said, “I can never do anything for a man who has not been asking himself, ‘What should I do? What should I do?’”

孔子的这段评价进一步加强了他在 15.12 中的观点。两段话都强调，在问题出现之前先做准备。但本章中孔子似乎想说，如果一个人不反复思考最佳做法，就会陷入麻烦，没有人——就连孔子也是——可以帮助他。汉代学者董仲舒、宋代学者朱熹都持此种解释。

15.17 子曰："群居终日，言不及义，好行小慧，难矣哉！"

The Master said, "There is something hopeless about a group of men spending time together all day, not touching on the question of what is right in their conversations and wanting only to show off their cleverness."

不断问自己何为正道，会给自己很大的负担，因为人的处境有许多变化因素，很难知道何为正道。但据孔子和其追随者的观点，人就是这样学会少犯错并完善自我的品格。因此孔子无法理解为什么一群人整日聚在一起，却从没讨论过最该关心的话题。他认为，对此类话题的探讨有助于人们头脑清醒，但人们宁可讨论一些让他们展现小聪明，即"行小慧"之事。

15.18 子曰："君子义以为质，礼以行之，孙以出之，信以成之。君子哉！"

The Master said, "The gentleman makes rightness the substance. He works at it through ritual propriety; he expresses it with modesty; he brings it to completion by being trustworthy. Now that is a gentleman!"

本章的主题又是"直"。但孔子对此的表述仅仅是"质"，也就是君子的本质，包括礼仪、谦逊和诚信。这些都是君子追求的德行，也证明他与众不同。

15.19 子曰：“君子病无能焉，不病人之不己知也。”

The Master said, “The gentleman is worried about his own lack of ability and not about the fact that others do not appreciate him.”

这几乎是孔子在 14.30 中说的话的翻版。可以参考 1.1 和 14.24。

15.20 子曰：“君子疾没世而名不称焉。”

The Master said, “The gentleman is troubled to think that after he is gone from this world, his name will vanish unnoticed.”

把 15.19 和 15.20 放在一起读，可以更清晰地看到孔子在这个问题上的立场，也就是人是否应该有“名”。孔子会说，人活着时不应有，而死后当有。同代人对你的评价——即便是正面的——也没有太大意义（也许是孔子的经验之谈）。因为活着时有很多影响因素；但如果逝去后什么痕迹都不留就很可悲，这意味着你没有任何让后世铭记的事迹。因此，在“名”的问题上，孔子考虑了很多事情，选择信任历史做出的判断和经过时间淬炼的名声。中国史学家青睐他的观点。司马迁是第一个实践这一观点的，而且他更进一步，认为史学家的责任是避免有价值的人遭人遗忘。他写道：“子曰：‘弗乎弗乎，君子疾没世而名不称焉。吾道不行矣，吾何以自见于后世哉？’”在司马迁心中，孔子就是这样的君子。

15.21 子曰：“君子求诸己，小人求诸人。”

The Master said, “The gentleman makes demands on himself. The petty man makes demands on others.”

我的翻译和 Burton Watson 相仿，都是参考何晏的诠释。另一种翻译“The gentleman seeks it in himself; the petty man seeks it in others”，虽然逐字表意，但不够简洁，因为不能确定君子或小人寻求的“it”是指什么。“求”的含义则要明确一些，14.24 和 1.15 也可以印证。对自己有要求的人会把修养和自身完善作为一生的追求，不会苛责他人的错误；而对他人提出要求的人，则不愿改善自身，即便学习，也是为了名声或者加官进爵，这样的人不会承担自己的错误。宋代思想家杨时认为，将 15.21 和 15.19、15.20 结合起来理解很有必要，因为最终，孔子相信只要人尝试求诸己，就算他的名字和子孙后代一起湮灭，也不会丢失什么。

15.22 子曰：“君子矜而不争，群而不党。”

The Master said, “The gentleman is self-assured but not competitive. He likes to be in a group but does not form any clique.”

刘宝楠发现：“矜易于争，群易于党，故君子绝之。”明代思想家刘宗周说：“矜者，斩斩自持。不争，则非绝物矣。群者，油油与人。不党，则非徇物矣。此君子持世之准也。”

15.23 子曰：“君子不以言举人，不以人废言。”

The Master said, “The gentleman does not recommend a person based on what that person said, and he does not disregard what a person said because of what he knows about the person.”

《礼记》说，古时，若要荐举人做官，可以突出那人的德行、成就或者言谈。按照刘宝楠的理解，“盖先扬之，而后考其德事，乃进用之也”。

15.23 前半部分的意义和后半部分对仗平衡，孔子在后半部分表示，他愿意考虑言谈，所以他说，就算说话者的品德有问题，言谈也不应该被忽视。

15.24 子贡问曰：“有一言而可以终身行之者乎？”子曰：“其恕乎！己所不欲，勿施于人。”

Zigong asked, “Is there a single word that can serve as the guide to conduct throughout one’s life?”

The Master said, “It is perhaps the word *shu*.Do not impose on others what you yourself do not want [others to impose on you].”

4.15 中也有“恕”字。我在那里把“恕”译为“treating others with an awareness that they, too, are alive with humanity”，这和孔子在本章中对“恕”的阐释一致。学者们还认为，15.24 可以和 6.30 中有关“仁之方”的话一起理解。

15.25 子曰:“吾之于人也,谁毁谁誉?如有所誉者,其有所试矣。斯民也,三代之所以直道而行也。”

The Master said, “In my judgment of others, whom have I condemned, and whom have I praised? If there is someone I have praised, you can be sure that he has been put to the test. The common people today are like those [in the past] who kept the Three Dynasties on a straight path.”

此章在15.20对品格探讨的基础上更进一步。孔子信赖历史和普通人的判断,因为是平民让“三代”——夏、商、周——“直道而行”。钱穆说:“直道本于人心之大公。人心有大公,故我可以不加毁誉而直道自现。”在三代的历史上,“民之所毁誉,莫不有直道,如禹、汤、文、武、周公莫不誉,桀、纣、幽、厉莫不毁”。因此,在钱穆看来,这是孔子说“吾之于人也,谁毁谁誉?”的意思。

15.26 子曰:“吾犹及史之阙文也。有马者借人乘之,今亡矣夫!”

The Master said, “I am old enough to have seen scribes [史] leave a gap when they are unsure about a word and horse owners leave the driving to those with the right skills. Nowadays there are no such cases.”

孔子在本章中对“史”和“有马者”的评价,反衬了他对武断专横者的一贯态度——这些人妄称自己会一些实际上并不拥有的知识或技能。子路在13.3中就是这样,孔子严斥他说,“君子于其所不知，盖阙如也”。汉代史学家班固在《汉书·艺文志》这样解释：“古制，书必同文，不知则阙，问诸故老，至于衰世，是非无正，人用其私。”

15.27 子曰：“巧言乱德。小不忍则乱大谋。”

The Master said, “Clever words will upset [the idea of] virtue [德]. Impatience with small things will upset big plans.”

油嘴滑舌混淆是非的界限，所以会扰乱德。我对这句话的理解参考孔安国和朱熹的诠释。这些注疏还提到，“不忍”的意思是“对……没有耐心”。清代学者吴嘉宾注意到，先王的法则也可以归纳为“不忍”。但他说，他们没耐心的不是琐事，因为“惟仁者能爱人，能恶人”，所以先王不忍——无法忍受或目睹的——一定是人性的苦难。那么“小”不忍有什么例子呢？朱熹认为，可能是普通人一时之愤的勇气。

15.28 子曰：“众恶之，必察焉；众好之，必察焉。”

The Master said, “When a crowd of people dislikes a person, you must look into the matter closely yourself. When a crowd of people likes a person, you must look into the matter closely yourself.”

本章复述了 13.24，孔子在其中要求子贡，面对大众对一个人的品性评价时应保持谨慎。他说最好相信品德正直之人的判断，但他也认为，每个人都应该自己思考。

15.29 子曰："人能弘道，非道弘人。"

The Master said, "It is humans who can enlarge the Way [道]. The Way cannot enlarge humans."

"道"指的是道德之路，就像自然的生命之道，它是连贯的——永远可以尽己所能，从不辜负信任。孔子说，"道"属于所有人：它需要我们赋予正义和伟大。《中庸》记载，"苟不至德，至道不凝焉"。班固写道："夫周道衰于幽、厉，非道亡也，幽、厉不繇也。至于宣王，思昔先王之德，兴滞补弊，明文、武之功业，周道粲然复兴。"

15.30 子曰："过而不改，是谓过矣。"

The Master said, "To make a mistake and not to correct it—now that is called making a mistake."

孔子认为，人——包括他自己——犯错是正常的。他不会因此困扰。他认为，真正的错误是不纠正自己犯过的错。《韩诗外传》中韩婴引孔子的话说，"过而改之，是不过也"。孔子认为，在所有弟子中，只有颜回"不贰过"。

15.31 子曰："吾尝终日不食，终夜不寝，以思，无益，不如学也。"

The Master said, "Once I spent a whole day thinking, not bothering to eat, and a whole night thinking, not bothering to sleep, but I gained nothing from it. It would have been better if I'd spent the time learning something."

这段话说的是独自思考，没有参照和学习的支持——按照本章中的说法——可能会徒劳；按照孔子在 2.15 中所说，这很危险。

15.32 子曰："君子谋道不谋食。耕也，馁在其中矣；学也，禄在其中矣。君子忧道不忧贫。"

The Master said, "The gentleman makes plans to realize the Way; he does not make plans to secure food. If you decide to till the field [and plant crops], there still will be times when you will go hungry. If you decide to devote yourself to learning, there will be times when you may receive an official stipend [for putting your knowledge to work]. The gentleman worries about the Way. He does not worry about being poor."

孔子为当时的年轻人提出两种选择：致力于学习，或务农。学习是为"道"，务农是为获得餐食。他说，即使你选择务农，也会遇到三餐不继的时候；而如果你专注于学习，你也会遇到获得俸禄的机会，也就是生计——将所学用于政事。多数学者认为，孔子是在劝学。刘宝楠指出，尽管如此，春秋时期多数的士在政府任职的日子都过得很艰难：大多数人都有挨饿之忧，而他们认为务农可以自给自足。因此樊迟在 13.4 中问孔子，如何种蔬菜和谷物。就连那些避世以求自身无瑕的隐士——像 18.6 中长沮、桀溺那样的人——也必须耕作种植求生。

15.33 子曰："知及之，仁不能守之；虽得之，必失之。知及之，仁能守之，不庄以莅之，则民不敬。知及之，仁能守之，庄以莅之，动之不以礼，未善也。"

The Master said, "Your knowledge is sufficient [to govern the people], but if it is beyond the strength of your humaneness to guard it, you will lose it even though you have gotten it. Your knowledge is sufficient to govern the people and it is within the strength of your humaneness to guard it, but if you lack the dignity to rule over your subjects, then they will not respect you. Your knowledge is sufficient to govern the people and it is within the strength of your humaneness to guard it and you possess the dignity to rule over your subjects, but if you do not rally them into action in accordance the rites, it is still not good enough."

这段话用钱穆的话说，是讲"治民之道"。既然孔子是说话的人，"道"必然指的是以德治国之道。他分成四个步骤描述："知"是第一步；"仁"是付诸实行的中介，一定要有足够的"仁"来完成"知"的需求，否则"知"也会失去；具备"知"与"仁"的君主还必须临民以庄，才能获得臣民的尊重；最后，要民众付诸行动，须动之以礼。

15.34 子曰："君子不可小知而可大受也，小人不可大受而可小知也。"

The Master said, "The gentleman is not able to absorb trivial knowledge but is able to take on large responsibilities. The petty man is able to absorb trivial knowledge but is not able to take on large responsibilities."

另一种翻译是："You cannot appreciate a gentleman from what he does in trivial matters, but he is someone who is able to take on large responsibilities. A petty man is not able to take on large responsibilities, but you may be able to appreciate what he does in trivial matters." 这和朱熹的诠释一致，他说孔子这句话的要点是如何了解人，"此言观人之法"。我的翻译体现了汉魏时期更早的解读，也是刘宝楠偏重的诠释。他说，这一诠释和朱熹相比更直接，因为关注点没有从试图测度他人品德的观察者转移到被观察者身上。

15.35 子曰："民之于仁也，甚于水火。水火，吾见蹈而死者矣，未见蹈仁而死者也。"

The Master said, "The common people rely more on humaneness for living than on water and fire. I have known people who died from treading on water and fire. But I have never known anyone who died from treading on the path of humaneness."

人不能不依赖于水和火生存，但仁比水火更重要——这是孔子的第一个观点。然后他观察到，水火能杀人，仁的行为不会。大多数人同意孔子对水火的看法，但他对于仁的行为的言论容易遭到反驳，因为历史上不乏为了成仁而赴死的例子。多年以来，学者们为这个问题感到困扰，试图给出合理的诠释，但最行得通的说法是，那些为仁而死的人没有真正死去，尽管他们的肉身消殒，精神和心志依然长存。

15.36 子曰：“当仁不让于师。”

The Master said, “When encountering matters that involve the question of humaneness, do not yield even to your teacher.”

这段话的意思是，遇到和仁有关的问题，不能屈从任何人，无论是老师、父母还是上级，就连君主也不行。这句声明很危险，因为很多人会理解为，自己的意志就是最高的道德权威，但这不是孔子会赞同的立场。孔子对于按照内心处理道德问题很谨慎，因为心容易反应过度而推翻可靠的判断。这也是他在 12.6、7.11 和 17.8 中，分别给子张、子路的建议。不过，他仍然认为，在某些场合中人应该相信自己对仁的判断，从而有清醒的看法并采取正确的行动。这些场合是什么呢？汉代思想家董仲舒引春秋时期一段著名史事为例。早期文献记载，公元前 594 年，楚军围攻宋国都城，在将近九个月后，围城士兵早已筋疲力尽。物资快要耗尽时，楚王派遣主帅子反前往宋国都城，了解宋人是否还有守城的能力。这位主帅发现，宋人饥饿至极，已经“易子而食知，析骸而炊之”。这一见闻使他大为惊惧，于是他告诉宋国楚军的真实情况——他们的物资也快耗尽，已经准备放弃围城。多年以来，人们想知道，子反支持敌军是否背叛了君主的信任。董仲舒的回应是，主帅只是“不意之至于此也”。他说：“为仁者自然为美。今子反出己之心，矜宋之民，无计其间，故大之也。”

在董仲舒看来，这也是孔子说“当仁不让于师”的意思。

15.37 子曰：“君子贞而不谅。”

The Master said, “The gentleman is true [to what is right] but does not commit himself to the small idea of trust.”

大多数的疏解都是在分辨“贞”与“谅”。刘宝楠说：“君子以义制事，咸合正道，而不必为小信之行。”钱穆说：“贞者，存于己而不变。谅者，求信于人。”清代学者焦循以孔子的论断，来解释孟子所说“‘君子贞而不谅’，正恐其执一而蔽于贼也”。最后，孔子在 14.17 中说到“匹夫匹妇之为谅”，这种小信的忠诚也符合孔子在 13.20 说的“硁硁然小人哉”，因为他们“言必信，行必果”。

15.38 子曰：“事君，敬其事而后其食。”

The Master said, “In serving your lord, carry out your duties with respect before giving thought to a salary.”

钱穆说：“敬其事，先尽己之心力于所任之职。”《礼记》说，其意为“军旅不辟难，朝廷不辞贱”。假如你能如此对待责任，就不会在乎薪酬。

15.39 子曰：“有教无类。”

The Master said, “In educating others, [one should] let go all preconceptions of class and categories.”

大多数学者说，孔子说这话时想到了为师之道——在教学时，应该摒除所有阶级、财富和智力的差异，接受每一个有心向学的人。这也就是为什么把孔子的弟子归拢来看，他们像是一个大拼盘：富有的（冉求和子贡）和贫穷的（颜回和仲弓），贵族（孟懿子）和乡民（子路），机敏的（子张）和愚钝的（曾子）。由于孔子认为每个人都可以受教，有少数学者认为，这句话反映了孔子对人天性的理解。我认为，这只是附会，因为孔子无意提出有关人性的理论——他把这留给后世的追随者孟子和荀子——他没有明确谈论过人性话题，除了 17.2 中一段简短的评论：“性相近也，习相远也。”

15.40 子曰：“道不同，不相为谋。”

The Master said, “When your paths [道] are different, there is no point in seeking advice from one another.”

清代学者吴嘉宾说：“虽同于为善，而有不同，其是非得失皆自知之，不能相为谋也。”孟子对伯夷、伊尹和柳下惠的描述也阐明了这一观点。这三个人都追求善，但路径不同：伯夷追求完美，会不惜一切代价保全自身；伊尹有很强烈的责任感，他觉得若有任何匹夫匹妇“不与被尧舜之泽”，都是他的过错；柳下惠“不怨”，无论身在怎样的处境中，他都可以影响别人，使之慷慨忍让。但刘宝楠发现，在注疏的最后，“后世儒者举一废百，始有异同之见，而自以为是，互相攻击，既非圣人覆焘持载之量，亦大昧乎‘不相为谋’之旨。”

15.41 子曰："辞达而已矣。"

The Master said, "Get your point across, and that would be enough."

在演讲或论证时，只要能清楚阐述自己的观点，就足够了，没必要过分修饰。《仪礼》也给受命出使的人相似的建议："辞多则史，少则不达。辞苟足以达，义之至也。"

15.42 师冕见，及阶，子曰："阶也。"及席，子曰："席也。"皆坐，子告之曰："某在斯，某在斯。"师冕出。子张问曰："与师言之道与？"子曰："然。固相师之道也。"

The Master Musician Mian came to call. As he approached the steps, the Master said, "Here are the steps." As they reached the seating mats, the Master said, "Here are the mats." When everyone was seated, the Master told him, "So-and-so is over here. So-and-so is over there."

After the Master Musician Mian had gone, Zizhang asked, "Is this the way to talk to a music teacher [师]?" Confucius replied, "Yes, this is the way to assist a music teacher."

刘宝楠在注疏中特别强调最后一句，"固相师之道也"。古代中国早期的宫廷乐师是盲人，因为当时认为没有视力的人听觉更灵敏，可以更仔细地辨识声响和音乐中的微小差异。如 15.40 所说，有德行的生活之"道"有许多种，而协助乐师的方法较为特殊，孔子亲身示范：

他引导乐师冕走下台阶，来到座位上，向他介绍列席宾客。学者们喜欢突出孔子的慷慨和善意，使这一章给人尤为深刻的印象。但孔子的慷慨善意并非源自同情，而是出于尊敬——孔子对于乐师的尊敬。

季氏第十六

卷十六不太寻常——一些学者提出这一观点——因为孔子不再被称为夫子，整卷都采用正式称呼“孔子”，说话的方式也不像我们之前熟悉的那样。也有人说，不是他说话的方式，而是他表达观点的方式发生了变化。在不少章节中，他自然的自我表达变成了一串是与非的行为准则，而他对人品的阐述也被分拆解为几类。这样的思路和战国时期思想家如出一辙，由于《论语》文本数经修编，所以本卷中的内容有可能是后来增补的。

16. 1 季氏将伐颛臾。冉有、季路见于孔子曰：“季氏将有事于颛臾。”孔子曰：“求！无乃尔是过与？夫颛臾，昔者先王以为东蒙主，且在邦域之中矣，是社稷之臣也。何以伐为？”冉有曰：“夫子欲之，吾二臣者皆不欲也。”孔子曰：“求！周任有言曰：‘陈力就列，不能者止。’危而不持，颠而不扶，则将焉用彼相矣？且尔言过矣。虎兕出于柙，龟玉毁于椟中，是谁之过与？”冉有曰：“今夫颛臾固而近于费。今不取，后世必为子孙忧。”孔子曰：“求！君子疾夫舍曰欲之而必为之辞。丘也闻有国有家者，不患寡而患不均，不患贫而患不安。盖均无贫，和无寡，安无倾。夫如是，故远人不服，则修文德以来之。既来之，则安之。今由与求也，相夫子，远人不服，而不能来也；邦分崩离析，而不能守也。而谋动干戈于邦内。吾恐季孙之忧，不在颛臾，而在萧墙之内也。"

The Jisun family was about to send an army to attack Zhuanyu. Ran Qiu and Zilu came to see Master Kong [Confucius], and they told him, "The Jisun family is going to take action against Zhuanyu."

Confucius said, "Qiu, [should this happen,] is it not your fault? A former king in the past gave the rulers of Zhuanyu the responsibility of sacrificing to Mount Dongmeng. Moreover, Zhuanyu lies within the boundaries of the territory that was enfeoffed to Lu, and her ruler is a subject of our altars of soil and grain. So what reason could there be to attack Zhuanyu?"

Ran Qiu replied, "This is what our lord wished, not what the two of us wanted."

Confucius said, "Qiu, [the historian] Zhou Ren said: 'Assess your ability and see if you are able to take on the responsibilities of your position. If you are not able, then you should resign. What use would an assistant be [to a blind person] if he did not give him support when the man tottered and did not hold him up when he fell?' Besides, what you've said is wrong. Whose fault is it when the tiger or the rhinoceros escapes from his cage, when the tortoise shell or the jade is smashed in its coffer?"

Ran Qiu said, "But Zhuanyu is well fortified, and it is

situated near the Jisun family's stronghold, Bi. If the Jisuns do not take Zhuanyu now, then it will be a source of worries for their descendants later on."

Confucius said, "The gentleman despises those who do not come out and say what they want but instead find some other way to make the same pitch. I have heard that the head of a state and the head of a hereditary family should not worry about poverty but should worry about inequity in the distribution of wealth. They should not worry about a lack of population but should worry about discontentment and unrest. When there is equity in the distribution of wealth, there will not be poverty. When there is concordance [in a society], there will not be a lack of population. When people are content, there will not be any threat of [the state or the family] being toppled. This being the case, when people from a distance are unwilling to yield to your influence and rule, improve your ways and cultivate your virtue in order to attract them. Once they are attracted to you, see to it that they are content. Now the two of you are meant to be assistants to your lord. Yet when people from a distance are unwilling to yield to his influence and rule, you are unable to help him attract them, and when the state is falling apart and is on the verge of collapse, you are unable to help him ensure its survival. Instead, you work with him on getting his men armed [and ready to attack those who live] within the state. I fear that the worries of the Jisun family do not lie in Zhuanyu but lie within the walls of their own home."

这是《论语》中最长的一章，记录了孔子和冉有一段连续的对话。很难断定这段记载的历史真实性。《左传》未提及颛臾和季孙氏之间的冲突，但记载了公元前639年间，颛臾首领和其他三个小国首领“实司大皞与有济之祀”一事。因此，关于颛臾的祭祀之责，这段记载和《论语》有出入——其首领是向东蒙山祭祀，还是向大皞和济河祭祀。大多数传统注疏都采用孔安国对颛臾历史的阐释。根据这位汉代学者的说法，颛臾头领姓氏为“风”，是发明了火和文字的伏羲的后代；颛臾是鲁国的附庸国，臣属于鲁，自周朝初期开始，颛臾的首领就有向东蒙山献祭的特权。此山坐落于鲁国东部，也就是今山东省的沂州。

这段对话的主旨和孔子在3.6、11.17中和冉有探讨的内容一样，依然是关于辅政者的责任。冉有试图把攻击颛臾的责任推给任用他的季孙氏，孔子反驳他说，如果你无法带他走上正道，你就应该退职。而当冉有试图为自己的主子辩护时，孔子愈发生气，说：“君子疾夫舍曰欲之而必为之辞。”——君子最痛恨那些不肯照实说出心中所欲而另造一套说辞的人。但他也给了冉有建议：让你的君主解决财富分配的极端不均，以及民众对国家的不满之情；让他修养品格，在处理附庸国的问题时，不要诉诸武力。宋代学者喜欢夸大孔子在鲁国的政治影响，他们说，孔子通过冉有“谏止”季孙氏，使其放弃讨伐颛臾，是这段冲突在早期史书中没有记载的原因。这种说法缺乏证据，看来只是想当然耳。

16. 2 孔子曰：“天下有道，则礼乐征伐自天子出；天下无道，则礼乐征伐自诸侯出。自诸侯出，盖十世希不失矣；自大夫出，五世希不失矣；陪臣执国命，三世希不失矣。天下有道，则政不在大夫。天下有道，则庶人不议。”

Confucius said, “When the moral way prevails in the world, it is the Son of Heaven who orchestrates rites and music, and punitive expeditions. When the moral way does not prevail in the world, it is the regional rulers who orchestrate rites and music, and punitive expeditions. When the regional rulers are in charge, it is unlikely for them to hold on to their authority for more than ten generations. When the hereditary counselors are in charge, it is unlikely for them to hold on to their authority for more than five generations. When the family retainers are in charge, it is unlikely for them to hold on to their authority for more than three generations. When the moral way prevails in the world, affairs of government do not rest with the hereditary counselors. When the moral way prevails in the world, the common people do not find themselves joining in the discussion and the planning [of their government's policies].”

大多数学者认为，孔子这句话是对春秋历史的简要概括。这段历史始于周天子平王当政时期，西周遭遇了一次重大挫败，留下后患，此后他在诸侯的帮助下迁都东周，并将大部分权力分给他们。这在孔子看来，标志着政治权力开始由诸侯把控，而后转由贵族大夫和世家大臣把控——这一变化就是他所说的无道，因为周天子不再掌管礼乐刑罚。大多数注疏对此没有过多着墨。这些注疏都对孔子所说的政治人物执政时间长度更感兴趣。汉代的孔安国和马融、清代的刘逢禄和冯李骅等学者都分别列出了十代诸侯，然后是五代大夫，最后是三代陪臣。其中一些仅仅关注鲁国，另一些则纳入了其他各诸侯国的历史。孔子在结尾所说的话也引起了学者的注意。他们想问，孔子说的“天下有道”时，“则庶人不议”的政策，究竟作何解？有一位学者这样理解：“国有大命，而有正卿，童子言焉，将为戮矣。”

16. 3 孔子曰：“禄之去公室五世矣，政逮于大夫四世矣，故夫三桓之子孙微矣。”

Confucius said, “It has been five generations since the ducal house lost the authority to determine ranks and salaries at court. It has been four generations since the [鲁] government has been under the control of the hereditary counselors. This is the reason why the descendents of the Three Families are on the decline.”

大夫东门襄仲杀害了鲁文公正妻姜氏所生的嫡长子，转以侧妃之子作为继位者，此后“鲁君于是乎失国政”。《左传》说，这标志着以季孙氏为代表的贵族世家走上台前。孔子提到的“五世”公室指的是宣、成、襄、昭、定五代君主，而“四世”大夫是季孙氏的四位宗主，文子、武子、悼子和平子。由于孔子已经在16.2中表示大夫掌权不会超过五世，他认为有理由说“故夫三桓之子孙微矣”。而他们也确实在走下坡路，其家臣阳货和公山弗扰变得越来越放肆和违逆，一派君主的样子。

16. 4 孔子曰：“益者三友，损者三友。友直，友谅，友多闻，益矣。

友便辟，友善柔，友便佞，损矣。”

Confucius said, “There are three types of friendship that can benefit you and three types of friendship that can harm you. It would be to your benefit to be friends with those who are upright, those whom you can trust, and those of broad learning. It would do you harm to be friends with those with practiced manners, an affected sweetness, a glib tongue.”

两种朋友的区别很清楚：真假之别。真正的朋友正直，对你犯的错误会直言相告。你可以从他的直言中受益；可以相信他的话是为你好，也可以从他渊博的知识中学到东西。你应该远离的是假装聪明的人。因为他想要从你那里获得好处，他尽量不冒犯你——这也解释了他的“便辟”和“善柔”——但一旦他得利，就会用巧言迷惑你。

16. 5 孔子曰：“益者三乐，损者三乐。乐节礼乐，乐道人之善，乐多贤友，益矣。乐骄乐，乐佚游，乐宴乐，损矣。”

Confucius said, “There are three kinds of pleasure that can benefit you and three kinds of pleasure that can harm you. The pleasure of hitting the right measure in your practice of rites and music, of celebrating the goodness of others, of having many worthy friends—all this will benefit you. The pleasure of being self-important, of being a slacker and a loafer, of drinking and feasting to excess—all this will do you harm.”

寻求愉悦是人的天性，但只有实际行为的周正才能带来长久的愉悦，也只有这种愉悦可能会让我们转变。我相信，这是孔子对礼乐的看法。此外他还谈论了“道人之善”和“多贤友”的愉悦。这样的贤友拥有 16.4 中提到的特质，由此而生的愉悦来自更为温暖之处——发乎内心。

16. 6 孔子曰：“侍于君子有三愆：言未及之而言谓之躁，言及之而不言谓之隐，未见颜色而言谓之瞽。”

Confucius said, “There are three kinds of mistake a person is likely to commit when attending a gentleman. To speak when it is not one’s turn to speak is being impetuous. Not to speak when it is one’s turn to speak is being evasive. To speak without taking notice of the other person’s expression is being blind.”

荀子在《劝学》一文中引本章：“故君子不傲、不隐、不瞽，谨顺其身。”钱穆认为，人说话时容易犯的错误通常出于缺少敬意，但如果能够亲近君子——不躁、不隐、不瞽的人——“则己之德慧日长矣”。

16. 7 孔子曰：“君子有三戒：少之时，血气未定，戒之在色；及其壮也，血气方刚，戒之在斗；及其老也，血气既衰，戒之在得。”

Confucius said, “The gentleman guards himself against three

things. When he is young and his blood-and-vital force is still unsettled, he guards himself against sensuous temptations. When he is in his prime and his blood-and-vital force is vigorous and unyielding, he guards himself against being combative. After his blood-and-vital force has declined, he guards himself from being grasping."

"血气"直到战国时期才成为学者探讨的话题。因此可以确定，说这段话的不是孔子本人。他的后世弟子孟子和荀子则在百年之间就处理人的自然身体与感官带来的问题争论不休。孟子说，"夫志，气之帅也"，人应该用适当的心力养气，"心勿忘，勿助长也"。荀子的思考更加深入。事实上，荀子道德学说的动力就是了解天性中不稳定的元素。荀子希望对人类痴恋美物、美人、有好胜心、求真、追求享乐和贪欲找到道德上合理的解决方案。

16. 8 孔子曰："君子有三畏：畏天命，畏大人，畏圣人之言。小人不知天命而不畏也，狎大人，侮圣人之言。"

Confucius said, "The gentleman stands in awe of three things. He is in awe of Heaven's mandate, of great men, and of the words of sages. The petty man is unaware of the presence of Heaven's mandate; he belittles great men; and he regards the words of sages with mockery."

很难按照周朝的概念来解释"天命"。这一理念有许多种阐述，包括孔子的学说、战国时期思想家孟子、荀子、墨子、庄子、《老子》的作者和其他许多学者，每一个人对其和人类存在、人类意志的关联都有自己的看法。“天命”在儒家经典中仅指人在尽己所能之后的事。之后无论发生什么，都不会有怨尤，因为已经知道这是命运之路，非人力所能及。因此，孔子说，君子畏——且永远畏——人事之外的一切。小人则对天命无所知，按何晏的说法，这是因为对小人来说，天命“恢疏”。这样的人无法清醒认识天命，也不畏其力量。小人对待圣人和圣人言也是如此。“直而不肆，故狎之”，何晏这样诠释，“不可小知，故侮之”。

16. 9 孔子曰：“生而知之者，上也；学而知之者，次也；困而学之，又其次也；困而不学，民斯为下矣。”

Confucius said, “Those who are born with knowledge are at the top. Next are those who acquire knowledge through learning. Behind them are those who have difficulties [absorbing knowledge] but are still determined to learn. And at the bottom are people who have difficulties [absorbing knowledge] and do not even attempt to learn.”

尽管孔子知道，人的天生智力各不相同，他仍然坚持这一基本观点，即努力才是最后的关键：只要持之以恒地求学，每个人都可以拥有知识。

16. 10 孔子曰："君子有九思：视思明，听思聪，色思温，貌思恭，言思忠，事思敬，疑思问，忿思难，见得思义。"

Confucius said, "There are nine things the gentleman gives thought to: he aims to be clear in vision, keen in hearing, amicable in his expression, courteous in his manners, conscientious in carrying out his words, and respectful in attending to his responsibilities; and when he is in doubt, he asks questions; when he is angry, he reflects on the unwanted consequences this could cause; when he sees a chance for gain, he asks whether it is right."

通过思考，人会留意自己进行的事情，因而更有可能成功——这是孙奇逢对本章的诠释，他引孟子的话说，"思则得之，不思则不得也"。但更有意思也更令人惊讶的是君子"思"的一系列事物，不仅包括感知和举止，还包括疑惑和愤怒以及"见得"的时候。对于君子在这些情境下思考的内容，孔子说的话很有启示。

16. 11 孔子曰："'见善如不及，见不善如探汤。'吾见其人矣，吾闻其语矣。'隐居以求其志，行义以达其道。'吾闻其语矣，未见其人也。"

Confucius said, "'Seeing goodness, he acts as if [it is running ahead of him and] he is not able to catch up. Seeing what is not good, he acts as if he is recoiling from the touch of hot water.' I have known people like this, and I have heard such an expression. 'He lives in reclusion in order to pursue his purpose. He practices what is right in order to attain the moral way.' I have heard such an expression but have not yet known someone like this."

颜回谈到自己求善时和本章第一句话一样急迫——他在9.11中说:"仰之弥高,钻之弥坚;瞻之在前,忽焉在后。"因此,孔子在说"见其人"的时候,可能想到了颜回。钱穆认为,孔子对第二句话的评价也是在说颜回。因为颜回早逝,无法充分实践所学,所以孔子认为"见其隐,未见其用",在孔子看来,如果连颜回也不能实现道,那就无人可及了。

16. 12 齐景公有马千驷,死之日,民无德而称焉。伯夷、叔齐饿于首阳之下,民到于今称之。其斯之谓与?

Duke Jing of Qi had four thousand horses. On the day he died, people could not find anything praiseworthy to say about him. Bo Yi and Shu Qi died of hunger at the foot of Mount Shouyang. Up to this day people still sing praise of them. This is what it means.

对于这段记载的推测很多,有两个原因:没有说话者,以及,这段话最后看起来像是在比较齐景公和伯夷叔齐两兄弟,意在说明一些道理,但没有对象。一些学者说,16.12是16.11中孔子与对谈者讨论的延续,部分仍是在谈伯夷和叔齐,他们隐居修德,但没有机会实践德行。如果接受这一理论,那么要如何理解对齐景公的评价呢?宋代学者程颐提出另一种解读:他说,12.10中引自《诗经》第188篇《小雅·我行其野》的两句诗,应作为这一章的开头;这样,两个例子就可以阐述为何人们的称赞"诚不以富,亦只以异"。我在

12.10 的诠释中，已经表达了对这一诠释的疑虑。

16. 13 陈亢问于伯鱼曰:“子亦有异闻乎? ”对曰:“未也。尝独立，鲤趋而过庭。曰:‘学《诗》乎? ’对曰:‘未也。’‘不学《诗》，无以言。’鲤退而学《诗》。他日，又独立，鲤趋而过庭。曰:‘学礼乎? ’对曰:‘未也。’‘不学礼，无以立。’鲤退而学礼。闻斯二者。”陈亢退而喜曰:“问一得三，闻《诗》闻礼，又闻君子之远其子也。”

Chen Kang [Ziqin] asked [Confucius' son,] Boyu, "Have you been taught anything special?"

Boyu responded, "I have not. One day my father was standing there by himself, and as I crossed the courtyard with quickened steps, he said, 'Have you learned the *Odes* ?' I answered, 'Not yet.' He said, 'Unless you learn the *Odes* , you won't be able to speak.' I then went back and learned the *Odes* . Another day, he was again standing there by himself, and as I crossed the courtyard with quickened steps, he said, 'Have you learned the rites?' I answered, 'Not yet.' He said, 'Unless you learn the rites, you won't be able to find your balance.' I then went back and learned the rites. I have been taught these two things."

Delighted by what he heard, Chen Kang said, "I asked one question and learned three things. I learned about the *Odes* ; I learned about the rites; and I learned that the gentleman maintains some distance from his son."

不论是对自己的儿子还是他人的儿子，孔子教法是相同的：学《诗》、学礼，以导正言行。这是他儿子伯鱼所透露的。当然，这意味着伯鱼并未从他父亲那得到特殊照顾，孔子也不相信有什么秘法来灌输教育。

宋代学者司马光对礼很有研究，刘宝楠引他的话说，“远者，非疏远之谓也，谓其进见有时，接遇有礼”。这句话的意思是他会一直保持“父子之礼”，不会和儿子过分亲近。刘宝楠还说，根据早期的礼仪规范，同为统治精英的父子分居不同处所，以避免偏好的嫌疑。这也说明为何伯鱼遇到父亲时“趋而过庭”。即便是在难得见到父亲时，儿子也会加快脚步，“所以为敬也”。

16. 14 邦君之妻，君称之曰夫人，夫人自称曰小童，邦人称之曰君夫人，称诸异邦曰寡小君，异邦人称之亦曰君夫人。

The ruler of a state refers to his wife as “lady,” and she refers to herself as “little child.” The people of the state refer to her as “the lady of the lord,” but when they are abroad, they refer to her as “our humble little lord,” while the people of other states also refer to her as “the lady of the lord.”

本章和 16.12 一样，也不寻常，因此民国学者梁启超总结说，本章出自和礼相关的文献，但不知为何收入《论语》这一卷中。另一些学者认为，完全有理由相信说话的人是孔子。他们说，孔子谈的是基于说话人和君主夫人的不同关系，应如何恰当地称呼她。

阳货第十七

17. 1 阳货欲见孔子，孔子不见，归孔子豚。孔子时其亡也，而往拜之，遇诸涂。谓孔子曰："来！予与尔言。"曰："怀其宝而迷其邦，可谓仁乎？"曰："不可。""好从事而亟失时，可谓知乎？"曰："不可。""日月逝矣，岁不我与。"孔子曰："诺。吾将仕矣。"

Yang Huo [Yang Hu] wished to see Confucius, but Confucius did not want to see him. He, therefore, sent Confucius a piglet as a present [so that Confucius would be forced to go to his house to thank him]. Confucius waited until Yang Huo was not at home to pay his respects, but on the way back he bumped into this man. Addressing Confucius, Yang Huo said, "Come here! I want to talk to you." He continued, "Would you call a man humane if he clutches a cherished jewel in his bosom while letting the country go lost and adrift? I would say not. Would you call a man wise if he is eager to take part in government while letting opportunity slip by again and again? I would say not. Days and months are rushing forward. Time is not on our side."

Confucius said, "Right. I shall take up office."

阳货是春秋晚期的一匹黑马，他的野心没有止境，姿态张扬跋扈。在公元前 507 到前 502 年间，虽然他只是季孙氏家臣，却把持鲁国朝政。权力达到顶峰时，他冒着极大风险企图除去主公，也就是季孙氏宗主，但计划没能成功：另一贵族世家前来援救季孙氏，在鲁国国都打败阳货的军队。《左传》记载，战事结束后，阳货"说甲如公宫，取宝玉大弓以出"，尔后他回家"寝而为食"。这是阳货在鲁国政治生涯的终章，但这并没有阻止他继续在别处寻找机会。孔子与阳货的会面一定发生在公元前 502 年之前，当时阳货准备对鲁国统治精英发起总攻。因此，由此人教训孔子没有施展才能——"其宝"，来安邦定国，显得十分奇怪。孔子肯定也意识到了此人言不由衷，因为阳货只在乎自己的利益。他呼吁孔子为国效力，其实是欲孔子为他效力。因此，孔子一直回避他，直到两人碰巧遇见。即使在那时——阳货想要说服孔子加入——他也表现得像在霸凌，不过最后，他只能从孔子那里得到含混的答复。

17. 2 子曰："性相近也，习相远也。"

The Master said, "People are similar by nature; they become distinct through practice."

孔子这段话是否是孟子"行善"论的先驱，注疏中对此有许多讨论。我以为，钱穆的评论最为简明，他的评论也反映了早先学者相当精敏的发现。钱穆相信，孔子不愿谈论人性——正如子贡在5.13中所说，因此，本章中孔子的言论并非关于“性”，而是“习”。钱穆说，孔子说人的“性”相近是“勉人为学”，因为通过学习和练习——技能、智力、理解和想法就会显出差异。钱穆认为，孔子和孟子不同，孟子“就人与禽兽言之”，因此其理论认为人较为高等，因为人天性是善的；而孔子的关注点是“就人与人言之”。

17. 3 子曰：“唯上知与下愚不移。”

The Master said, “Only the most intelligent and the most stupid are not inclined to change.”

许多学者建议把17.3和17.2放在一起阅读。孔子在本章中似乎想对之前的话稍加修正，他说多数人——并非全部，也非最聪慧的或最愚笨的那些——都有可塑的天性，因此花功夫打磨天性并使之更有道德价值很重要。刘宝楠觉得，将“下愚”理解为天性可鄙的人是错误的，汉代和唐代的一些学者也这样认为。刘宝楠同意清代学者戴震的观点。戴震说，“生而下愚，其人难与言礼义，由自绝于学，是以‘不移’”。但戴震还认为，这样的人有可能遇见良师益友——可以启发他学习、帮助他脱离旧习的人。他写道：“故曰‘不移’，不曰‘不可移’。”

17. 4 子之武城，闻弦歌之声。夫子莞尔而笑，曰：“割鸡焉用牛刀？”子游对曰：“昔者偃也闻诸夫子曰：‘君子学道则爱人，小人学道则易使也。’”子曰：“二三子！偃之言是也。前言戏之耳。”

The Master went to Wucheng. While there, he heard the playing of stringed instruments together with the sound of singing. He smiled and said, “Why use an ox knife to kill a chicken?”

Ziyou replied, “In the past, Master, I have heard you say, ‘A gentleman, having been instructed in the moral way, will know to love others. The common people, having been instructed in the moral way, will be easy to govern.’”

The Master said, “My young friends, what Yan just said is right. What I said earlier was meant to be a joke.”

中国人常用“杀鸡焉用牛刀”来描述英文中“much ado about nothing”的某些努力。但我们要如何理解这段对话的情境呢？是什么引发了这个玩笑？“牛刀”的意思是什么？子游想杀的鸡又是什么？何以孔子为玩笑话向子游道歉？我们知道，子游是鲁国一个小邑武城之宰。孔子听到那里有音乐和歌声时，意识到子游通过教武城人演奏弦乐、歌颂诗句，对他们进行教化。孔子认为，多数身居此位的人都不会这样做。所以孔子微笑了，以杀鸡用牛刀作比。子游表示反对。他引述孔子在另一场合讲过的话，他说，“道”的教导——此处意指音乐——可以让统治精英更有关怀，让平民百姓更友善从而易于管理。孔子察觉到子游并不觉得这是玩笑，便赞同他：“前言戏之耳。”

17. 5 公山弗扰以费畔，召，子欲往。子路不说，曰:“末之也已，何必公山氏之之也？”子曰：“夫召我者，而岂徒哉？如有用我者，吾其为东周乎？”

GongshanFurao was about to stage a rebellion, using Bi as his base. He summoned the Master, and the Master wanted to go. Zilu was not happy about it, and he said, “We may be at the end of our road, but why must we go to Gongshan?”

The Master said, “This man must have had some purpose in mind when he summoned me. If he can put me to use, can I not, perhaps, create a Zhou dynasty in the east?”

公山弗扰，即《左传》记载的公山不狃，是阳货的门徒。公元前 502 年阳货企图推翻三桓失败后，公山弗扰继承了阳货季孙氏家臣的位置。没多久，他的野心也昭然若揭。《论语》明确写道，他据邑以叛。公山弗扰和阳货一样寻求孔子帮助。但这一回，孔子没有像对阳货那样，给出一个模糊的回答，他认真考虑了提议。子路不禁问道：我们已经穷途末路了吗？孔子回应，他认为公山弗扰有更大的目标，超乎他的自身利益。孔子想，如果这样的人任用自己，他难道不会实现更宏大的事业吗？他心中的目标是在位于东部的鲁国实现西周的风采，就像周朝开国者文王、武王和周公构想的那样。历史证明，孔子最后决定不加入公山弗扰的阵营。他很快就被任命为鲁国大司寇，而公山弗扰终于在公元前 498 年起兵造反。此时孔子为另一边效忠：他当时的责任是平息叛乱，维护鲁国的秩序。

17.6 子张问仁于孔子。孔子曰："能行五者于天下，为仁矣。""请问之。"曰："恭、宽、信、敏、惠。恭则不侮，宽则得众，信则人任焉，敏则有功，惠则足以使人。"

Zizhang asked Confucius about humaneness. Confucius said, "To be humane is to be able to realize five things when dealing with the world."

"May I ask what are these five?"

"Being respectful, large-minded, trustworthy, quick in response, and generous. If you are respectful, you will not be met with insult. If you are large-minded, you will win the hearts of the people. If you are trustworthy, people will have confidence in you. If you are quick in response, you will get things done. If you are generous to others, this will be enough [storing up of kindly feelings] to ask them to do things for you."

由于对话的一方子张热衷于从仕，许多学者认为他问"仁"时，指的一定是"仁政"。孔子的回答似乎证实了这一观点。他提到的"五者"也阐释了所有关于"仁"的学说中的一个基本点，即仁是互相的。这使得他在 6.30 里说的话更有分量："夫仁者，己欲立而立人，己欲达而达人。"

17.7 佛肸召，子欲往。子路曰："昔者由也闻诸夫子曰：'亲于其身为不善者，君子不入也。'佛肸以中牟畔，子之往也，如之何！"子曰："然。有是言也。不曰坚乎，磨而不磷；不曰白乎，涅而不缁。吾岂匏瓜也哉？焉能系而不食？”

Bi Xi summoned the Master, and the Master wanted to go. Zilu said, “In the past, I have heard you say, ‘A gentleman will not enter the domain of someone who has acted, in person, like a reprobate.’ Now Bi Xi is about to use the district of ZhongMou to stage a rebellion, and you are thinking of joining him. How would you explain this?”

The Master replied, “Yes, I have said that. But have I not also said, ‘Some things are so hard that no amount of grinding could wear them thin, and some things are so white that no dye could color them black’? Moreover, how can I be like a bitter gourd that hangs from the end of a string and can not be eaten?”

佛肸是晋国大夫赵简子的家臣。我们无法确定佛肸为何谋反赵简子，但据《左传》记载，赵简子和晋国另一家族范氏互相敌对，并和卫国在领土问题上纠纷不断。这使得范氏和卫国后来结为同盟。《左传》中写道，公元前490年，“赵鞅伐卫，范氏之故也，遂围中牟”。书中更早的记载表明，中牟曾经是晋国的辖地，由赵氏把控。这说明，出于某些原因，赵氏被迫放弃中牟，到公元前490年，赵氏企图拿回此地。清代学者江永诠释说，让赵氏失去中牟的事件可能是佛肸挑起的叛乱。事实果如此，那么佛肸一定与范氏勾结，尽管他是赵简子的家臣。孔子某种程度上也被卷入这场政治角力中，因为那段时期他旅居卫国。

佛肸的邀请，是孔子第三次受到意欲策反的家臣招揽。这不免让人疑惑，孔子在那个时代的名声以及他对外的表现究竟如何，以至于公山弗扰和佛肸这样的人认为他会接受任命。孔子在这里告诉我们他的内心。他说，他不能让自己的天资像苦葫芦的瓢一样被掏空丢弃；他无法想象自己像悬空倒系的空壳一样。由于这是他选择的生活方式，他愿意和各色人共事，即便是那些行为可疑的人。他有信心，无论是怎样的磨难和污浊，都不会玷污他的原则、有损他的品格。

17.8 子曰："由也，女闻六言六蔽矣乎？" 对曰："未也。""居！吾语女。好仁不好学，其蔽也愚；好知不好学，其蔽也荡；好信不好学，其蔽也贼；好直不好学，其蔽也绞；好勇不好学，其蔽也乱；好刚不好学，其蔽也狂。"

The Master said, "You, have you heard about the six words [referring to the six noble tendencies] and the six problems as a result of letting [these noble tendencies] get stuck in a state of benightedness [liubi]?"

Zilu replied, "No, I have not."

"Sit down, and I will tell you. To love humaneness without a love for learning leads to foolishness. To love the quickness of intelligence without a love for learning leads to an unmoored life. To love trustworthiness without a love for learning leads to harm [done to others and to oneself]. To love forthrightness without a love for learning leads to derisiveness. To love courage without a love for learning leads to unruliness. To love unwavering strength without a love for learning leads to wild behavior [that could be offensive to others]."

刘宝楠建议用荀子《解蔽》来理解孔子所说的"六言六蔽"。这些问题都与不好学有关。不学习，这些品性就会倾向黑暗面；没有光明和引导，会产生与本能达成的事物相反的结果。孔子在8.2、17.23和17.24中用稍有不同的方式表达过同一理念。

17.9 子曰："小子何莫学夫诗？诗，可以兴，可以观，可以群，可以怨。迩之事父，远之事君。多识于鸟兽草木之名。"

The Master said, "My young friends, why is it that none of you learn the *Odes*? The Odes can give the spirit an exhortation [兴], the mind keener eyes [观]. They can make us better adjusted in a group [群] and more articulate when voicing a complaint [怨]. They teach you [the humane and the right way] to serve those who are as close to you as your parents and as distant from you as your ruler. They also let you become familiar with the names of birds and beasts, plants and trees."

在1.15、2.2、3.8、3.20、8.8、16.13等篇章中，孔子已经表达过对《诗经》的热爱，以及诗对道德和审美感受的完善作用。本章，孔子用四个字"兴""观""群""怨"来总结《诗经》移风易俗的力量，无论关系是远是近，都可以影响自身以及自身与世界的关系。孔子发现，随着我们学习鸟兽草木的名字，诗还能带我们亲近自然。

清代学者焦循在《毛诗补疏》的序言中指出，学诗和学是非有区别。他解释道，“不质直言之而比兴言之，不言理而言情，不务胜人而务感人”。诗的声音“温柔敦厚”，焦循写道，不像自以为是的人，轻易使“听者厌倦”，这样的人如果对君主说话，会“害及其身”。

17. 10 子谓伯鱼曰：“女为《周南》、《召南》矣乎？人而不为《周南》、《召南》，其犹正墙面而立也与？”

The Master said to Boyu, “Have you applied yourself [为] to [what you have learned from] the Zhounan and Shaonan poems? Unless a person applies himself to what he has learned from the Zhounan and Shaonan poems, he will be like someone standing with his face toward the wall.”

许多学者认为“为”的意思是“致力于学习”，但刘宝楠认为“为”是“行”——“依其义说，以循行之”——这一诠释反映了孔子对学诗的阐述。孔子在 16.13 中告诉儿子伯鱼，“不学礼，无以立”。他在 13.5 中说，如果一个人受到政治任命时不能运用所学的知识，即便他能背诵诗三百，也不会从诗中获益。但伯鱼想从《诗经 · 国风》的头两篇《周南》和《召南》中学到什么？刘宝楠诠释说，由于“《关雎》乐得淑女以配君子”，孔子一定是想让儿子学习男女、夫妻相处的得体之道，这也是最基本的几种人伦关系。刘宝楠的看法可能是对的，但孔子偏爱这几首诗或许是因为他认为，这些诗最美，音律最有德，以及认为诗篇与他最爱戴的周初人物周公、召公有关。

17. 11 子曰:“礼云礼云，玉帛云乎哉？乐云乐云，钟鼓云乎哉？”

The Master said, “When we say ‘the rites, the rites,’ can we be talking just about jade and silk? When we say ‘music, music,’ can we be talking just about bells and drums?”

许多学者同意，孔子的这段话有两种理解。孔子说的可能是：玉帛和钟鼓作为礼器，意在为生活带来礼乐的精神，但结果是否有德，和对象本身无关——完全视乎实践礼的人本身。3.3 可以支持这一解读。抑或，按汉代学者的看法，孔子可能是在观察礼乐的政治作用——礼乐中受到重视的，不是仪式中使用的器物，而是它们对社会的教化作用。

17. 12 子曰：“色厉而内荏，譬诸小人，其犹穿窬之盗也与？”

The Master said, “To assume a dignified exterior with only a soft pith for an interior—that kind of person, to take an analogy from the riffraff [of the world], is like a thief that makes his way into a house by boring a hole through the wall.”

孔子严斥的是貌若君子、实怀贼心的人。这样的人偷走的是真君子的外表，但他是伪装的，因为他实则“内荏”。此一主旨在 17.13、17.17 和 17.18 中也出现过。孔子将这种行为比作偷窃相当有意思。如果人偷走善和德行的名声，他就损害了它们原本的概念——这也是孔子不齿此类人的原因。

17. 13 子曰："乡原，德之贼也。"

The Master said, "The village goody man is a thief [and the ruin] of virtue."

大多数学者同意，孟子的诠释最有洞见。这出自他和弟子万章的一段对话。孟子说："'何以是嘐嘐也？言不顾行，行不顾言，则曰古之人，古之人。行何为踽踽凉凉？生斯世也，为斯世也，善斯可矣。阉然媚于世也者，是乡原也。'……孔子以为德之贼，何也？曰：'非之无举也，刺之无刺也；同乎流俗，合乎污世；居之似忠信，行之似廉洁；众皆悦之，自以为是。'"

据孟子所写，孔子曾说："过我门而不入我室，我不憾焉者，其惟乡原乎！"

17. 14 子曰："道听而涂说，德之弃也。"

The Master said, "To hear something on the road and then right away to launch into a disquisition—this is to forsake virtue."

孔子在本章中贬斥那个时代"胡说八道"（talking head）的人——这种人刚刚听闻某事，就形成一整套见解和看法。因此他们的话不可信赖，孔子认为，他们"弃德"。荀子将这样的人描述为不花时间学习反省，也不花时间对不理解的事物提问的人。"入乎耳，出乎口"，荀子写道，这是君子的对立面，"君子疑则不言，未问则不立"。

一些学者相信，孔子鄙视的是爱嚼舌根的人：他把道听途说的事即刻传播出去。这也可以说是"德之弃也"。

17. 15 子曰 :“鄙夫可与事君也与哉? 其未得之也，患得之 ; 既得之，患失之。苟患失之，无所不至矣。”

The Master said, “Is it really possible to work side by side with a petty fellow when serving one’s lord? Before he gets what he wants, he is already worried about not being able to get it. After he has gotten it, he worries about losing it. And when he worries about losing it, there is nothing he won’t do [to try to hold on to it].”

刘宝楠说，“鄙夫”想获得“禄位”。因为这样的人害怕无法保全其位，于是“不敢正言直谏”。《论语》中 17.12、17.13 和 17.15 描述了“鄙夫”的各个方面。刘宝楠还说 :“与鄙夫所患同者，君子耻不称其位而失之，与鄙夫思固其位之志殊也。”

17. 16 子曰 :“古者民有三疾，今也或是之亡也。古之狂也肆，今之狂也荡 ; 古之矜也廉，今之矜也忿戾 ; 古之愚也直，今之愚也诈而已矣。”

The Master said, “People in ancient times had three kinds of shortcomings, but even these [, I regret to say,] seem to have disappeared today. In ancient times, those who were wild dared [to act and speak their mind]. Today, those who are wild are simply out of control. In ancient times, those who were self-regarding had principles. Today, those who are self-regarding are contentious and bad-tempered. In ancient times, those who were stupid were at least straightforward. Today, those who are stupid are deceitful.”

孔子认为，如果一个人天生有个性缺陷，应将它转变为优势。如果他狂放，就可以作为追随志向、抒发想法的勇气。如果他矜持，就可以谨守原则。如果他愚笨，可以让自己的诚信直率为人尊敬。但孔子遗憾的是，当时的人们抛弃了缺陷中的潜力，堕入无望之中。

17. 17 子曰："巧言令色，鲜矣仁。"

The Master said, "A man of clever words and of a pleasing countenance is bound to be short on humaneness."

由于本章和 1.3 如出一辙，可以参读 1.3 的诠释。

17. 18 子曰："恶紫之夺朱也，恶郑声之乱雅乐也，恶利口之覆邦家者。"

The Master said, "I hate the thought of purple assuming the place of vermillion. I hate the thought of the tunes of Zheng bringing confusion to classical music. I hate the thought of clever talkers overturning states and families."

孔子再次表达了对这些食物的看法——紫、郑声、利口者——它们仅仅是伪装。15.11、15.27、17.12、17.13、17.14 和 17.17 这些章节都提到了孔子对郑声和佞人的厌恶。但孔子为何不喜紫色？战国文献记载，春秋中期，从齐桓公开始，诸侯衣着的颜色由朱红转为紫色，而紫色是周朝典礼衣袍的专用色。孔子对紫色的厌恶有两面：

这是一种混合而成的颜色（不像朱红一样纯正）；这证明了桓公这样的强者会轻易改变本属周天子特权的传统。

17. 19 子曰:“予欲无言。”子贡曰:“子如不言,则小子何述焉？”子曰：“天何言哉？四时行焉，百物生焉，天何言哉？”

The Master said, “I wish not to speak anymore.” Zigong said, “If you do not speak, what will there be for your disciples to transmit?”

The Master said, “What does Heaven ever say? Yet the four seasons move in order, and the hundred things come to life. What does Heaven ever say?”

在孔子早期的追随者中，荀子对“天”及其威力，以及以天为则的人，阐述得最为透彻。孔子是当之无愧的先驱，但荀子必定也从《老子》中有所汲取。在《天伦》中，荀子说:“列星随旋，日月递照，四时代御，阴阳大化，风雨博施，万物各得其和以生，各得其养以成，不见其事，而见其功，夫是之谓神。皆知其所以成，莫知其无形，夫是之谓天功。”荀子在《不苟》中写道,至德之人有如神明:“嘿然而喻，未施而亲，不怒而威。”但这样的人若一语不发，如何教化他人呢？这是子贡的疑问。“亦以身作则，”刘宝楠诠释道，“亦如天道之自然循行，望之而可知。”

17. 20 孺悲欲见孔子，孔子辞以疾。将命者出户，取瑟而歌。使之闻之。

RuBei let Confucius know that he would like to see him. Confucius declined on the grounds that he was ill. But as soon as the man carrying the message went out the door, he took up his zither and began to sing, making sure that this man heard him.

在中国，用疾病推辞会面是常见的理由。但本章中，孔子有意让信使知道，他拒绝与信使主公孺悲会面并非身有疾病。原因是什么？我们无法确知，因为关于此人没有可靠的记载，只能了解到他是鲁国人。

17. 21 宰我问："三年之丧，期已久矣。君子三年不为礼，礼必坏；三年不为乐，乐必崩。旧谷既没，新谷既升，钻燧改火，期可已矣。"子曰："食夫稻，衣夫锦，于女安乎？"曰："安。""女安，则为之！夫君子之居丧，食旨不甘，闻乐不乐，居处不安，故不为也。今女安则为之！"宰我出。子曰："予之不仁也！子生三年，然后免于父母之怀。夫三年之丧，天下之通丧也。予也有三年之爱于其父母乎？"

ZaiWo asked about the three-year mourning period, saying, "A year is already too long. If a gentleman neglects the [nonmourning] rites for three years, those rites will be in ruins. If he does not allow himself to perform music, it will be the undoing of music. [In the course of a year,] as the old grain has been used up, new grain has ripened for harvest, and four types of timber have been drilled in turn to rekindle fire. A year of mourning is quite enough."

The Master said, "And would you be able to eat rice and wear brocade and feel comfortable doing it?"

"I would."

"If you feel comfortable doing it, then go ahead. But the gentleman in mourning finds no relish in tasty food, no pleasure in music, and no ease even in his own home. So he does not eat rice and wear brocade. But if you feel comfortable doing it, then go ahead!"

After ZaiWo had left, the Master [turned to others and] said, "Yu lacks humaneness! A child does not leave his parents' arms until he is three. The three-year mourning is the practice observed by all in the world. Did Yu not also have three years of love and affection from his parents?"

我在《孔子：喧嚣时代的孤独哲人》中写道："《论语》很少记录一段对话的后续发展。上述的场景更是罕见，读者难得看到孔子在主要谈话对象（宰我）离开后仍继续发表看法。这无疑增加了宰我在场时已经浮现的紧张感。"这一紧张感的来源与服丧期间各类举止是否心安理得有关。宰我仅服丧一年，被问及"食夫稻，衣夫锦"是否心安时，他回答"是"。对此，孔子说，"则为之"。但私下他对其他人表示，宰我"不仁"。这看起来过于苛责了，但孔子认为，"仁"植根于人与父母的关系中，因此孔子强调父母死后服丧的重要性。他相信，服丧带人回到血缘之亲的起始——人生最初的三年，依靠父母获得宝贵的生命。但三年之丧不仅仅是回报父母之爱，它还给人子以时间反省和计划自己所需，因为他将要进入人生下一阶段。曾子在 19.17 中说："吾闻诸夫子：人未有自致者也，必也亲丧乎！"反对服丧超过一年的宰我也提出有力的理由。他说礼乐会崩坏，而且自然界通常用一年时间循环更新，譬如谷物和火，人的生命也应如此。孔子没有被说服。对他来说，丧失父母是深切的大事，用礼仪纾缓此痛，没有任何理由可以辩驳。

17. 22 子曰："饱食终日，无所用心，难矣哉！不有博弈者乎？为之犹贤乎已。"

The Master said, "To spend the whole day stuffing yourself and not to put your mind to use at all—this is hopeless behavior. Are there not such games as *bo* and *yi*? It would be better to play these games [than to do nothing at all]."

这段话是孔子对无所事事、游手好闲者的谴责。为什么不"博弈"？他说。起码这样还能运用头脑，比全然浪费要好。"博"是"六博"，学者相信，这是象棋或一种概率游戏"双陆"的雏形。"弈"是围棋，采黑白两子，古弈用二百八十九道，今用三百六十一道。

17. 23 子路曰："君子尚勇乎？"子曰："君子义以为上。君子有勇而无义为乱，小人有勇而无义为盗。"

Zilu asked, "Does the gentleman [君子] think highly of courage?"

The Master said, " The gentleman puts rightness at the top. If a man of high status [君子] has courage but not a sense of rightness, he will create political upheaval. If a lowly man has courage but not a sense of rightness, he will turn to banditry."

钱穆在注疏中指出，孔子这段话里的"君子"有两重含义：第一次谈及"君子"时，指的是有德行的人，但在第二句话中，孔子所指的是社会地位高的人。刘宝楠在注疏中引《礼记》和《荀子》诠释孔子对子路的回答。

《礼记》说："勇敢强有力，而不用之于礼义战胜，而用之于争斗，则谓之乱人。"荀子将这种"义之所在，不倾于权，不顾其利"的勇气，描述为"士君子之勇"，而为了个人利益和物质回报斗争所展示的勇气，是"无辞让"的"贾盗之勇"。

17. 24 子贡曰："君子亦有恶乎？"子曰："有恶：恶称人之恶者，恶居下流而讪上者，恶勇而无礼者，恶果敢而窒者。"曰："赐也亦有恶乎？""恶徼以为知者，恶不孙以为勇者，恶讦以为直者。"

Zigong asked, "Does the gentleman have his dislikes?"

The Master said, "He does have his dislikes. He dislikes those who call attention to the negative traits of others. He dislikes those who slander their superiors from an inferior position. He dislikes those who have courage but not ritual propriety and those who are resolute but have minds that block all light [窒]."

The Master then added, "Si, do you have your dislikes?"

"I dislike those who appropriate other people's ideas as their own [徼] and then think of themselves as smart. I dislike those who take impertinence as courage. I dislike those who believe that exposing other people's dark secrets [讦] is being forthright."

这段对话无需评述。孔子和子贡说的话揭示了人性的某一面，与每一个时代都有关，但在当今尤为如此。传统注疏——特别是刘宝楠搜集的那些，帮助我理解了"窒""徼""讦"的含义，这些字都大有故事可说。

17. 25 子曰："唯女子与小人为难养也，近之则不孙，远之则怨。"

The Master said, "Women and servants [小人] are the most difficult to look after. They become insolent if you get too close to them. They complain if you keep your distance."

这段话让孔子备受二十世纪女性非议。许多人说他是厌女症者，但这段话缺少语境，很难知道是否准确反映了他对女性的态度。孔子当然担心女性在家、在宫廷的威力，但他也会对任何人保持警惕——无论是男女，是妾侍或廷臣。基于所处地位，为了发挥影响力，女人不得不或多或少地诉诸献媚和诡计。孔子的这句话也可以简单理解为在"女子"（妻妾）和"小人"（仆从）近旁的感受。

17.26 子曰："年四十而见恶焉，其终也已。"

The Master said, "If a man, by the age of forty, is still being disliked by others, that perception will remain until the end of his life."

孔子在 9.23 中发表过类似的感慨，"四十、五十而无闻焉，斯亦不足畏也已"。尽管他在两段话中都说，人到四十品性已定，因此很难改变，但在本章他强调了其他人对年四十之人的看法——不会改变态度转而开始喜欢他。因此清代学者俞樾总结说，孔子可能是在谈论自己。

微子第十八

卷十八非常特殊，因为它不像《论语》中其它篇章一样缺少组织，而是遵循紧密的结构，围绕主题。第一章就引出主题，提到三个名字——三人都是生活在商代末期的有德行之人。这些人的命运预示着孔子自己的命运，也标志着道德劝言在政治世界中是徒劳的。如果政治世界过于危险，无法在其中生存，他们的故事也提供了一些出路，可以逃离，也可以佯装疯癫。这两个选择被孔子否决了，但他一定思考过。这些战略在中国漫长的历史中从未消失，但在二十世纪下半叶，压迫的策略和技术变得非常复杂，几乎阻塞所有出路，因此隐居和装疯被逐渐弃用。

18. 1 微子去之，箕子为之奴，比干谏而死。孔子曰："殷有三仁焉。"

The Viscount of Wei left him. The Viscount of Ji became his slave. Bi Gan remonstrated with him and, because of it, was put to death. Confucius said, "The Shang had these three humane men."

本章暗指商朝末代帝王纣王。微子是他的兄长，箕子和比干是他的叔父。微子和箕子分别受封于微和箕，本应各自在本国管理政事，但血亲纣王的行为太过失当，以至他们觉得有必要前往朝堂，宽缓当前局面。早期历史是这样记载的。但事件如何渐次展开？三人中谁先行动，谁最后？孔子对三人的评判是怎样的？他称他们为“仁”，但三者的仁有第一、第二、第三之分吗？传统经学家对这些问题很感兴趣。司马迁在《史记·宋微子世家》中记录了故事发展的两个版本。第一种告诉我们，微子看到自己的弟弟已经无可救药，于是“亡”（离开）。他离开后，比干更为直接大胆地试图训诫纣王，纣王于是下令剖开比干，“视其心”。箕子不想迎来这样的结局，所以他“佯狂而为奴”。按第二种版本，微子看到箕子和比干的遭遇后，离开了朝堂。司马迁说，此人继续活下去，因为他不忍心让商朝祖先得不到祭祀。

孔子对三者的看法如何呢？孔子自己没有说谁是最“仁”的，但一些学者说，他可能会将微子列为首位，然后是箕子，最后是比干。汉代学者徐幹写道：“殷有三仁：微子介于石不终日，箕子内难而能正其志，比干谏而剖心。君子以微子为上，箕子次之，比干为下。故《春秋》大夫见杀，皆讥其不能以智自免也。”

徐幹对孔子排序的判断可能是正确的。因为，孔子在学说中强调了如何生，或者用清代儒学家焦循的话来说，“仁不在死，亦不在不死”。牺牲生命以“成仁”是在存活会有损仁的情况下做出的最后选择。这也是孔子在15.9中的观点。

18.2 柳下惠为士师，三黜。人曰：“子未可以去乎？”曰：“直道而事人，焉往而不三黜？枉道而事人，何必去父母之邦？”

Liuxia Hui was an official of criminal justice. He was dismissed three times. Others said to him, "Isn't it about time for you to leave for another state?" Liuxia Hui said, "If I serve another in an upright way, where can I go and not end up being dismissed three times? If I serve another by bending the way, what need is there for me to leave the state of my parents?"

柳下惠为有强烈道德和政治责任感的人提供了另一种选择。他告诉他们，继续从政，不要为遭到排挤或黜免感到羞耻。孟子这样描述柳下惠："柳下惠，不羞污君，不辞小官。进不隐贤，必以其道。遗佚而不怨，阨穷而不悯。与乡人处，由由然不忍去也。尔为尔，我为我，虽袒裼裸裎于我侧，尔焉能浼我哉?"在孟子看来，"柳下惠不恭"。如果假定孔子是 18.2 中说话的人，那么孔子对柳下惠更为宽容。

18. 3 齐景公待孔子，曰："若季氏，则吾不能，以季孟之间待之。"曰："吾老矣，不能用也。"孔子行。

Duke Jing of Qi was considering how to treat Confucius, and he said, "I am unable to treat him the way the head of the Jisun family is treated [in Lu]. I will treat him as if his position is somewhere between the head of the Jisuns and the head of the Mengsuns." Later he told others privately, "I am too old. I will not able to use him in my government." Confucius left Qi [after he heard about this].

这一章紧跟 18.1 和 18.2 合乎情理。在 18.1 中，"微子去之"，离开商朝。在 18.2 中，我们了解到，柳下惠就算被三次罢免都没有离开，因为他说，无论去何处，只要他坚持用“直道”事君，他的仕途都会有相同的走向。但在 18.3 中，我们看到“孔子行”，离开了齐国，因为他意识到齐景公没有聘用他的意图。（很显然，齐景公毫无诚意。任何人都能看出来，毕竟有谁会为孔子这种地位的人，提供一个地位和俸禄相当于鲁国贵族宗主的职位呢？有关孔子访问齐国和会面的背景，可以参考我对 12.11 的诠释。）

18. 4 齐人归女乐，季桓子受之。三日不朝，孔子行。

The men of Qi made a present of singing and dancing girls. JiHuanzi accepted the girls [on behalf of Duke Ding], and court was not held for the next three days. Confucius left Lu.

在《孔子：喧嚣时代的孤独哲人》中，我用很大的篇幅探讨了孔子离开鲁国的原因。他度过的险境远比本章中君主和大夫三天不履职，享受女乐歌舞的情况要严重。孔子为何离开？孟子认为，孔子是因为在参加祭祀后，没有分到燔肉因而离开。孟子说：“不知者以为为肉也。其知者以为为无礼也。”司马迁将两种说法结合起来，并给出了自己的版本：君主和大夫先是沉迷于女乐，孔子很失望，但愿意再给他们一次机会，当孔子没有得到燔肉时，他认为是时候离开了。这些观点无法令我信服。我认为，孔子离开必定有更紧迫的理由，为此我们要回顾公元前 498 年也就是孔子离开当年发生的事件。在 17.5 中，我们了解到，孔子曾想利用家臣的手腕摆脱贵族大家。到公元前 498 年，他似乎放弃了这一想法。他和弟子子路试图说服三桓，堕毁三都，重新开始。但家臣依然发起叛乱。他们带着武器上街，在鲁国都城造反。孔子身为大司寇，用自己的人马成功镇压了叛乱。他的努力没有得到赏识，因为三桓一直怀疑，孔子一旦有机会就会跟他们对着干，这是由于孔子一直希望政权可以交还鲁国公室，也就是当时的鲁定公。这也是孔子没有得到燔肉的原因，换而言之，被投了不信任票。孔子知道，季孙氏宗主季桓子，鲁国实际的掌权者，放出了让自己离开的信号。至于齐国的女乐带来的恶劣影响，应该是进一步促使孔子启程离开的原因。

18. 5 楚狂接舆歌而过孔子，曰："凤兮凤兮！何德之衰？往者不可谏，来者犹可追。已而已而！今之从政者殆而！"孔子下，欲与之言。趋而辟之，不得与之言。

As Jie Yu, the Madman of Chu, went past Confucius' carriage, he sang:

"Phoenix, phoenix,
How your virtue has declined!
What has gone by cannot be made right.
What is to come still can be pursued.
Leave off, leave off,
Dangerous are those in office today."

Confucius got down from his carriage, hoping to have a word with the madman, but Jie Yu scampered away, to avoid him. Thus

Confucius did not have a chance to speak to him.

我在《孔子：喧嚣时代的孤独哲人》中写道：

“在歌中，孔子是凤鸟（不是光彩夺目的凤鸟，而是衰落的凤鸟），历经数年的旅行以及对善与高尚事物的孤独追求。楚狂告诉孔子，‘已而已而’，因为人不可能改正过去的错误，也无法期盼未来崭新的世界。他也提醒孔子从政的危险，‘今之从政者殆而！’”

我要补充的是，狂人叫孔子随他一道，用他的方式生活，因为我们听到他唱，“来者犹可追”。

《庄子》对此次会面有另一种记载。狂人袒露了更为神秘的一面，并更加明确地区分了自己和孔子。他对孔子说：“凤兮凤兮，何如德之衰也！……方今之时，仅免刑焉。……已乎已乎，临人以德！殆乎殆乎，画地而趋！迷阳迷阳，无伤吾行！吾行却曲，无伤吾足！”接舆的看法我也曾写过，“孔子既是凤鸟又是迷阳，既高尚又令人讨厌”，“在这个‘仅免刑焉’的时代里，孔子的选择过于谨慎，而追求又过于崇高。孔子呢？他对接舆有何看法？孔子知道接舆当然不是疯子，他只是精神极度振奋而难以走一条直线。孔子也知道接舆有话要说：如何走出绝望以及如何避免人世中的种种危难。”跟他同行的欲望很强烈，但是孔子抵拒住了，就像他对其他的诱惑一样。

18. 6 长沮、桀溺耦而耕，孔子过之，使子路问津焉。长沮曰：“夫执舆者为谁？”子路曰：“为孔丘。”曰：“是鲁孔丘与？”曰：“是也。”曰：“是知津矣。”问于桀溺。桀溺曰：“子为谁？”曰：“为仲由。”曰：“是鲁孔丘之徒与？”对曰：“然。”曰：“滔滔者天下皆是也，而谁以易之？且而与其从辟人之士也，岂若从辟世之士哉？”耰而不辍。子路行以告。夫子怃然曰：“鸟兽不可与同群，吾非斯人之徒与而谁与？天下有道，丘不与易也。”

Chang Ju and Jie Ni were yoked together as they plowed the field. [Confucius went past them.] He then sent Zilu to find out where the ford might be.

Chang Ju asked, "Who is that man driving the carriage?"

Zilu replied, "It's Kong Qiu."

"Is it Kong Qiu of Lu?"

"Yes."

"Then he knows where the ford is."

Zilu then tried [the other man,] Jie Ni.

Jie Ni asked, "Who are you?"

"Zhong You."

"Then you must be a disciple of Kong Qiu of Lu."

"I am."

"[Look at the water,] it keeps on moving forward. Everywhere in the world is the same. So why bother to seek another [ruler] when you have given up this one? Why change? Moreover, why do you want to follow someone who keeps running away from men [who turned out to be the wrong ones to serve]? Why not follow those who have run away from the world altogether?" He then went back to planting his seeds, burying them one by one without stopping.

Zilu went to tell Confucius what these two men had said.

Confucius seemed lost in thought for a while. Then he spoke: "We cannot flock with birds and beasts, can we? Whom can I be with if not with other human beings? The world has a moral way, [I know,] so I will not change places with those two."

宋代学者金履祥认为，长沮和桀溺应该不是这两人的本名。"长沮"的意思是"长而沮洳"，"桀溺"的意思是"桀然高大而涂足"。因此，这应该是别称或者描述性的称呼，就像 14.39 中"荷蒉"的意思是"背着竹篮的人"。正如其名，这些人临水而居，因此孔子派子路前去"问津"合情合理。长沮的回答似乎意指，如果提问的人是孔子，也就是鲁孔丘，那么他已经知道渡口在哪里了，因为他在这一地区已经徘徊了很久。桀溺和长沮结伴耕作，也没提供什么帮助，但他对于和大多数人一样避世的论述更为有力。他说，国家塑造了天下，无论你身居何位，都会遇到同样的君主。就如 18.1 和 18.2 所示，如果你耿直诚实地侍奉君主，会被黜免，甚至被分尸剖心。所以，桀溺对子路说，"而谁以易之"，为何还要跟随这样一个反复尝试均以失望告终的人——不如加入我们这些"辟世之士"。这是最早的以务农反抗国家的呼吁之一，也是一个颇具争议之人的声音。他不是一介农人而已，而是了解对手并曾经身居另一侧的人。孔子的回答——"鸟兽不可与同群"——也很有感情色彩。孔子接受人世和国家的存在，但无论感到多么沮丧，他都相信，在黑暗的现实中可以有道。

18. 7 子路从而后，遇丈人，以杖荷蓧。子路问曰："子见夫子乎？"丈人曰："四体不勤，五谷不分。孰为夫子？"植其杖而芸。

子路拱而立。止子路宿，杀鸡为黍而食之，见其二子焉。明日，子路行以告。子曰："隐者也。"使子路反见之。至，则行矣。子路曰："不仕无义。长幼之节，不可废也；君臣之义，如之何其废之？欲洁其身，而乱大伦。君子之仕也，行其义也。道之不行，已知之矣。"

While accompanying Confucius on the journey, Zilu happened to fall behind. He met an old man carrying a bamboo basket suspended from his staff. Zilu asked, "Have you seen my master?"

The old man said, "You look like someone who hasn't labored with his four limbs and cannot tell the difference between this kind of grain and that. Just who could be your master?" He then planted his staff on the ground and started weeding.

Zilu stood, cupping one hand in the other, showing his respect.

The old man stopped Zilu [from continuing his travels] and invited him home to spend the night. He killed a chicken and cooked millet for his guest to eat, and he introduced him to his two sons.

The next day, Zilu resumed his journey, [and when he caught up with Confucius,] he told him what had happened. Confucius said, "[The old man] must be a recluse." He then sent Zilu back to find him. When Zilu got there, the old man had already left for somewhere else. Zilu thereupon remarked, "There is no way of acquiring a sense of what is right if one does not enter public life. If a person knows not to abandon the measures of propriety between old and young, why, then, does he let go the moral responsibility between ruler and subject? By keeping himself unsullied, he has helped to bring chaos to an important human relationship. A gentleman takes office in order to understand the rightness in that relationship. As for putting the moral way into practice, he knows all along that it is not possible."

子路对人世的立场更加明确了——它不会改变——他还说，这个世界中的政治关系和亲友之间的关系一样重要；事实上，它对我们的要求更高，迫使我们更努力地做正确的事。因此避而远之——因为想要洁身自保——仅仅是道德脆弱的象征，但更重要的是，当这些关系已经是我们无法改变的一部分时，这样的做法会让它们失序。子路还提出一个观点，不是声明，而是一种表态。他说，君子投身鱼龙混杂的政治世界和充满不确定的官场，不是因为他可以改变"道之不行"的现实。子路告诉我们，道不得行，君子深知这一点，仍然这样做，是为了在这些关系中"行其义"。大多数学者相信，子路只是在重复孔子的教诲，因为他不像这些话所展现的那样，对道德有敏锐而精微的领会。不过，仍然应该感谢他参与了这些事情，并做出这样的结语，用他的语气赋予故事恰当的情绪。

孔子在本章中和 18.5 一样，没有机会和隐士对谈，但从这段文字可以看出，隐士仰慕孔子并且尊敬他选择的人生，尽管他也明确告诉子路，他不会选择这样的生活。隐士就像 18.5 中的狂人，对孔子的召唤也很警惕，于是在接到邀请之前就消失了。这可能说明，他不想受到孔子的影响回到人世。一些学者说，18.7 和 18.6 的叙事风格比其时代至少要前进一百年，因此记载可能不真实。也许如此，但这段记录的精神反映了《论语》和我们所熟悉的孔子的精神。

18.8 逸民:伯夷、叔齐、虞仲、夷逸、朱张、柳下惠、少连。子曰:“不降其志,不辱其身,伯夷、叔齐与!”谓:“柳下惠、少连,降志辱身矣。言中伦,行中虑,其斯而已矣。”谓:“虞仲、夷逸,隐居放言。身中清,废中权。我则异于是,无可无不可。”

Men of integrity who relinquished their rightful positions and became recluses include Bo Yi, Shu Qi, Yu Zhong, Yi Yi, Zhu Zhang, Liuxia Hui, and Shao Lian. The Master said, “Unwilling to lower their aim and bring disgrace upon themselves—that would be Bo Yi and Shu Qi. Liuxia Hui and Shao Lian were willing to lower their aim and bring disgrace upon themselves, but their words were morally sound and their conduct never wandered from their thought—this much is true. Yu Zhong and Yi Yi lived in reclusion and said whatever they liked; they were immaculate in character, and in giving up the world they acted with expediency. But I am different from all these men. I have no preconceptions about what one can or cannot do.”

之前的章节已经探讨过伯夷、叔齐和柳下惠,但我们对夷逸、朱张和少连几乎一无所知,大多数注疏都把讨论的焦点放在虞仲的身份上。相关考证把范围缩小到两个历史人物——泰伯的兄弟虞仲,以及虞仲的一个后裔,同样名为虞仲。泰伯是周部落酋长太王的长子,也是文王的伯父、武王的伯祖。孔子在8.1中对泰伯的评价是“可谓至德也已矣”，因为他“三以天下让”；不求为人铭记。当泰伯决定放弃继承父亲的权位时，是虞仲这位兄弟陪伴他一同前往东边的蛮荒地带。这两位兄长都希望由最小的弟弟季历继位，这样季历的儿子和孙子可以实现潜力，成为开国者。虞仲的这些人生片段似乎和孔子所描述的虞仲一致：他离家前往蛮荒之地；他的品性和泰伯一样无可指摘；而且他“废中权”。一些学者则说，虞仲可能是老虞仲的后代。但他们的论述缺乏证据，无法和孔子的评价直接关联。至于朱张其人，三世纪研究《老子》和《易经》的学者王弼说，他是孔子弟子仲弓。这也只是推测，由于孔子没有评价朱张，在发掘更多证据之前，我们对于朱张和夷逸都不予置评。那么少连呢？《礼记》中也有一位少连，他来自鲁国东夷。孔子认为他和其兄长“善居丧”，但其他记载中没有提到他离开人世进入荒野一事。比这些人身份更关键的是孔子最后的声明。这句话可以和孔子在 9.4 中的主张放在一起看，孔子在其中谈到了四种他回避的事物，这句话也是孔子对自我表述的总结——在本章和整部《论语》中，孔子不带有先定之见看待人生，也不会让自己的思想举止承载一切的原则。这当然意味着，孔子每踏出一步，都会重新看待世界，依靠贯彻一生的学习来帮助自己清楚认识“无可无不可”的事。

18. 9 大师挚适齐，亚饭干适楚，三饭缭适蔡，四饭缺适秦。鼓方叔入于河，播鼗武入于汉，少师阳、击磬襄入于海。

Zhi, the Grand Musician, left for Qi; Gan, musician for the second course of the banquet, left for Chu; Liao, musician for the third course, left for Cai; Jue, musician for the fourth course, left for Qin; Fang Shu the drummer walked down to the Yellow River; Wu, player of the hand drum, walked down to the River Han; Yang, the Grand Musician's deputy, and Hsiang, who played the stone chimes, walked down to the sea.

挚是鲁国宫廷顶级的乐师。在 8.15 中，孔子评价他的表演“洋洋乎盈耳哉！”大多数学者从这一片段总结，有理由认为这里列出的所有乐师都和孔子同代。孔子认为，他们成群离开鲁国，代表了鲁国道德衰退。另一些学者则相信，这些乐师可能生活在商朝末期，因为许多早期历史记载，“乐官师瞽抱其器而奔散，或适诸侯，或入河海”。刘宝楠说，这一推测不无问题，因为乐师投奔的诸侯国——齐国、楚国、蔡国和秦国都是周朝的封国，在商朝期间不可能存在。

18. 10 周公谓鲁公曰："君子不施其亲，不使大臣怨乎不以。故旧无大故，则不弃也。无求备于一人。"

The Duke of Zhou said to the Duke of Lu, "A person in a ruling position does not forget his nearest and dearest. He also does not give his officials occasion for complaint because he has failed to employ their skills [or consider their advice]. He does not abandon old friends and relations unless they have committed serious transgressions. He does not ask for perfection in anyone."

大多数学者认为，这段话是周公在儿子伯禽受封东部前所说，

而该地就是后来的鲁国。我在《孔子:喧嚣时代的孤独哲人》中写过:

“从这段文字可以看出,周公对人际关系的微妙处看得相当透彻。他告诉儿子要为‘亲近自己的人’与政治上共事的人着想;他告诫儿子要从大处着眼,不可为了小事损及应该永久维持的关系。我发现,周公提供的是指导方针而非理论,不管是给儿子的忠告还是官方演说与宣言,皆是如此……尽管如此,早期史料中视为出自周公之口的话语,清楚显示一套政治关系及社会制度的观念,敏锐的观察者可以看出其中蕴含着深刻的道德情操。”

18. 11 周有八士:伯达、伯适、仲突、仲忽、叔夜、叔夏、季随、季騧。

There were eight learned officials in the Zhou: Boda and Bokuo, Zhongtu and Zhonghu, Shuye and Shuxia, Jisui and Jigua.

根据传统注疏,杰出的“八士”是四对孪生兄弟,生于周朝初期,可能是武王年间或其子成王年间。伯、仲、叔、季表明了出生的先后,伯为长子,季为最幼。这些人的从政生涯都相当出色,也为年轻的周朝预示了美好的前景。钱穆诠释说,处于礼崩乐坏的时代,人们会很自然地怀念从前盛世的贤人。本章也是如此,但没人知道谁列出了这四对孪生兄弟,而他们又是怎么被收入《论语》的。

子张第十九

卷十九属于那些比孔子活得久并在自己门下招收了学生的孔门弟子。学者们注意到，在卷一中极为突出，且被认为是《论语》早期编纂者之一的有子，在他人看来曾有可能填补孔子留下的空缺。那么，他的销声匿迹又该如何解释呢？是因为他没有培养足够的追随者？法家思想家韩非子说，孔子死后，弟子分成十派，每一派都宣称自己最精确地诠释了夫子的学说。本章有显而易见的紧张感。儒家学者则在纷争中看到了一线阳光。他们相信，这种争论使孔子的学说保持活力和生机。

19. 1 子张曰："士见危致命，见得思义，祭思敬，丧思哀，其可已矣。"

Zizhang said, "[I would think that] a man is good enough to join the official ranks if he is ready to lay down his life when faced with danger, is mindful of what is right when he sees a chance for gain, and turns his thoughts to respectfulness during a sacrifice and to sorrow when in mourning."

我们在 2.18 中读到，"子张学干禄"。其实，子张向孔子提出的问题大多可以理解为：他想知道怎样才是一个好的“士”，就连他的一些细致的见解和有偏见的判断也是如此。在这里，他看起来是在评价合格的“士”的条件，但钱穆认为，子张只是在重复孔子在 14.12 和 3.26 中的话。孔子在 14.12 中谈到了“士”在“见危”和“见利”时的反应；在 3.26 中，他谈论了人在祭祀和服丧期间的精神状态。

19. 2 子张曰：“执德不弘，信道不笃，焉能为有？焉能为亡？”

Zizhang said, “Holding on to virtue but not making it grand; having trust in the Way but not with full conviction—can we say such a man has gotten it or not?”

一些学者认为，本章中子张谈论的“德”——若要获得，必须让它宏大——反映了子张自身的特性以及他宏大的仪态和用宏大的方式表达崇高理念的倾向。同门弟子曾子说，子张过于仪表堂堂，以至于“难乎并为仁矣”。这一描述使一众研究曾子的学者感到困惑。但如果这种解读是正确的——要使“德”“弘”，只需简单地给“德”以宏大的表现——为何还要完全“信道”呢？钱穆认为，子张这句话中的两个理念互相关联：一个人的“德”只有在他致力于过有德行的生活时才能扩展。对于那些狭隘而死板地坚持这一理念的人，子张问道：“焉能为有？”

19. 3 子夏之门人，问交于子张。子张曰：“子夏云何？”对曰：“子夏曰：‘可者与之，其不可者拒之。’”子张曰：“异乎吾所闻：

‘君子尊贤而容众，嘉善而矜不能。’我之大贤与，于人何所不容。我之不贤与，人将拒我，如之何其拒人也！”

Followers of Zixia asked Zizhang about the way of making friends [交]. Zizhang said, “What did Zixia say?” They responded, “Zixia said, ‘Associate with those who are acceptable. Reject those who are not.’”

Zizhang said, “This is not what I have heard. [I have heard that] the gentleman respects the worthy and is charitable to the common lot. He applauds the good and is compassionate toward those who have a hard time trying to be good. If I am a person of great worth, why would I not be charitable to people? If I am not a person of worth, others for sure will reject me, and so how can I reject them?”

两位汉代学者包咸和郑玄将“交”理解为社交，因此他们说，子夏和子张谈论“交”时，子夏说的是“友交”，而子张说的是“泛交”，包括一个人与“大贤”乃至“众”的关系。子夏和子张都宣称自己从老师孔子那里习得正确的“交”之道。如果我们接受汉代学者的诠释，他们可能都是对的。因为孔子在1.8和9.25中说，人应该“主忠信”，“无友不如己者”，而他在1.6中也提到，人在年轻时，应该学会“泛爱众”，但也要“亲仁”。子张的这段话也可以理解为他在19.2中所说的话的延伸，因为将“众”引入“友”的理念中，可以是使德“弘”的范例。这当然说明，子夏对“友”的观念更为狭小，而子夏自己过于拘谨，这也正是我们在《论语》认识的他。

19. 4 子夏曰：“虽小道，必有可观者焉；致远恐泥，是以君子不为也。”

Zixia said, “There must be a lot to see along the byways, but do not wander off, because you might get bogged down if you have to journey a long way. This is why the gentleman does not take the byways.”

“小道”有以下这些含义：异端；闲杂消遣；或者技能训练，比如农工卜医。子夏不否认这些“小道”也有价值，但他说，君子志存高远，会坚持自己的道路，因为他知道自己不能为了旁侧的利益或是会使他偏离道路的利益而“泥”。

19. 5 子夏曰：“日知其所亡，月无忘其所能，可谓好学也已矣！”

Zixia said, “To be aware each day of what you still don’t know and to remember after a month what you were able to absorb—this is proof of your love for learning.”

有心向学的人必须每天时刻留意自己的不足，如果他想进步的话。要想真正好学，他不能忘记自己所学，即便时隔一月。用明代学者刘宗周的话说，好学的凭证就是他所害怕的，即害怕“无疆”和害怕“失之”。

19. 6 子夏曰："博学而笃志，切问而近思；仁在其中矣。"

Zixia said, "Learn broadly and be constant in your effort. [With the knowledge you have gained,] ask questions that are pressing to you, and reflect on things close at hand—humaneness is found in this."

和 19.5 一样，子张强调讲所学知识具体化的重要性。他说，将它转化成自己的，这样就可以运用所学，反思自己正面临的问题——"仁在其中矣"。

19. 7 子夏曰："百工居肆，以成其事；君子学以致其道。"

Zixia said, "Artisans live in their shops in order to master their craft; the gentleman steeps himself in learning in order to perfect the Way."

子夏的这段评论可以视作 19.5 和 19.6 的再次阐述。他说人必须沉浸于学习中"以致其道"，就像工匠生活在铺头中"以成其事"。这句话也表明，子夏是宛如工匠的君子——他很少离开学习的铺头，很少探身去呼吸外面的空气。

19. 8 子夏曰："小人之过也必文。"

Zixia said, "When a petty man makes a mistake, it's certain that he will try to gloss it over."

孟子说，每个人都会犯错，即便周公也是如此，但“古之君子，其过也，如日月之食，民皆见之”，而“及其更也，民皆仰之”。今人则不同了，孟子说，他们“岂徒顺之”，但“又从为之辞”。

19. 9 子夏曰：“君子有三变：望之俨然；即之也温；听其言也厉。”

Zixia said, “The gentleman has three changes of appearance. From a distance, he is respectful and dignified. When you see him more closely, he is gentle and affable. When you listen to his words, [you realize that] he is forceful and perceptive.”

君子不会真的改变，但当我们更靠近他，就会见识到他品性的深广，这不仅与第一印象不冲突，还增进了对他的了解。

19. 10 子夏曰：“君子信而后劳其民；未信，则以为厉己也。信而后谏；未信，则以为谤己也。”

Zixia said, “The gentleman earns the trust of his people first, before he subjects them to arduous labor. If he does not have their trust, they will think that he is trying to abuse them. He earns the trust [of his ruler] before he remonstrates with him. If he does not have [this man’s trust], the ruler will think that he is trying to malign him.”

六世纪学者皇侃引江熙说，“君子克厉德也，故民素信之，服劳役故知非私。信不素立，民动以为病己而奉其私也”。他还说，“人非忠诚相与，未能谏也。然投人夜光，鲜不按剑。”因此，皇侃总结道：“明无素信不可轻致谏也。”明代学者林希元指出：“信而后谏，亦有虽不信而不容不谏者……信而后劳，亦有民未信而不容不劳者。”

19. 11 子夏曰：“大德不逾闲；小德出入可也。”

Zixia said, “Do not overstep the line when it comes to matters that involve important principles of integrity. But allow yourself some leeway in matters that involve minor infringements.”

孔子在 14.16 和 14.17 中对管仲的评判诠释了子夏的这一观点。郑国大夫子产也是一个例子。孔子称他是慷慨、公正且极有能力的管理者，但我们从春秋时期的历史了解到，子产最初成为郑国宰相时，贿赂有权势的人，使之愿意与自己合作。但在早期文献中，对于德之大小的准则没有一致的评价，就连儒家经典也是如此。刘宝楠发现了一种渐次的转变。他说：周朝开国者教诲说，无论事情的道德分量如何，人的行为应该始终如一；等到千年后的西汉，儒家思想家董仲舒则写道，在特定情况中，“权虽反经”，但却是可以的。从周朝初期到董仲舒的年代之间，孔子借子夏之口，认为可以允许自己在“小德”上有“出入”。

19. 12 子游曰:“子夏之门人小子，当洒扫、应对、进退则可矣。抑末也;本之则无，如之何？”子夏闻之，曰:“噫！言游过矣！君子之道，孰先传焉？孰后倦焉？譬诸草木，区以别矣。君子之道，焉可诬也？有始有卒者，其惟圣人乎！”

Ziyou said, “Followers of Zixia are capable of such tasks as sprinkling and sweeping, responding to calls and replying to questions, advancing and retiring [when there are guests]. But these are only details. Ask them about the fundamentals, they do not seem to know anything. How can that be?” When Zixia heard this, he said, “Ah, Yan You is mistaken! As for the way of the gentleman, [how would a teacher know] who is ready to understand it at the beginning [of the lesson] and who [will get frustrated if it is introduced too early and thereby] will lose interest after a while? As with planting grass and trees [in a garden], one has to separate [the students] into different categories. How can one mishandle [the transmission of] the way of the gentleman? Only the sage is able to tackle it [whether he is introduced to the teaching] at the beginning or toward the end.”

一些学者认为子夏的第二句回答应该这样理解：“As for the way of the gentleman, how can it be right to introduce [the fundamentals] at the beginning, and then to leave to the end details that one is too tired to teach?”在这一诠释中，主语是教学，而非我所翻译的弟子，但两种解读都涵盖了同一点：智力因人而异，因此如果想要将“君子之道”传授给一群学生，为何不从每个人都能学会的简单技能开始？学者们同意，这是子夏想要告诉子游的。

由于孔子认为子游和子夏擅长“文学”，钱穆说：“子游非不知洒扫应对进退为初学所有事，特恐子夏之泥于器艺而忽于大道，故以为说。子夏亦非不知洒扫应对进退之上尚有礼乐大道，不可忽而不传。”子游和子夏评论的原意可能是好的，都以为自己是在纠正另一人教学的方式。这是钱穆的观点。我倒觉得，两人之间有本质的区别。每个人都希望自己教“文”是最出色的。

19. 13 子夏曰：“仕而优则学，学而优则仕。”

Zixia said, “A man in office, if he has energy to spare, should pursue learning. A man devoted to learning, if he has energy to spare, should take office.”

子夏的话不适用于孔子，因为孔子“少也贱”，必须通过学习掌握“鄙事”来谋求仕途。因此，孔子不是因为“优”才做官。他没有选择，需要靠官职谋生。而且，他可能不会用子夏的方式来描述“学”和“仕”的关系，子夏既没有提到两者之间的冲突关系，也没有谈论为何要通过入仕来考验所学。

19. 14 子游曰：“丧致乎哀而止。”

Ziyou said, “The mourning ritual should come to a stop when grief is fully expressed.”

丧不是用奢靡的排场送别逝者：礼不该胜过情感的充分表达。而情感的表达也不能达到损害身体和精神健康的程度。

19. 15 子游曰："吾友张也，为难能也；然而未仁。"

Ziyou said, "It is difficult to emulate my friend Zhang. Still, he has not fully realized humaneness."

19. 16 曾子曰："堂堂乎张也！难与并为仁矣。"

Master Zeng said, "What a grand presence Zizhang has! I find it hard to practice humaneness side by side with him."

子游在 19.15 中没有提及子张在哪些方面"难能也"，也许是他的聪慧机敏。但曾子在下一章告诉我们，事实上子张如此"堂堂乎"，以至于"难与并为仁矣"，因此清代学者焦循认为，一定是因为子张"堂堂乎"，所以子游感到"难能也"。如果焦循的观点是对的，那么可以说是这种压倒性的表现令曾子觉得很难和子张相伴为仁。也可以进一步考虑，这是否是子张没能充分为仁的原因。

19. 17 曾子曰："吾闻诸夫子：人未有自致者也，必也亲丧乎！"

Master Zeng said, "I have heard the Master say that [on no occasion] does a person give his utmost. If there must be one exception, it would be mourning the death of a parent."

孟子是曾子第三代弟子，他在告诉某人自己刚刚丧父的时候，重复了这句话，"亲丧固所自尽也"。但曾子，抑或孔子所说"自致"是什么意思？可能是指尽力遵循礼的要求埋葬和祭祀父母。也可能是说，在这类场合中要充分表达自己的情感。第一种解读体现了孟子的诠释，第二种则是朱熹和宋代前驱们的诠释。

19. 18 曾子曰："吾闻诸夫子：孟庄子之孝也，其他可能也；其不改父之臣与父之政，是难能也。"

Master Zeng said, "I have heard the Master say that it is possible to match the filiality exemplified in Meng Zhuangzi in most respects. But as for the fact that he did not discharge the officials who had worked with his father and he did not veer from his father's way of conducting government—that would be hard to match."

孟庄子和父亲孟献子都是孟孙氏人。公元前554年，孟献子死后，孟庄子继承了他的鲁国上卿之位，但在位时间很短，因为四年后孟庄子也过世了。传统注疏建议将本章和1.11放在一起读。孔子在1.11中说，"三年无改于父之道，可谓孝矣"。但如果你继承了父亲的官位，"父之道"是否包括他偏爱的官员和政策？这一问题使得为孝的观念变得复杂，因为儿子在政界的行为可能对国家福祉造成严重后果。如果父亲犯错，儿子克制而没有加以纠正，就有损公众。但如果父亲是有才能的卿相，那么儿子如果在任命官员和制定政策时约束自己，不仅可以表现出孝顺、尊敬，还可以传承父亲之道，以求大善。

19. 19 孟氏使阳肤为士师，问于曾子。曾子曰 :“上失其道，民散久矣。如得其情，则哀矜而勿喜。”

The Meng family appointed Yang Fu as a legal officer [士师], and he asked Master Zeng for advice. Master Zeng said, "Those at the top have lost the Way, and people for a long time have been adrift [without any moral guidance]. If you are able to gather the facts and circumstances of their offenses, sorrow and compassion will weigh [in your judgment], but do not gloat about what you are able to achieve."

根据一些文献记载，阳肤是曾子的弟子。在他被任命为掌管罪犯生死的士师后，他前去向老师寻求处理职责的建议。曾子的回答也反映了孔子对身居高位者所负道德责任的教诲。在 12.17 中，一位大夫问孔子如何管治，孔子说 :“子帅以正，孰敢不正？”在 12.19 中对另一位大夫说 :“子为政，焉用杀？”但就连孔子也明白，善人也要为邦百年才可以胜残去杀。在本章中，曾子谈论的则是统治精英“失其道，民散久矣”的国家，因此曾子必须面对如何正法的问题。他告诉阳肤，寻找罪犯的“情”。曾子相信，一旦阳肤对事情有了更全面精准的了解，他在判决时可以更具同情心。但他也在结尾警告，不可自得——曾子觉得，这会让判官丧失对命悬其手的罪犯的同理心。

19. 20 子贡曰："纣之不善，不如是之甚也。是以君子恶居下流，天下之恶皆归焉。"

Zigong said, "Zhou could not have been as immoral as people say he was. Thus the gentleman loathes to find himself in a low and disreputable place, for all that is vile in the world tends to end up there."

纣王是商朝末代君主，他残暴无度且道德堕落，因而臭名昭著。这是子贡的看法：不要寻求恶名，否则全天下卑鄙自私的行为都会和你的名字搅和在一起。成书于四世纪的《列子》记载："天下之美归之舜、禹、周、孔，天下之恶归之桀、纣。"关于最后的桀、纣两人，《列子》写道，"实者固非名之所与也"。

19. 21 子贡曰："君子之过也，如日月之食焉：过也，人皆见之；更也，人皆仰之。"

Zigong said, "The mistake made by a gentleman is like the eclipse of the moon and the sun. When he errs, all the people can see what he has done, and when he corrects it, they look up to him."

子贡的评论和子夏在 19.8 中的话与《孟子 · 公孙丑下》第九章中孟子的言论非常相近。可以参考我对 19.8 的诠释。

19. 22 卫公孙朝问于子贡曰:“仲尼焉学? ”子贡曰:“文武之道,未坠于地,在人。贤者识其大者,不贤者识其小者,莫不有文武之道焉。夫子焉不学?而亦何常师之有? ”

Gongsun Chao [a counselor] of Wei asked Zigong, "From whom did Zhongni learn?"

Zigong replied, "The way of King Wen and King Wu has not yet fallen to the ground. It exists in all human beings. The worthy ones have grasped its essential points. The lesser ones have understood its minor attributes. There is no one who does not possess the way of King Wen and King Wu. So from whom did our Master not learn? And how could he have had just one particular teacher?"

周朝的成就很可能在王朝漫长的历史中消失,而其中很大一部分确实已经佚失,但文化传统流传下来。文王和武王之道——他们帮助塑造的文化——留存下来,因为它们已经成为平民百姓的日常习惯和礼仪,且又有孔子等人的大力推崇,一度得以兴盛。孔子在 9.5 中清楚地道出,文王的“文”寄托在自己身上。但按照子贡的说法,孔子也很清楚,每个人都或多或少持有同样的“文”,因此孔子从每个人身上学习。对以谁为师,他没有既定的观念。这也是为什么刘宝楠诠释说,“夫子问礼老聃,访乐苌弘,问官郯子,学琴师襄”。

19. 23 叔孙武叔语大夫于朝曰:“子贡贤于仲尼。”子服景伯以告子贡。子贡曰:“譬之宫墙,赐之墙也及肩,窥见室家之好。

夫子之墙数仞，不得其门而入，不见宗庙之美，百官之富。得其门者或寡矣。夫子之云，不亦宜乎！”

Shusun Wushu, speaking to the counselors at court, said, “Zigong is worthier than Zhongni.” Zifu Jingbo later told Zigong about this.

Zigong said, “Let us use the outer walls as an analogy. My walls are shoulder high, and so it is possible to peer in [from outside the walls] and see the elegance of the rooms inside the house. The walls of the Master are several *ren* high, and so unless you let yourself in through the gate, you will not be able to see the magnificence of the ancestral temples or the splendor of the official buildings. It is no wonder that the gentleman you mentioned spoke as he did.”

叔孙武叔是鲁国司马，也是叔孙氏人。子服景伯在 14.36 中曾出现，他的角色与这里类似。在 14.36 中，他告诉孔子，子路可能有麻烦了，因为有人“愬子路于季孙”。

本章中，子贡说，房屋外墙或者内院可能“及肩”或高数“仞”。后世学者研究得出，“仞”是度量单位，相当于七或八英尺。矮一些的墙用于围绕平民或者士的住所，譬如子贡的。只有天子和诸侯有权拥有以数仞之高的墙所环绕的宫殿、宗庙和官邸。

这一章和后两章的关键信息是鲁国统治精英在孔子死后不久对孔子的看法，以及他们对孔子价值的评价。而且，这些大夫似乎使子贡处于尴尬的位置：他们直接说子贡比孔子高明。他们可能怀有恶意，但也可能真的相信子贡更为卓越。我以为，子贡不可能在意他们的意图。他只想终止这样的对话，所以他用夸张的语言和概念描述孔子，并更明确地区分自己和老师。他的本意不可能是把孔子推到人不可及的高度。

19. 24 叔孙武叔毁仲尼。子贡曰：“无以为也，仲尼不可毁也。他人之贤者，丘陵也，犹可逾也；仲尼，日月也，无得而逾焉。人虽欲自绝，其何伤于日月乎？多见其不知量也！”

Shusun Wushu spoke disparagingly of Zhongni. Zigong said, “There is no point in doing this. Zhongni is above disparagement. Great men in other people's estimation are like the hills—one can still reach beyond them. Zhongni is like the sun and the moon—he is insurmountable. Even if people wanted to estrange themselves from the sun and the moon, what harm would it do to either? This only goes to show that they have overestimated themselves.”

如果你诋毁某人，就会觉得别人都能超越他，但子贡说，孔子不是这样，因为他就像日月；而且，就像日月，你试图脱离，它依旧闪耀。所以你拒绝接受它的光芒时，你才是输家。

19. 25 陈子禽谓子贡曰：“子为恭也，仲尼岂贤于子乎？”子贡曰：“君子一言以为知，一言以为不知，言不可不慎也。夫子之不可及也，犹天之不可阶而升也。夫子之得邦家者，所谓立之斯立，道之斯行，绥之斯来，动之斯和。其生也荣，其死也哀，如之何其可及也？”

Chen Ziqin said to Zigong, “Surely you are being respectful [to your own teacher]. For how can Zhongni be superior to you?”

Zigong replied, “A gentleman can tell whether or not a person has knowledge just from a single remark he has made. Therefore, one cannot be too careful about what one says. The Master cannot be equaled, just as the sky cannot be scaled. Were he to become the head of a state or of a hereditary family, he would be like the man described in the saying ‘He only has to help them stand on their own, and they will stand on their own; he only has to steer them [toward the right direction], and they will forge ahead; he only has to set them at ease, and they will gravitate toward him; he only has to mobilize them, and they will work in harmony.’ He was honored when he was alive and mourned when he died. How can he be equaled?”

我在《孔子：喧嚣时代的孤独哲人》中写道：

“子贡的说法显然言过其实。孔子或许如苍天般崇高，但在鲁国这样的尘世国家，他无法施展子贡所说的那种魔力。孔子的政治表现显示子贡的说法是夸夸其谈，事实上，即便孔子真的掌权，春秋时代末期的世界恐怕已走到连魔法（无论哪一种魔法）都无法挽救的地步。”

尧曰第二十

一段时间以来，许多学者都觉得，《论语》的终章应该是卷十九，以子贡为夫子慷慨辩护作结。让子贡否决有人比孔子更有才能的说法，难道还有比这更合适的收尾吗？因此，这些学者认为，卷二十十分突兀，20.1 甚至 20.2 中的说话人不可能是孔子。他们论证说：其中的理念和表达方式都属于更晚的时期，不是战国末期，就是汉初。通行的传统文献提供了一些支持，但在过去三十年间，随着战国时期材料出土，发现了更多证据，我相信，可以更强有力地支撑这一观点。我在诠释中试图阐释，我对 20.1 和 20.2 的解读如何受到这些近期出土的竹简的影响。

20. 1A 尧曰："咨！尔舜！天之历数在尔躬，允执其中！四海困穷，天禄永终。"舜亦以命禹。曰："予小子履，敢用玄牡，敢昭告于皇皇后帝。有罪不敢赦。帝臣不蔽，简在帝心。朕躬有罪，无以万方；万方有罪，罪在朕躬。"周有大赉，善人是富。"虽有周亲，不如仁人；百姓有过，在予一人。"

Yao said, "Ah, you Shun! The order of succession, by Heaven's calculation, falls on your shoulders. Hold faithfully to the middle

[中] [, to rightness and that perfect balance]. If all within the four seas find themselves in a dire condition, Heaven will withdraw its blessings." Shun instructed Yu with the same command.

Tang said, "I, Lü, the little one, dare to sacrifice a black ox and dare to make this declaration plainly to the most august Lord [on High]. I dare not pardon those who have committed a crime. I will not hide anything, since we are subjects of our august Lord. The choice rests with our Lord. If I am guilty of a crime, do not let the ten thousand regions be entangled in it [and suffer as a consequence]. If the ten thousand regions are guilty of a crime, I am the one to blame."

The Zhou was greatly rewarded, having had in her service an abundance of good men.

[King Wu] said, "Even though I have my relatives, it is better to employ humane men. If the people transgressed, let the blame rest on me alone."

早在三世纪，当时的学者就相信，在汉末散佚的《论语》版本《古论语》中，20.1 单独成卷。其前半部分的历代帝王年代和尧的命令——舜应该“允执其中”——由舜传承给三代，即夏、商、周的开国者，使得这一章在《论语》中看起来前后不接、格格不入。学者们注意到，孔子从未长篇累牍探讨历史，更没有把历代帝王系统化。尧、舜、禹、文、武这些名字在他与人对话中出现过，整体来看，他的评论大都即兴而发，直奔主题。此外，尧的命令也有问题。尧说的这番话在《尚书 · 尧典》中没有记载，而该文献是尧舜权力让渡的最早记载。命令本身——“执其中”——在学者看来，其表述方式不可能早于战国时期。我相信，近期出土的文本——清华大学藏战国竹简《保训》直接回应了这些问题。该书开首是文王在临终之际对继承者最后的教导，此人就是之后的武王。临终前，君王告诉儿子，舜帝曾“亲耕于历丘，恐求中”，之后，这位帝王“既得中”，他“言不易实变名”，且“身兹备，惟允”。文王还告诉未来的武王另一个有关商汤王先祖的故事。在故事中，“中”这一理念也有关键作用。文王说，由于商汤王继承了“中”的教导，他“用受大命”，成为商朝开国帝王。

但“中”是什么呢？我以为，商汤王和武王从“天”那里寻求的——他们应该承担百姓的过错——可以作为“中”的一种解读。武王说，比起任用自己的亲属，“不如仁人”，这也是达成公正的一种方式。但商汤王向“上帝”昭告的是什么？是统治期间遇到了极端灾害吗？战国时期文献记载，在商汤王征服夏朝后，气候变得严酷——发生了旱灾——商汤王如是祈祷，希望如果自己承担罪责，“天”会降下甘霖，使百姓不再受苦。

20. 1B 谨权量，审法度，修废官，四方之政行焉。兴灭国，继绝世，举逸民，天下之民归心焉。所重：民、食、丧、祭。宽则得众，信则民任焉。敏则有功，公则说。

Be careful and precise in setting the standards for weights and measures; give a thorough evaluation of the legal models and regulations; and restore the offices that have been abolished. Revive states that are about to perish and lineages that are about to come to an end. [Locate] men of worth who have gone into hiding, and elevate them to positions of prominence. [In this way,] people in the empire will gravitate toward you. What is important: food for the people, mourning and sacrificial rites.

If you are large-minded, you will win the hearts of the people. If you are trustworthy, people will have confidence in you. If you are quick in response, you will get things done. If you are just, people will be pleased.

一些学者相信，20.1 后半部分说话的人是孔子。另一些人觉得，最好不要裁定说话人是谁，因为这段记载的真实性尚不确定——除了末段，因为末段重复了 17.6 中孔子对子张说的话，只有少许出入：在 17.6 中，孔子强调了“惠”之德，但这里对谈者说的是“恭”之德。

20. 2 子张问于孔子曰：“何如斯可以从政矣？”子曰：“尊五美，屏四恶，斯可以从政矣。”子张曰：“何谓五美？”子曰：“君子惠而不费，劳而不怨，欲而不贪，泰而不骄，威而不猛。”
子张曰：“何谓惠而不费？”子曰：“因民之所利而利之，斯不亦惠而不费乎？择可劳而劳之，又谁怨？欲仁而得仁，又焉贪？君子无众寡，无小大，无敢慢，斯不亦泰而不骄乎？君子正其衣冠，尊其瞻视，俨然人望而畏之，斯不亦威而不猛乎？”子张曰：“何谓四恶？”子曰：“不教而杀，谓之虐；不戒视成，谓之暴；慢令致期谓之贼；犹之与人也，出纳之吝，谓之有司。”

Zizhang asked Confucius, “What must a man be like before he

is able to serve in government?"

The Master said, "Respect the five beautiful traits and shun the four abhorrent ones, and then he is able to serve in government."

Zizhang asked, "What are the five beautiful traits?"

The Master said, "A gentleman is generous but is not wasteful. He works the people hard but does not incur their resentment. He has desires but is not covetous. He has breadth of character but is not arrogant. He is dignified but is not fierce."

Zizhang asked, "What does it mean to be generous but not wasteful?"

The Master said, "Benefit the people by letting them understand how they can best take advantage of their situation—is this not being generous without being wasteful? Push people to work harder on projects they are capable of carrying out—who will be resentful? Desire humaneness and obtain it—how is this covetous? The gentleman dares not be disrespectful whether he is dealing with a few or with many, with people big or small—is this not having breadth of character without being arrogant? The gentleman straightens his robe and cap and takes on a thoughtful gaze, and, seeing his stately presence, people are in awe—is this not being dignified without being fierce?"

Zizhang asked, "What are the four abhorrent traits?"

The Master said, "To execute people without first instructing them—this is cruelty. Not to give people warning and then suddenly expect results—this is tyranny. To be slow in issuing orders and then to be inflexible about the deadline—this is being harmful. Knowing that you have to give something to a person, but in the process of handing it over, behaving parsimoniously—this is like being a petty clerk."

钱穆在注疏中说，一些学者相信，本章和 20.1 都出自子张的后世追随者之手，他们想要专门收集子张和孔子有关治国理政的对话，因此本卷从帝王开始。但这一工作可能从未展开，也可能佚散了，因此到汉初，这两段记载出现在《论语》三种标准版本的结尾处。为了支撑论点，他们指出，尽管孔子对于治国有很多见解，他从没就此做出长篇论述，而本章正是如此。我想补充，就像卷十六中的篇章一样，本章比较类似战国文献，经常在散论的文本中出现列举、分类、以及是非的警告。此类论述的例子，包括韩非子的著作以及《礼记·孔子闲居》和出土的竹简《民之父母》。

20. 3 子曰:"不知命,无以为君子也。不知礼,无以立也。不知言,无以知人也。"

The Master said, "A person will have no way to become a gentleman if he does not understand destiny. He will have no way to find his balance if he does not know the rites. He will have no way to assess people's character if he does not have insight into words."

如果我们认同卷二十的必要性，那么相比 20.1 和 20.2，本章更适合为《论语》作结。钱穆相信，这段记录反映了"孔子论学中总挈纲要之言”。真是如此？我们知道,《论语》中的孔子避免谈及“命”，但他也说,“不知命,无以为君子也”。至于如何知人,他在2.10中说：“视其所以，观其所由，察其所安。人焉叟哉？人焉叟哉？”孔子在这些篇章中没有提到借“知言”来“知人”。其实，“知言”是孟子的长项——他告诉弟子公孙丑，“我知言，我善养吾浩然之气”。而“命”是孟子最后的教诲。他在《孟子》末尾说:“莫非命也,顺受其正，是故知命者不立乎岩墙之下。尽其道而死者，正命也。”因此孔子在本书中最后的话可能是孟子对《论语》的结语,但在全书接近收尾处，子张的追随者也设法在20.2中表明了观点。

译后记

鄢秀

译完金安平（Annping Chin）2014年“企鹅经典”出版的《论语英译及译注》（Confucius, *The Analects, translated with an Introduction and Commentary*），掩卷省思，这样一本译著，耗费时、力甚巨，意义究竟何在？

首先要了解金安平《论语》英译新版的意义。《论语》是孔子言行的记录，被后世儒家奉为经典，在汉代已有解经的传统，魏晋南北朝期间有了何晏与皇侃的集解，也就是我们今天看到的最早综合诸家的系统疏解。《论语》注疏传统，经历了两千年基本未断，到了宋代，发展出以道德义理为哲学核心的理学释义取向，在南宋出现了总结宋儒研究的朱熹《论语集注》，成为元明以来官方肯定的正统解释。到清代，朴学大兴，以严格的训诂音韵研究法探讨上古文献的版本字义，形成古文献学研究的考据学高潮，《论语》注疏的研究就出现了集传统解经学大成的刘宝楠《论语正义》。英译《论语》，一般是翻译正文，在遇到歧义纷纭的关键词句，才回到历代注疏之中，探求合理的解释，附加批注，厘清本意。金安平的著作，则以刘宝楠《论语正义》为基础，附加了历代注疏探讨的主要议题，撷要迻译，附在正文之下，可说是第一部注疏本《论语》英译。

金安平以西方语文阐释中国经学传统，涉及了跨文化认知与理解的议题。不同文化传统衍生出的语言文字，在表达思想概念与思维语境的意指之时，一定会牵扯出许多语言认知的认识论问题。用英文来阐释中国经学传统，就如以中文来译介印度传来的佛学思想，或解释西方传来的基督教神学，总是有些扞格凿枘的困境，甚至出现“不可译”的情况。这就需要延伸原来的文字传统，拓展文字蕴意的界限。魏晋南北朝以来，以中文翻译佛典，出现了拓展中文原有蕴意的“格义”法，或是干脆使用译音的直译法，拉撑与扩展了中文的思想触角，也同时赋予原典文字蕴意以新的思想概念空间与语境。从跨文化译介学的角度来思考金安平翻译《论语》并译介中国经学传统，相比于过去只是翻译《论语》本文，显然可以丰富西方对中国文化的理解。除此之外，这部书 还有一个现实的意义，就是为“中国文化走出去”提供了最佳的范例。将这样一部承继了中国两千年解经传统的著作译回中文，亦是为中文读者延续这一文化。

这本《论语英译及译注》的翻译过程，艰辛而漫长。当初出版社编辑找我翻译这部书，认为我是“最合适的人选”。她说的几条理由，一是因为我在大学里从事翻译方面的研究和教学，尤其这二十年来一直在郑培凯的引领下，做了一系列经典与《论语》翻译的研究项目。对于我来说，做这些项目的初衷是精读细品、提高对经典的认识，再通过经解与翻译，体味中外学者因为不同的文化传统与读者受众，对文本诠释的不同取向。这一系列的研究，令我对《论语》注疏有些许认识，自然翻译起来会得心应手一些。其次，我（与郑培凯一起）跟“理想国”有过长期的合作，主编了《文化认同与语言焦虑》，之后又投入大量精力，审校了史景迁中国史著作的中译本系列。“理想国”对我的工作，应该是相当了解的。

编辑认为我合适。我自己呢？当时对于金安平女士和她的著作还是有一定的了解的，觉得这部《论语》英译包括了相当分量的历代注疏，很适合作为我在大学里教经典翻译的教材。在此之前我与金老师会过几次面，跟她长谈过我与郑培凯所做的研究。她也跟我们说过，要在企鹅出一本《论语》的新译。书一出来，金老师就送了签名本给我们夫妇，还说了指正之类的客气话。所以，在编辑跟我谈翻译这本书之前，我就已经先睹为快了。再者，经过这么多年对《论语》相关注疏文献的梳理，我心里还是有底的，觉得这项工作原则上自己是可以胜任的。为什么要这样说呢？为什么不谦虚一点呢？我明白这样说很危险，因为翻译永远不能取代原著，总会碰上文化歧异造成的拦路虎，遇到些吃力不讨好的困境。但我想说明一点，也是我常跟学生们提到的：翻译这项工作，如果心中连底都没有，不清楚自己是否能够胜任，绝对不应该接。但心中有底，并不代表就一定能做好，一定不犯错。相反，我更清楚不犯错有多难，要花多少功夫才能做得好。

在经解、注疏文献中摸索的时间相对愈长，于翻译研究及教学之中浸淫愈深，愈清楚面对的会是什么样的困难。首先，大量的回译工作，需要查找原典，工程浩大。而且真害怕一个不小心，会犯类似将“孟子”译成“孟席斯”的错误。原书作者将各家注疏文字译成英文，这自不必说，需要花功夫一一找到。但在她夹叙夹议的解说文字中，看似普通的英文，却也随时都是典故。我举一个例子：《序言》开篇第一段中，随手就拈来几个需要回译的引语：

He refrained from “putting forth theories,” the Analects says, and "did not think that he must be right." His approach is personal, so that even when a simple fellow asks him a question, Confucius has "to knock at both sides [of the question] until everything has been considered."

这里，"putting forth theories" 为 "述而不作"；"did not think that he must be right"，"毋我"；"to knock at both sides [of the question] until everything has been considered"，"叩其两端而竭焉"。即使是看似最平常的 a simple fellow, 亦有原文 "鄙夫" 相对。

译文：

论语说，孔子"述而不作"，不自以为是（"毋我"）。他的方式很个人化，因此即使一个普通人（"鄙夫"）问他问题，他也要"叩其两端而竭焉"。

再举第一篇《学而》，做例子：

1.1 子曰："学而时习之，不亦说乎？有朋自远方来，不亦乐乎？人不知而不愠，不亦君子乎？"

金安平是这样翻译的：

The Master said, "Is it not a pleasure to learn [xue] and, when it is timely, to practice what you have learned? Is it not a joy to have friends coming from afar? Is it not gentlemanly not to become resentful if no one takes notice of your learning?"

她将“时”译为“timely”。紧接着做了一番评述，讨论了“时”字的翻译：

An alternative translation of the first sentence might be: "Is it not a pleasure to learn and to repeat often what you have learned?" The differences in reading depend on how one understands the phrase shixi. The character shi could mean "timely" or "time and time again" ; the character xi could mean "to practice" or "to repeat [like a bird flapping its wings] what one has learned." The Qing scholar Jiao Xun, for instance, cites the Analects 7 : 8 , 6 : 21 , and 11 : 22 to support his reading of shi as "timeliness." He says, "To be able to act in a timely way signifies a higher stage of learning" and so "gives one pleasure." Most scholars from the Six Dynasties and the Song prefer the other interpretation. Huang Kan, for instance, thinks that shi here means that "one should review daily what one has learned [each year and throughout his life], not letting a moment go to waste." My decision to side with Jiao Xun has to do with Confucius' fourth-century BC follower Mencius' characterization of Confucius as "a sage whose action was timely." Mencius believes that such a sage is superior to those who are merely "beyond defilement" or "politically responsible," and he regards timeliness in action as the culmination of learning—not just learning as a pile of knowledge but learning, xue , as Confucius instructed, to fulfill one’s humanity both at home and in the broader world and learning to cultivate one’s moral and aesthetic sensibilities. A man of this kind of learning will draw even people from afar to his side, but if others “do not take notice of” what he possesses, he will not mind, because he has done it for himself.

这一番讨论牵涉到历代对“时”字的解释，包括孟子、六朝及宋代学者（如皇侃、邢昺）、清代学者焦循的解释。最后译者说明她选择焦循的解释，因为此解与孟子所形容的孔子相符。

根据她的讨论，再参考杨伯峻与杨逢彬对“时”字在上古的用法，我将金安平选定的“时”的意思，“timely”，译为“适时、合时”。

这一篇中牵涉到的回译有“圣之时者”（a sage whose action was timely），“圣之清”（beyond defilement），“圣之任”（politically responsible），“人不知”（if others do not take notice of what he possesses），“不愠”（he will not mind）。

我的译文如下：

另一种译法可以是：“Is it not a pleasure to learn and to repeat often what you have learned?”区别在于读此句时如何理解“时习”一词。“时”的意思可以是“适时、合时”或“一次又一次”；“习”字可以是“练习”或“重复”（像鸟儿拍翅学飞）学过的知识。

例如清代学者焦循就引《论语》7.8、6.21 及 11.22 支持他的说法，以“合时”来解释“时”字。他说：“当其可之谓时。说，解悦也。”大多数六朝及宋代学者则倾向另一种解释，如皇侃认为，“时”指的是“所学并日日修习（‘年中’与‘身中’）不暂废也”。我选择焦循的解释，与公元前四世纪时孟子形容孔子是“圣之时者”有关。孟子相信“圣之时”高于“圣之清”与“圣之任”，认为合乎时的行动是“学”的极致——孔子教导的“学”，不只是知识的堆积，而是能成于“仁”，达到“修齐治平”与道德审美的境界。有了这样的学问，就可以招徕远方之人，即使“人不知”也“不愠”，因为是为了自己而学。

以上的例子，我无需特别挑选，随意用了《序言》开篇第一段，以及《论语》第一篇（《学而》篇），是为了说明，作者随手引经据典、需要小心回译的文字，通篇皆是。要在浩如烟海的经典文字中对上原文，再加以核查，确属不易。稍不留心，就要犯错。所以单单这一步，就耗时、耗力甚巨。一直到最后一刻，都在核查原典。但即使如此，等译本出版，恐怕难免还会发现错误。若真如此，只能先行抱歉了。

金安平的翻译，融合了中国两千年的经典诠释学传统，以及她多年的研读。我在翻译的过程中，也结合了十多年一直延续的《论语》诠释研究项目，且译，且读，且分析。查阅各方资料之后，衡量历代学者总结的解释，帮助我在翻译过程中判断如何选词用字。所以这篇翻译，不敢说是最准确的，但起码选词造句方面，往往都能找到根据。

反过来看，翻译过程对研究所赋予的灵感和帮助似乎更多。有时不得不停下翻译，上穷碧落下黄泉，动手动脚找资料。比方说，前文提到的“时”字，除了焦循、皇侃、孟子、朱熹等古人之外，我与郑培凯（见鄢秀，郑培凯，2017，“学而时习——《论语》英译的训诂纠葛”）也查参看了当代各家之说，如杨伯峻、钱穆、李零等。

杨伯峻《论语译注》认为“时”是“按一定的时间”（杨伯峻，1980）。钱穆《论语新解》的译文是：“时时”（钱穆，2006）。李零在《丧家狗》中，总结“时习”，说晚上是复习的时间（李零，2007）。他们各有所本。

杨伯峻特别做了注释：

> “时”字在周秦时候若作副词用，等于《孟子·梁惠王上》“斧斤以时入山林”的“以时”，“在一定的时候”或者“在适当的时候”的意思。王肃的《论语注》正是这样解释的。朱熹的《论语集注》把它解为“时常”，是用后代的词义解释古书。（杨伯峻，1980：1）

杨伯峻认为最通行的朱熹解经诠释为“时常”，是以南宋理学时代对词义的理解来解释周秦时期的词义，犯了训诂的大忌。

钱穆也是了解古代注疏有“按一定的时间”的解释，且看他引用的“三说”：

> 时习：此有三说。一指年岁言：古人六岁始学识字，七八岁教以日常简单礼节，十岁教书写计算，十三岁教歌诗舞蹈，此指年为时。二指季节言：古人春夏学诗乐弦歌，秋冬学书礼射猎，此指季节为时。三指晨夕言：温习、进修、游散、休息，依时为之。（钱穆，2006）

钱穆所引的“三说”，基本来自皇侃（黄怀信，2008:19）的《论语义疏》，但他坚持沿用朱熹的诠释，把“时”解释成“时时”，是因为下面紧接着“习”字。而他对“习”字的训诂，是沿袭朱熹的看法而有所增益:“习者，如鸟学飞，数数反复。人之为学，当日复日，时复时，年复年，反复不已，老而无倦。”（钱穆，2006）

李零在《丧家狗》中，解释“时习”，说晚上是复习的时间，也是有原因的：

"时习"，一说是"学者以时诵习之"(《集解》引王肃)，即按时复习；一说是"既学而又时时习之"(《集注》)，即时时复习。杨伯峻说，前说才是周秦古书的用法，后说是用后代的词义解释古书，不可取。《国语 · 鲁语下》："士朝而受业，昼而讲贯，夕而习复。"复习是在晚上。(李零，2007：52)

对所有经解诠释有争议的字词，我们都会对照几位《论语》英译大家的译法。"时"字自然不例外。我们参照了理雅各、韦利、刘殿爵、杜胜及庞德的译文：

1）理雅各将"时习"译成 constant perseverance and application，也就是"坚持时时实习"。看起来他应该是沿袭朱熹的诠释。但在他的译文之下，加了长篇的注释与议论，说后世尊奉朱熹的学者盛赞朱熹的解释，"一贯正确，超越了经书所言"(continually being wise above what is written in the classical books)，也就是说朱夫子的智慧要高于孔夫子，也不知是真奉承，还是绵里藏针的讽刺。

2）韦利把"时"译成 at due times，与杨伯峻的"按一定的时间""在一定的时候"或者"在适当的时候"相类。

3）刘殿爵把"时"译作 at due intervals，承袭了韦利的译法，基本上跟随皇侃一脉的说法，与杨伯峻说的"按一定的时间""在一定的时候"或者"在适当的时候"相类。

4）杜胜译"时"作 at times。

5）庞德将"学而时习之"译成 Study with the seasons winging past。译文中的 with the seasons 符合皇侃注疏所说的"时"(黄

怀信，2008：19），更与《说文》解释“时”为春夏秋冬四时如出一辙（刘宝楠，1990：2—3）。

这样的研究对比，使得我在翻译相关内容时胸有成竹，清楚知道各种选择背后的复杂原因，可以厘清由古至今、由中至西的思维脉络，做出合理的选择。我们在翻译本书前后，发表了不少相关文章，包括《理雅各布如何翻译〈论语〉的“和”》《“德不孤必有邻”的英译》《论语注疏的英译（一）朝闻道》《论语注疏的英译（二）：“管仲器小”之诠释与英译》《“素以为绚”与“绘事后素”的注疏与英译》《宰予昼寝：〈论语〉英译与注疏的纠缠》《“游于艺”的英译与诠释》。今后还要继续将研究心得写成文章。这些文章正是这本书的注脚。

翻译一本关于经典诠释的书，涉及中英文文化传统概念的差异，想要适当阐释清楚，不是件容易的工作，费时费力。在香港当大学老师，工作紧张，只能见缝插针找时间，往往到了深夜，才有一点自己的时间。但翻译这本书，需要专注，花时间查资料，寻找恰当的词句……所以进度缓慢。感谢出版社的理解和宽容。好在上个学期（2018 年 9 月至 2019 年 1 月初），我得到在香港工作二十年的第一个学术假期，得以跟上海复旦大学傅杰、陈引驰等教授探讨翻译过程中的一些研究与思考，获益良多。最重要的是，终于得到整块的时间，将整本书的翻译完成了。谢谢李线宜老师为我在复旦工作给予的帮助。完成此书，我要感谢很多人，理想国的编辑吴晓斌先生、胡晓镜女士、罗丹妮女士，谢谢他们的耐心与指引。还有我的学生助理们，吴惠、赵欣冉、胡质楠、罗曼，何松骏在不同阶段都给了我大力的协助。

我要特别感谢我的先生郑培凯。研读《论语》，本来只是我的兴趣，拉着他一起做了几个相关课题，原来也只是为了深入学习，过程中可以随时请教他。没想到一做就是十多年。我们一起写文章，一起参加相关的学术研讨会。翻译这本书，更是时时用各种问题劳烦他。这个过程倒也让我真正体会了他学贯中西、博大精深的学养，更了解了何为诲人不倦——对于我的问题，从未有过丝毫的不耐烦；看我的文稿，总是先鼓励，说“写得很好啊”，再提出建议……有时我在想，我只能从《论语》中推想孔子为人师表的风范，而在现实生活中，每日观察郑老师的一言一行，倒也体会到为师为学应有的样子……

趁着己亥年农历新年假期，将这篇译后记写出来。期待译本出版，能够得到各方惠正的回馈。

参考文献

[1] 黄怀信 . 论语汇校集释（上册）[M]. 上海：古籍出版社，2008.

[2] 李零 . 丧家狗——我读《论语》[M]. 太原：山西人民出版社，2007.

[3] 刘宝楠 . 论语正义 [M]. 北京：中华书局，1990.

[4] 钱穆 . 论语新解 [EB/OL].2006 [2017-04-05].http://www.guoxue123.com/new/0001/lyxj/index.htm.

[5] 王夫之 . 读四书大全说 [M]. 北京：中华书局，1975.

[6] 鄢秀，郑培凯 . 学而时习——《论语》英译的训诂纠葛 . 东方翻译 , 49, 52—58. 2017.

[7] 杨伯峻 . 论语译注 [M]. 北京：中华书局，1980.

[8] 杨树达 . 论语疏证 [M]. 南昌：江西人民出版社，2007.

[9] 朱熹 . 四书集注 [M]. 南京：凤凰出版社，2005.

[10] CONFUCIUS. The Analects of Confucius[M]. WALEY A, trans. London: George Allen & Unwin, 1938.

[11] CONFUCIUS. The Analects[M]. CHIN A, trans. New York: Penguin Books, 2014.

[12] CONFUCIUS. The Analects[M]. DAWSON R, trans. Oxford: Oxford University Press, 1993.

[13] CONFUCIUS. The Analects[M]. LAU D C, trans. Hong Kong: Chinese University of Hong Kong Press, 1992.

[15] CONFUCIUS. Confucian Analects[M]. POUND E, trans. London: Peter Owen, 1951.

[15] LEGGE J. Confucian Analects, The Great Learning & The Doctrine of the Mean [M]. New York: Dover Publications, 1971.

附 录

Appendix 1A

DISCIPLES OF CONFUCIUS

The list includes all the disciples that appear in the *Analects*, with their personal names. One should consider the text together with the commentaries for a more nuanced description of the principal disciples.

Boniu 伯牛 (Ran Boniu 冉伯牛; Ran Geng 冉耕)	6.10, 11.3
Fan Chi 樊遲 (Fan Xu 樊須)	2.5, 6.22, 12.21, 12.22, 13.4, 13.19
Gongxi Hua 公西華 (Gongxi Chi 公西赤)	5.8, 6.4, 7.34, 11.22, 11.26
Gongye Chang 公冶長	5.1
Min Ziqian 閔子騫 (Min Sun 閔損)	6.9, 11.3, 11.5, 11.13, 11.14
Nan Rong 南容 (Nangong Tao 南宮韜)	5.2, 11.6
Qidiao Kai 漆彫開	5.6
Ran Qiu 冉求 (Ran You 冉有)	3.6, 5.8, 6.4, 6.8, 6.12, 7.15, 11.3, 11.13, 11.17, 11.22, 11.24, 11.26, 13.9, 13.14, 14.12, 16.1
Shen Cheng 申棖 (Zhou 周)	5.11
Tantai Mieming 澹臺滅明 (Ziyu 子羽)	6.14
Wuma Qi 巫馬旗 (Wuma Shi 巫馬施)	7.31
Yan Hui 顏回 (Yan Yuan 顏淵)	2.9, 5.9, 5.26, 6.3, 6.7, 6.11, 7.11, 9.11, 9.20, 9.21, 11.3, 11.4, 11.7, 11.8–11.11, 11.19, 11.23, 12.1, 15.11

Appendix 1B

HISTORICAL FIGURES

The list includes only the major figures that appear in the *Analects*; in most cases, the words and actions of these individuals are also found in the records of China's early history. The names of all other historical figures mentioned may be found in the Index.

Bi Xi 佛肸	17.7
Bo Yi 伯夷 and Shu Qi 叔齊	5.23, 7.15, 16.12, 18.8
Boyu 伯魚 (Kong Li 孔鯉)	11.8, 16.13, 17.10
Chen Chengzi 陳成子 (Chen Heng 陳恆)	14.21
Chen Wenzi 陳文子	5.19
Cuizi 崔子 (Cui Zhu 崔杼)	5.19
Duke Ai of Lu 魯哀公	2.19, 3.21, 6.3, 12.9, 14.21
Duke Ding of Lu 魯定公	3.19, 13.15
Duke Huan of Qi 齊桓公	14.15–14.17
Duke Jing of Qi 齊景公	12.11, 16.12, 18.3
Duke Ling of Wei 衛靈公	14.19, 15.1
Duke of Lu 魯公 (Bo Qin 伯禽)	18.10
Duke of Zhou 周公	7.5, 8.11, 11.17, 18.10
Duke Wen of Jin 晉文公	14.15
Duke Zhao of Lu 魯昭公	7.31
Gao Yao 皋陶	12.22
Gongshan Furao 公山弗擾 (Gongshan Buniu 公山不狃)	17.5
Governor of She 葉公	7.19, 13.16, 13.18
Grand Musician Zhi 大師摯	3.23, 8.15, 18.9

Appendix 2A

CHINESE TERMS

Below is a find-list of key Chinese terms with variants of their translation. One should refer to the commentaries for their broader meanings. It is important to note that sometimes, instead of the Chinese term, a variant of its translation appears in the entry.

cai 才	talent, material (5.7, 8.20)
chi 耻	shameful, having a sense of shame (1.13, 2.3, 13.20, 14.1)
dao 道	Way, way, moral way, path, road (4.8, 6.17, 6.27, 7.6, 8.13, 15.29, 15.32, 15.40, 17.14, 18.7, 19.2 19.4, 19.7, 19.22)
de 德	virtue, integrity, power, kindness (1.9, 2.1, 4.25, 6.29, 7.3, 7.6, 7.23, 8.20, 9.18, 12.10, 12.21, 14.4, 14.33, 14.34, 15.4, 15.13, 15.27, 17.13, 17.14, 19.2)
e 惡	morally culpable, vile (4.4)
he 和	harmony (1.12, 13.23)
hui 誨	to teach by way of imparting light (7.2, 7.7, 14.7)
jing 敬	respect, respectful attitude, reverence (1.5, 13.19, 14.42, 15.6, 15.38, 19.1)
juan 狷	overly cautious (13.21)
junzi 君子	a gentleman (2.12, 2.13, 2.14, 4.10, 4.16, 5.3, 6.18, 6.26, 6.27, 7.26, 7.33, 8.6, 9.14, 11.21, 12.4, 12.5, 12.15, 12.16, 12.24, 13.23, 13.25, 13.26, 14.6, 14.23, 14.26, 14.27, 14.28, 14.42, 15.2, 15.7, 15.18, 15.19, 15.21, 15.22, 15.23, 15.34, 15.37, 16.8, 16.10, 16.13, 17.23, 17.24, 19.7, 19.9, 19.10, 19.12, 19.21, 19.25, 20.3); men in the ruling position, men born with hereditary status (1.8, 4.11, 12.19)

kuang 狂	wildly spirited (5.22, 13.21, 17.16)
li 利	suitability, profit (9.1)
li 禮	rites, ritual propriety (1.12, 1.13, 2.3, 2.5, 2.23, 3.6, 3.7, 3.8, 3.9, 3.11, 3.12, 3.15, 3.17, 3.22, 3.26, 4.13, 6.27, 7.13, 8.2, 8.8, 9.3, 9.11, 11.26, 12.1, 12.2, 12.18, 13.4, 14.41, 15.18, 15.33, 16.13, 17.11, 20.3)
ming 命	destiny (6.10, 9.1, 12.5, 14.36, 20.3)
ning 佞	glib (11.25, 14.32, 15.11, 16.4); skillful in speech (5.5, 6.16)
qi 器	vessel, implement (2.12, 5.4)
quan 權	exercising moral discretion (9.30)
ren 仁	humane, humaneness (1.2, 4.1, 4.2, 4.3, 4.4, 4.5, 4.6, 5.5, 5.8, 5.19, 6.7, 6.22, 6.30, 7.6, 7.34, 8.2, 8.7, 9.1, 9.29, 12.2, 12.3, 12.22, 12.24, 13.12, 13.19, 13.27, 14.1, 14.4, 14.5, 14.16, 14.28, 15.8, 15.10, 15.33, 15.35, 15.36, 17.1, 17.6, 17.8, 17.17, 18.1, 19.6, 19.16); character (4.7)
ru 儒	ritual specialists and professional men with textual knowledge (6.13). Confucius was a *ru*. Later the term refers to his followers and ideas associated with him.
shan 善	goodness (16.11)
shanren 善人	a good man (7.26, 11.20, 13.11, 13.29)
sheng 聖	sage (6.30, 7.26, 7.34, 9.6, 16.8, 19.12)
shengui 神鬼	gods and spirits (7.21, 8.21, 11.12)
shi 詩	odes, poems, poetry (1.15, 2.2, 3.2, 3.8, 3.20, 8.8, 8.15, 13.5, 16.13, 17.9, 17.10)
shi 士	a man of education and professional aspiration, a man good enough to be in government, a common gentleman (4.9, 8.7, 12.20, 13.20, 13.28, 14.2, 15.10, 19.1)
shi 時	timely, timeliness (1.1, 10.27)
shu 恕	treating others with and awareness that they, too, are alive with humanity; putting oneself in the other person's place (4.15, 15.24)
si 思	to think (2.15, 9.31, 15.31)

tian 天	heaven meaning nature (8.19, 17.19); Heaven meaning the supreme moral force and that which decides human destiny (3.24, 5.13, 6.28, 7.23, 9.5, 9.6, 9.12, 11.9, 12.5, 14.35, 20.1); heaven meaning the sky (19.25)
tianming 天命	what Heaven decreed, what Heaven intended (2.4, 16.8)
wen 文	culture, cultural refinement, literature, written works (1.6, 3.14, 5.13, 5.15, 6.27, 7.1, 7.25, 8.19, 9.4, 9.11, 11.3, 12.18, 12.24)
xi 習	practice (1.1, 17.2)
xian 賢	worthiness, worthy (14.31, 14.37)
xiao 孝	filial, filiality (1.2, 1.6, 1.11, 2.5, 2.6, 2.7, 2.8, 4.18, 4.20, 4.21, 8.3, 9.18)
xiaoren 小人	a petty man (2.14, 4.16, 13.4, 13.25, 13.26, 14.6, 14.23, 15.2, 15.21, 15.34, 16.8, 17.23, 19.8); a commoner, common people (4.11, 12.19); a servant (17.25)
xin 信	trust, trustworthy (1.8, 1.13, 5.28, 7.25, 8.13, 9.25, 12.7, 12.10, 13.4, 15.6, 15.18, 17.8, 19.10)
xing 性	human nature (5.13, 7.2, 17.2)
xing 行	deed, action, conduct, to act (7.22, 7.25, 7.33, 11.3, 12.3, 12.22, 14.3, 14.27, 15.6, 18.8)
xue 學	learning, to learn, to study (1.1, 2.15, 5.28, 6.3, 7.2, 7.3, 8.12, 8.13, 8.17, 9.30, 11.7, 14.24, 15.3, 15.31, 15.32, 17.8, 19.5, 19.6, 19.7, 19.13)
yan 言	words, speech, to speak (4.22, 4.24, 5.25, 9.24, 11.3, 12.3, 14.3, 14.4, 14.20, 15.6, 15.8, 15.23, 17.19, 18.8, 20.3)
yi 義	what is right, rightness, fairness (1.13, 4.10, 6.22, 7.3, 12.10, 13.4, 15.17, 15.18, 16.10, 16.11, 17.23, 18.7, 19.1)
yong 勇	courage, courageous, brave (2.24, 9.29, 14.4, 14.28, 17.8, 17.23)
yue / le 樂	*yue*: music (3.3, 3.23, 7.14, 8.8, 8.15, 9.15, 15.11, 16.13, 17.11); *le*: joy, pleasure (1.1, 6.11, 6.20, 16.5)

zheng 政	to govern, to rule, government (1.10, 2.1, 11.3, 11.26, 12.7, 12.11, 12.14, 12.17, 12.19, 13.1, 13.2, 13.3, 13.6, 13.14, 13.16, 13.17, 16.2)
zheng 正	to correct, to rectify, upright (12.17, 13.6, 13.13)
zhengming 正名	rectifying names (12.27, 13.3)
zhi 知	to know, to understand, knowledge, all-knowing cognizance (2.17, 6.20, 7.20, 8.9, 9.8, 12.22, 14.35, 15.33, 15.34, 16.9, 17.8); wise, wisdom (4.2, 6.22, 9.29, 14.28, 15.8)
zhi 直	upright, uprightness (6.19, 12.22, 13.18, 14.34, 15.7, 15.26, 16.4, 17.8)
zhong 忠	to do one's best (1.8, 5.19, 5.28, 7.25, 9.25, 12.10, 12.14, 13.19, 14.7, 15.6)

Appendix 2B

MAJOR TOPICS

Many topics are cross-listed with their Chinese terms. One should go to the discussion in the commentaries for references in square brackets, and to Appendix 2A for the transliterated terms.

action, conduct	See *xing* 行.
archery	3.7, 3.16
barbarians	3.5, 9.14, 13.19
Confucius' self-description	2.4, 7.1–7.8, 7.12, 7.19, 7.24, 7.28, 7.33, 7.34, 9.6, 9.7, 9.16, 14.28
courage	See *yong*.
culture, literature	See *wen*.
destiny	See *ming*.
doing one's best	See *zhong*.
fengjian enfeoffment system	[2.3, 7.5]
filial, filiality	See *xiao* and also 4.19, 17.21.
friend, friendship	12.23, 12.24, 16.4, 19.3
funeral/mourning	2.5, 3.2, 3.26, 7.9, 10.25, 12.8, 12.9, 12.10, 12.11, 17.21, 19.14, 19.17
gentleman	See *junzi*.
glib	See *ning*.
gods and spirits	See *shengui*.
good man	See *shanren*.
government/ruler	See *zheng* and also 1.5, 2.19, 2.20, 3.19, 13.15, 14.15, 18.10.
harmony	See *he*.
Heaven, heaven, nature	See *tian*.
Heaven's decree	See *tianming*.
human nature	See *xing* 性.

Appendix 3

CHINESE SCHOLARS AND THINKERS CITED IN THE COMMENTARIES

Ban Gu 班固 (1613–1682)	15.26, 15.29
Bao Shenyan 包慎言 (Qing dynasty)	13.12
Bao Xian 包咸 (6 BC–65)	2.1, 2.8, 8.4
Cheng Shude 程樹德 (1877–1944)	5.7, 6.23
Cheng Yaotian 程瑤田 (1725–1814)	3.22, 6.27, 13.18
Cheng Yi 程頤 (1033–1107)	1.5, 4.7, 9.1, 12.10, 16.12
Dai Zhen 戴震 (1724–1777)	3.8, 17.3
Dong Zhongshu 董仲舒 (195?–105? BC)	3.26, 4.16, 6.17, 9.17, 15.15, 15.36
Fan Zuyu 范祖禹 (1041–1098)	1.11
Gu Yanwu 顧炎武 (1613–1682)	3.5
He Yan 何晏 (d. 249)	7.17, 9.1, 9.28, 15.21
Hu Anguo 胡安國 (1074–1138)	2.23
Huang Kan 皇侃 (488–545)	1.1, 1.2, 1.16, 7.21, 8.17, 19.10
Jiang Yong 江永 (1681–1762)	10.3
Jiao Hong (1541–1620)	3.19
Jiao Xun 焦循 (1763–1820)	1.1, 4.15, 4.16, 13.26, 17.9, 19.16
Jin Lüxiang 金履祥 (1232–1303)	18.6
Kong Anguo 孔安國 (second century BC)	1.11, 3.11, 5.26, 10.7, 10.14, 13.1
Li Ao 李翱 (772–841)	1.13
Liang Qichao 梁啟超 (1873–1929)	16.14
Lin Xiyuan 林希元 (1480–1560)	19.10

Notes

The three commentaries on the *Chunqiu* (the *Spring and Autumn Annals*), *Chunqiu Zuozhuan*, *Chunqiu Gongyangzhuan*, and *Chunqiu Guliangzhuan*, are cited as *Zuozhuan*, *Gongyangzhuan*, and *Gulianzhuan*. Liu Baonan's *Lunyu zhengyi* (Collected commentaries on the *Analects*) is cited as Liu. Cheng Shude's *Lunyu jishi* (Collected glosses on the *Analects*) is cited as Cheng. Qian Mu's *Lunyu xinjie* (New explication of the *Analects*) is cited as Qian. Detailed information on items referenced in the notes may be found in the bibliography.

PREFACE

vii **He refrained from:** *Analects* 9.4.

vii **has "to knock at both sides":** *Analects*, 9.8.

xi **more and more scholars are giving up this theory:** *Beijing daxue cang XiHan zhushu* (Peking University Collection of the Western Han Bamboo Manuscripts), vol. 1, pp. 224–225; Edward Shaughnessy, *Rewriting Early Chinese Texts*, pp. 49–61.

BOOK ONE

1 **1.1:** Cheng Shude, *Lunyu jishi*, pp. 2–4 (unless otherwise noted, all Cheng citations refer to this work); Zhu Xi, *Lunyu jizhu* in *Sishu zhangju*, p. 47; *Mencius*, 5B:1.

2 **1.2:** *Mencius*, 3A:4 (slightly revised from Lau's translation, p. 61); Liu Baonan, *Lunyu zhengyi*, pp. 4–5 (unless otherwise noted, all Liu citations refer to this work); Cheng, pp. 10–12.

3 **1.3:** Cf. 5.5, 11.25, 16.4, 17.13; see also Liu, p. 5.

3 **1.4:** Cf. 8.7, 11.18.

4 **1.5:** *Zuozhuan*, Duke Zhao, 13th year (ed. Yang Bojun, p. 4); Liu, pp. 7–10; Zhu Xi, *Lunyu jizhu* in *Sishu zhangju*, p. 49.

4 **1.6:** *Liji xunzuan*, *Naize* ("Rules in the Inner Quarters"), pp. 440–441; Zhu Xi, p. 49.

5 **1.7:** Liu, pp. 11–12.

6 **1.8:** Liu, pp. 12–13; Cheng, p. 33.

7 **1.9:** *Liji xunzuan*, *Jitong* ("Basic Principles of Sacrifice"), p. 723; also quoted in Liu, p. 13.

7 **1.10:** Liu, pp. 14–15.

8 **1.11:** Liu, pp. 15–16; *Mencius*, 4A:19, 7B:36; Qian Daxin, *Qianwen tang wen ji*, quoted in Liu, p. 16.

9 **1.12:** Liu, pp. 16–17; Qian Mu, *Lunyu xinjie*, pp. 17–18 (unless otherwise noted, all Qian citations refer to this work); Cheng, pp. 46–47. See, for instance, the *Analects* translations of Slingerland, Watson, and Huang.

9 **1.13:** Liu, pp. 17–18; Cheng, p. 51; *Zuozhuan*, Duke Xi, 4th year.

10 **1.14:** Cf. 6.11, 6.3, 9.11.

10 **1.15:** *Shijing zhuxi*, Ode 55, *Qiaoao*, pp. 155–158 (see Arthur Waley's translation, "Little Bay of Qi," in *The Book of Songs*, p. 46). See also Annping Chin, *The Authentic Confucius*, pp. 69–74 (unless otherwise noted, all Chin citations refer to this work).

11 **1.16:** Zhu Xi, p. 53; Liu, pp. 19–20; Cheng, 59.

BOOK TWO

12 **2.1:** Cf. 15.5; see also Liu, pp. 20–21.

12 **2.2:** *Shijing zhuxi*, Ode 297, pp. 997–1001 (see Waley's translation, "Stout," in *Book of Songs*, pp. 308–309); *Xunzi*, chapter 27, *Dalüe* (27.92), quoted in Liu, p. 22. Cf. 3.20.

13 **2.4:** Cf. 2.1, 2.2.

14 **2.5:** Liu, pp. 25–26.

15 **2.6:** Liu, p. 26.

15 **2.7:** Liu, pp. 26–27; Zhu Xi, p. 56; *Analects of Confucius*, trans. Burton Watson, p. 21.

16 **2.8:** Liu, pp. 27–28.

16 **2.9:** Cf. 9.20, 11.4; see also Liu, pp. 28–29.

16 **2.10:** Cf. 5.8, 5.9, 5.16, 5.17, 5.18, 5.19; see also Liu, p. 29.

17 **2.11:** Liu, pp. 29–30.

17 **2.12:** Liu Baonan, pp. 30–31; Zhu Xi, p. 57; Zhang Xuecheng, *Wenshi tongyi*, *juan* 3, pp. 19–21.

18 **2.13:** Cheng, p. 97; *Liji xunzuan*, *Ziyi* ("Black Robes"), pp. 815–816.

18 **2.14:** Liu, p. 31.

18 **2.15:** The first sentence: *Mencius*, 6A:15; *Xunzi jijie*, *Quanxue* ("Encouraging Learning"), pp. 12–13 (slightly revised from Watson's translation in *Basic Writings*, p. 20). The second sentence: cf. 15.31; see also Liu, pp. 31–32.

19 **2.16:** Liu, pp. 32–33; Cheng, pp. 104–110.

20 **2.17:** Cf. 9.12, 9.27, 11.13, 11.23, 11.25, 11.26, 12.12; see also Cheng, p. 111–112; Liu, p. 33; *Xunzi jijie*, p. 140.

20 **2.18:** Cf. 12.10, 12.20, 19.15; see also Liu, pp. 34–35.

21 **2.19:** Liu, p. 35; Zhu Xi, p. 58.

22 **2.20:** Cf. 6.8, 11.7, 11.17, 12.17, 12.18, 12.19; see also *Zuozhuan*, Duke Ai, 11th year.

22 **2.21:** Liu, pp. 36–37; Cheng, pp. 126–123; *Zuozhuan*, Duke Ai, 11th year.

23 **2.22:** Cheng, p. 127.

23 **2.23:** The two readings: Liu, pp. 39–40; Cheng, pp. 129–130. The last sentence: see Gu Yanwu, *Rizhilu*, quoted in Cheng, p. 128.

24 **2.24:** Liu, p. 41.

BOOK THREE

25 **3.1:** Cf. 11.17; see also Liu, pp. 43–44; Cheng, pp. 136–139; *Zuozhuan*, Duke Xiang, 11th year (ed. Yang), pp. 984–987, and Duke Ai, 11th year (ed. Yang), p. 1668.

25 **3.2:** Chin, pp. 48–49.

26 **3.3:** *Liji xunzuan*, *Ruxing*, p. 864; quoted in Liu, p. 44.

27 **3.4:** Cf. 11.10; see also *Xunzi jijie*, chapter 17, *Tianlun*, p. 318 (cited in Liu, p. 44, but slightly different from the original); *Liji xunzuan*, *Liyun*, p. 355 (cited in Liu, p. 44).

27 **3.5:** Zhu Xi, p. 62; Gu Yan Wu and Wang Fuzhi were quoted in Cheng, p. 150.

28 **3.6:** Cf. 6.4, 6.12, 11.17, 11.24; see also *Zuozhuan*, Duke Ai, 11th year, pp. 1657–1660; Liu, p. 46.

28 **3.7:** *Mencius*, 7A:41, 2A:7; Cheng, p. 155.

29 **3.8:** Dai Zhen, *Mengzi ziyi shuzheng*, section 37, 8a–b; Liu, pp. 48–49; Cheng, 157–160.

30 **3.9:** Liu, pp. 49–50; Zheng Xuan, *Lunyu Zhengshi zhu jishu*, p. 312.

31 **3.10:** Liu Baonan, *Additional Comments on the Analects* (*Lunyu buzhu*) (quoted in Cheng, p. 171); Liu, pp. 50–53.

31 **3.11:** Liu, p. 53; Cheng, pp. 173–174.

32 **3.12:** *Liji xunzuan, Jiyi* ("The Meaning of the Sacrifice"), p. 702.

32 **3.13:** Cf. 6.28, 14.19; see also *Mencius*, 5A:8; Sima Qian, *Shiji* (*Records of the Grand Historian*), 47:1920–1921; Liu, p. 56; Cheng, pp. 180–181.

33 **3.14:** Liu, p. 56.

34 **3.15:** Liu, pp. 56–57; Cheng, pp. 185–186.

34 **3.16:** *Liji Xunzuan, Sheyi* ("The Meaning of Archery"), p. 897; Cheng, pp. 188–189.

35 **3.17:** Cheng, pp. 191–195; Liu, pp. 59–62; *Gongyangzhuan*, Duke Wen, 6th and 16th years (SPPY), 13:8b–9a, 14:10a–11b.

36 **3.18:** Liu, p. 62.

36 **3.19:** Liu, p. 62; Cheng, p. 197.

37 **3.20:** Cf. 16.13, 2.2; *Shijing*, Ode 1 (Owen's translation in Stephen Owen, trans. and ed., *An Anthology of Chinese Literature*, pp. 30–31).

37 **3.21:** Cf. 5.10, 6.26, 11.3, 17.21; see also Cheng, pp. 200–206; Liu, pp. 63–66; Chin, 65–66.

38 **3.22:** Liu, pp. 68–70; Cheng Yaotian, *Lunxue xiaoji* (*Informal discussions about learning*), quoted in Liu Baonan, p. 67.

39 **3.23 playing of "metal instruments":** Liu, pp. 70–71; Zheng Xuan, p. 22, also quoted in Liu, pp. 70–71. Mencius on Confucius and music: *Mencius*, 5B.1; Cheng, pp. 216–217.

40 **3.24:** Yang Bojun's commentary to *Zuozhuan*, Duke Xiang, 14th year, pp. 1017–1018; Liu, pp. 72–73.

41 **3.25:** Cf. 7.14; see also Sun Xingyan, *Shangshu jinguwen zhushu*, *Gaoyaomo*, part 3, pp. 123–133; Chin, 152–153.

41 **3.26:** Dong Zhongshu, *Chunqiu fanlu yizheng*, *Renyifa* ("Models of Humaneness and Rightness"), pp. 226–227; quoted in Liu, p. 74.

BOOK FOUR

43 **4.1:** Liu, pp. 74–75; Cheng, pp. 227–228; Mencius, 2A:7.

43 **4.2:** *Liji xunzuan, Fangji*, p. 758, and *Biaoji*, p. 784; Liu, p. 75.

44 **4.3:** Liu, p. 75.

44 **4.4:** Dong, *Chunqiu fanlu yizheng*, *Yuying*, p. 78; quoted in Liu, 75–76.

45 **4.5:** Liu, 76–77.

46 **4.6:** The second sentence: Liu, pp. 77–78; Zhu Xi, p. 70.

47 **4.7:** Zhu Xi, p. 71; Liu, p. 78.

47 **4.8:** Liu, p. 78.

48 **4.9 Liu Baonan says:** Liu, p. 78.

48 **4.10:** *Hou Hanshu*, "Biography of Liu Liang," quoted in Liu Baonan, p. 79; see also Cheng, pp. 247–249; Qian Mu, pp. 93–94.

49 **4.11:** On *xiaoren*: see Liu, pp. 79–80. On *junzi*: see Qian Mu, pp. 94–95; Cheng, p. 251.

49 **4.12:** Qian Mu, p. 95; Liu, p. 80; *Xunzi jijie*, p. 502.

50 **4.13:** Liu, p. 80; Qian, p. 96.

50 **4.14:** *Xunzi*, chapter 6; quoted in Liu, pp. 80–81.

51 **4.15:** On *zhong* and *shu*: Jiao Xun, *Diaogulou ji* (Collected essays from the Diaogu Pavilion), cited in Cheng Shude, pp. 259–260, and Liu Baonan, p. 81; see also *Mencius*, 2A:8 and 3A:4. On *zhong* (the middle): cf. 20.1; see also *Baoxun* ("Treasured Instructions"), in the *Qinghua daxue cang zhanguo zhujian* (Tsinghua University Collection of the Warring States Bamboo Texts), p. 143.

52 **4.16:** Dong is quoted in Qian Mu, p. 100; see also Liu, 82–83; Cheng, 267–268; *Xunzi*, section 9.

53 **4.17:** *Xunzi jijie*, *Xiushen*, pp. 20–21, quoted in Liu, p. 83.

53 **4.18 Scholars in their commentaries:** *Tangong* chapter and *Jiyi* chapter of *Liji Zhengzhu (The Book of Rites* with Zheng Xuan's commentary), quoted in Liu, pp. 83–84.

55 **4.21:** Cheng, p. 275.

55 **4.22:** *Liji xunzuan*, *Ziyi*, p. 815 (quoted in Liu, p. 85); *Liji xunzuan*, *Biaoji*, pp. 798–799.

56 **4.23:** Liu, p. 85; *Liji xunzuan*, *Biaoji*, pp. 787–788 (partially quoted in Liu).

57 **4.25:** Liu, pp. 85–86; Qian Mu, p. 106.

57 **4.26:** Cf. 2.7; see also Liu, p. 86; Qian Mu, p. 107; Zheng Xuan, *Lunyu Zhengshi zhu jishu*, p. 378.

BOOK FIVE

58 **5.1:** Cheng, pp. 285–286; Liu, p. 87. Xunzi on disgrace: *Xunzi jijie*, chapter 18, *Zhenglun* (see John Knoblock's translation, vol. 3, pp. 46–47).

59 **5.2:** Liu, pp. 87–88; Cheng, pp. 287–289; Sima Qian, *Shiji*, 47: 1907–1908; *Kongzi jiayu*, pp. 522–525; Ode 256, *Yang* ("Admiration"), *Shijing zhuxi*, pp. 559–560.

60 **5.3:** Liu Xiang, *Shuoyuan jiaozheng*, *Zhengli* ("Principles of Government"), pp. 158–159; *Lüshi chunqiu*, *Chaxian* ("Obervving the Worthy"), 21:277–278; Cheng, pp. 290–292.

60 **5.4:** Zhu Xi, p. 76; Herbert Fingarette, *Confucius*, pp. 71–76; Qian, p. 111.

61 **5.5:** Cheng, pp. 294–295. On the initial consonant of *ren* and *ning*, see Zhang Taiyan, *Guogu lunheng*, pp. 25–28.

62 **5.6:** Cf. 18.6; see also Liu, p. 90; Cheng, pp. 296–297.

62 **5.7:** Liu, pp. 91–92; Cheng, pp. 299–302.

64 **5.9:** Cf. 1:15, 2.9, 9.11; see also *Xunzi jijie*, chapter 8, *Xiaoru*, pp. 139–141.

65 **5.10:** Cf. 3.21, 6.26, 11.3, 17.21; see also *Zuozhuan*, Duke Ai, 14th year, pp. 1683–1685.

65 **5.11:** Qian Mu, p. 120; Liu, p. 97; Cheng, p. 316.

66 **5.12:** Qian Mu, pp. 121–122; Liu, pp. 97–98. For other English translations, see those by Slingerland, p. 44; Watson, p. 17; and Legge, p. 177.

66 **5.13:** Cf. 7.1, 9.11; see also Cheng, pp. 318–323; Liu, pp. 98–100.

67 **5.14:** Cf. 5.7, 7.11, 11.22, 12.12.

68 **5.15:** *Zuozhuan*, Duke Ai, 11th year (pp. 1665–1667), and Duke Zhao, 5th year (p. 1163); Cheng, pp. 325–326; Liu, p. 100; Chin, pp. 119–121.

68 **5.16:** Zichan: *Zuozhuan*, Xianggong, 30th year, and Zhaogong, 20th year; Liu, p. 101; Chin, pp. 56–57. Zhu Xi on Zichan: Zhu Xi, p. 79; *Zuozhuan*, Xiang, 30th year, p. 1181.

69 **5.17:** Qian, p. 125; Liu, p. 101.

69 **5.18:** Cheng, pp. 328–331; Liu, pp. 102–103; *Zuozhuan*, Duke Wen, 2nd year, pp. 525–526.

71 **5.19:** Liu, pp. 103–104; Cheng, pp. 331–335; Qian, p. 127; Ziwen: *Zuozhuan,* Xuan, 4th year, pp. 679–683; Zhuang, 30th year, p. 247; Xi, 23rd year, p. 402. Cuizi and Chen Wenzi: *Zuozhuan*, Xiang, 19th year, pp. 1048–1050, and Xiang, 25th year, pp. 1096–1099; see also Liu, pp. 104–105; Cheng, pp. 335–337. Cuizi (Cui Zhu) and historians of Qi: *Zuozhuan*, Xiang, 25th year, p. 1099; see also *Xinxu jiaoshi*, *Jieshi* ("Men of Integrity"), pp. 903–908..

73 **5.20:** *Zuozhuan*, Cheng, 16th year, p. 894; Xiang, 5th year, pp. 944–945; and Wen, 18th year, pp. 631–632. See also Cheng, pp. 337–340; Liu, p. 105.

74 **5.21:** Cheng, pp. 340–343; Qian, pp. 129–130; Liu, p. 106; see also *Zuozhuan*, Duke Wen, 4th year, where Ning Wuzi showed knowledge and wisdom on a visit to the court of Lu (pp. 535–536).

74 **5.22:** Cf. 6.18, 13.21; see also *Mencius*, 7B:37; Liu, pp. 402–406.

75 **5.23:** Qian, pp. 132–133; Cheng, pp. 345–346. Sima Qian on Bo

Yi and Shu Qi: *Shiji*, 61:2127, 2123 (Watson's translation, *Ssu-ma Ch'ien Grand Historian of China*, p. 188).

76 **5.24:** Cheng, pp. 346–348; Liu, p. 108.

77 **5.25:** *Liji xunzuan*, *Biaoji* ("Records of Exemplary Conduct"), p. 781; Cheng, p. 348; Liu, pp. 108–109. Identity of Zuoqiu Ming: see Cheng Shude's discussion, pp. 348–352.

78 **5.26:** Liu, pp. 109–110.

79 **5.27:** Liu, pp. 110–111.

79 **5.28:** Cf. 7.18, 7.32; see also Liu, p. 110; Cheng, pp. 358–359.

BOOK SIX

80 **6.1:** *Xunzi*, "Contra Twelve Philosophers" (*Fei shi'erzi*) in *Xunzi jijie*, pp. 60–66; *Shanghai Bowuguan cang Zhanguo Chu zhushu*, vol. 3, pp. 261–283; Liu Baonan, pp. 111–112.

80 **6.2:** Liu, 112–113; *Zhuangzi jishi*, "The Great and Venerable Teacher" (*Dazongshi*), "The Mountain Tree" (*Shanmu*), pp.44–45, pp. 125–126; *Chuci duben (Songs of Chu)*, "Crossing the River" (*Shejiang*), p. 99; *Shuoyuan jiaozheng*, "Refining Culture" (*Xiuwen*), pp. 498–499.

81 **6.3:** Cf. 11.8; see also Liu, pp. 113–114; Qian, pp. 140–141.

82 **6.4:** Cf. 7.34, 11.26; see also Liu, pp. 114–115; Qian Mu, p. 142; *Liji xunzuan*, *Tangong*, part 1, pp. 91–91.

82 **6.5:** Cf. 14.1; see also Liu, pp. 115–116; Qian, p. 143.

83 **6.7:** Qian, pp. 145–146.

84 **6.8:** Cf. 2.20; see also *Zuozhuan*, Duke Ai, 11th year, p. 1668; Chin, pp. 119–126.

84 **6.9:** Cf. 11.3, 11.5, 11.14, 17.5; see also *Zuozhuan*, Duke Xi, 1st year, pp. 278–279; Chin, pp. 29–36; Liu, p. 119.

85 **6.10:** Cf. 11.3, 11.9, 11.10, Liu, pp. 119–121; see also Zhu Xi, p. 87

6.11: Cf. 9.11.

6.12: Cf. 8.7, 19.7, 19.12; see also Liu, pp. 121–122; Chin, pp. 134–137.

86 **6.13:** Liu, p. 122; Cheng, pp. 389–391.

87 **6.14:** Liu, pp. 122–123; Zhu Xi, p. 88.

87 **6.15:** *Zuozhuan*, Duke Ai, 11th year, pp. 1657–1660.

88 **6.16:** Qian, pp. 153–154; Liu, p. 124.

88 **6.17:** Liu, pp. 124–125.

89 **6.18:** Liu, p. 125.

89 **6.19:** Liu, pp. 125–126.

90 **6.20:** Liu, p. 126.

90 **6.21:** Cf. 5.13, 9.11, 11.22, 19.3; see also Liu, p. 126.
90 **6.22:** Liu, pp. 126–127; cf. 12.22; Qian, pp. 157–158; *Sources of Chinese Tradition*, p. 596.
91 **6.23:** Qian, pp. 158–159; Liu, pp. 127–128; Cheng, pp. 410–411; cf. *Mencius*, 7A:1; 7A:2.
92 **6.24:** Liu, pp. 128–129.
93 **6.25:** Cheng, pp. 412–415.
93 **6.26:** *Mencius*, 5A:2.
94 **6.27:** Liu, pp. 130–131; Cheng Yaotian, *Lunxue xiaoji*, essay 2, *Bowen pian*, in *Tongyi lu*; Cheng Shude, pp. 417–419.
95 **6.28:** Cf. 3.13; see also Qian Mu, *Kongzi zhuan*, pp. 45–47; Chin, pp. 90–91; Sima Qian, *Shiji*, 47:1920–1921.
95 **6.29:** Qian, pp. 163–164; Cheng, pp. 425–427.
96 **6.30:** Cheng, pp. 427–430.

BOOK SEVEN

97 **7.1:** Liu, p. 135.
98 **7.2:** Cf. 15.3; see also Liu, p. 136; Cheng, pp. 438–439; Xu Shen, *Shuowen jiezi*, 3A:10a; 3B:41a (pp. 91, 128).
98 **7.3:** See Zheng Xuan's comments quoted in Liu, p. 137.
98 **7.4:** Qian, p. 169.
99 **7.5:** Cf. 17.5; see also Chin, pp. 41–48.
99 **7.6:** Liu, pp. 137–138.
100 **7.7:** Liu, pp. 138–139.
100 **7.8:** Chin, p. 144.
101 **7.9:** Qian, p. 173; Liu, pp. 139–140.
101 **7.10:** Qian, p. 173; Liu, pp. 139–140.
101 **7.11:** See *Laozi*, chapters 15, 26; *Mencius*, 6B:15; see also Zeng Guofan, *Zeng Wenzhenggong riji (The diary of Zeng Guofan)* (Taipei: Laogu wenhua shiye gongsi, 1979), pp. 55–56.
101 **7.12:** Cf. 9.6, 9.7; see also Liu, pp. 140–141; Cheng, pp. 454–455.
102 **7.13:** *Liji xunzuan*, *Jiyi* ("The Meaning of Sacrifice"), p. 701; Chin, 162.
102 **7.14:** Liu Xiang, *Shuoyuan jiaozheng*, "Refining Culture" (*Xiuwen*), p. 499; Chin, p. 153.
103 **7.15:** Liu, pp. 142–143.
104 **7.16:** Qian, pp. 178–179.
104 **7.17:** Liu, p. 144; Qian, p. 180.
105 **7.18:** Liu, pp. 145–146.
106 **7.19:** See *Zuozhuan*, Duke Ai, 2nd and 4th years, about the history of She (pp. 1618, 1625–1628), and also Duke Ding, 5th

year, and Duke Ai, 16th year, about the character of the Governor of She (p. 1552; pp. 1700–1704).

107 7.21: Liu, p. 146.

107 7.22: Liu, pp. 146–147.

107 7.23: *Zuozhuan*, Ding, 10th year (p. 1582); *Mencius*, 5A:8; Sima Qian, *Shiji*, 47:1921; Chin, pp. 100–102.

108 7.24: Cf. 7.8, 9.11, 17.19; see also Liu, p. 147.

109 7.25: Liu, p. 147.

109 7.26: Liu, p. 148.

110 7.27: Cf. *Mencius* 3B:1 (Lau's translation, p. 63); *Xunzi*, *Wangzhi* ("Regulations of a King"), Watson's translation, pp. 46–47; Liu, pp. 148–149.

111 7.29: Liu, pp. 149–150.

111 7.31: Liu, pp. 150–151.

113 7.33: Liu, p. 152; Qian, p. 194.

113 7.35: Liu, pp. 152–153; Qian, pp. 195–196; cf. 7.17.

114 7.36: Liu, p. 153; Qian, p. 197.

BOOK EIGHT

116 8.1: Liu, pp. 154–155; Qian, pp. 199–200.

117 8.2: Liu, pp. 155–156; Cheng, pp. 514–516.

117 8.3: Liu, pp. 156–157.

118 8.4: Liu, pp. 157–158.

119 8.5: Liu, pp. 158–159; Xu Gan, *Xu Dao* ("The Way of Humility"), in *Balanced Discourses (Zhonglun)* (revised from John Makeham's translation, pp. 50–53).

120 8.6: Liu, p. 159.

121 8.8: Chin, pp. 163–164.

121 8.9: Liu, pp. 162–163; Qian, p. 208.

122 8.10: For these scholars' commentaries, see Liu, p. 162.

122 8.11: Liu, p. 162; Qian, pp. 209–210; *Mencius*, 6B:13.

123 8.13: Cf. 14.1, 17.5, 17.7; see also *Mencius*, 7A:1, 7A:2; Liu, pp. 163–164; Chin, pp. 23–40.

124 8.14: *Mencius*, 5B:5 (Lau's translation, p. 117); Liu, p. 164.

124 8.15: Liu, pp. 164–165.

125 8.16: *Xunzi jijie*, chapter 3, *Bugou*, pp. 42–44, quoted in Liu, p. 165; Waley, trans., *Analects*, p. 135.

125 8.17: Liu, p. 165.

125 8.18: Qian, p. 215; Liu, pp. 165–166.

126 8.19: *Laozi* (Lau's translation, p. 82); *Xunzi jijie*, chapter 3, p. 46.

126 8.20: Liu, pp. 167–168; Qian, pp. 216–218.

BOOK NINE

129 **9.1:** Liu, p. 172; Zhu Xi, p. 109.
130 **9.2:** Cf. 8.19; see also Liu, pp. 172–173; Waley, trans., *Analects*, pp. 138, 244.
130 **9.3:** Liu, pp. 173–174.
131 **9.4:** Zhu Xi, pp. 109–110; *Lunyu Zhengshi zhu jishu*, pp. 128–129.
131 **9.5:** Cf. 17.1; see also Liu, pp. 176–177; *Zuozhuan*, Duke Ding, 6th year, pp. 1556–1557; *Hanshi waizhuan*, 6:21 (11b–12a); Chin, pp. 102–104.
132 **9.6:** Liu, pp. 177–178.
133 **9.7:** Cheng, pp. 583–584.
133 **9.8:** Cheng, p. 591; Qian, pp. 227–228.
134 **9.9:** Liu, pp. 179–180.
134 **9.10:** Cheng, p. 591; Qian, pp. 229–230.
135 **9.11:** Cf. 2.9, 5.9, 6.3; see also Chin, pp. 73–74.
135 **9.12:** Liu, p. 184; Qian, pp. 232–234; Chin, pp. 76–77.
136 **9.13:** Liu, pp. 184–185; Cheng, pp. 601–604.
137 **9.14:** Cheng, pp. 604–606; Liu, pp. 185–186.
138 **9.15:** Liu, pp. 186–188.
138 **9.16:** Cheng, pp. 609–610.
138 **9.17:** *Mencius*, 4B.18; Dong Zhongshu, chapter 73, "Hymn to Mountains and Rivers" (the *Mencius* and Dong are quoted in Liu, p. 188); Cheng, pp. 610–611.
139 **9.18:** Liu, pp. 188–189; Zhu Xi, *Lunyu jizhu*, *Sishu zhangju jizhu*, p. 114.
140 **9.19:** *Mencius*, 7A:29 (Lau's translation); Liu, p. 189.
140 **9.20:** Liu, p. 189.
140 **9.21:** Cf. 9.11, 11.8, 11.9, 11.10, 11.11.
140 **9.22:** Liu, p. 190.
141 **9.23:** Liu, p. 190; Cheng, pp. 616–617.
141 **9.24:** Liu, pp. 190–191.
142 **9.26:** Zheng Xuan, quoted in Liu, p. 191; Chin, p. 49; *Zuozhuan*, Duke Xiang, 11th year, pp. 984–987.
143 **9.27:** Liu, pp. 192–193; Chin, pp. 79–81; see *Ode* 33.
143 **9.28:** *Lunyu Zhengshi, zhu jishu*, p. 417; Liu, p. 193; *Zhuangzi*, *Rangwang* ("Giving Away a Throne") (revised from Watson's translation, p. 319).
144 **9.29:** Liu, p. 193; cf. *Analects*, 4.1, 4.2; *Mencius*, 2A:2 (D. C. Lau's translation, pp. 31–32).
144 **9.30:** Chin, pp. 169–170.
145 **9.31:** Liu, pp. 193–195.

BOOK TEN

146 **10.2:** Liu, pp. 197–198; Chin, p. 177.
147 **10.3:** Liu, p. 198; Chin, p. 177.
148 **10.4:** Liu, pp. 201–205; Qian, pp. 251–253.
149 **10.5:** Qian, pp. 253–255; Liu, pp. 205–208.
149 **10.6:** Liu, pp. 209–218; Qian, pp. 255–257; Chin, pp. 175–176.
150 **10.7:** Liu, pp. 218–220; Chin, p. 179; *Liji xunzuan*, *Jiyi*, pp. 702–703.
151 **10.8:** Liu, pp. 219–223; Cheng, pp. 692–693; *Zhuangzi*, chapter 3 (Watson's translation, pp. 50–51).
152 **10.9:** Liu, pp. 223–224.
153 **10.11:** Liu, pp. 225–226.
153 **10.13:** Liu, pp. 225–226; *Liji xunzuan*, *Xiangyinjiu yi*, pp. 883–887, and *Zaji* chapter, pp. 650–651.
154 **10.14:** Liu, pp. 226–227; Cheng, p. 709; Qian, p. 262.
154 **10.15:** Liu, p. 227.
155 **10.17:** Liu, p. 228.
155 **10.18:** Liu, pp. 228–230; Qian, pp. 264–265; *Liji xunzuan*, *Sangfu xiaoji* ("Record of Smaller Matters in the Dress of Mourning"), pp. 450–451.
156 **10.19:** Liu, pp. 230–231.
156 **10.20:** Liu, p. 231; *Mencius*, 5B:7; *Xunzi*, chapter 27, *Dalue* ("Great Compendium").
157 **10.22:** Liu, pp. 231–232; Qian, p. 266; translation of passage 10.22 in Chin, pp. 178–179; *Liji xunzuan*, *Tankong*, part 1, p. 114.
157 **10.23:** Liu, p. 232.
157 **10.24:** Liu, p. 232.
158 **10.25:** *Xie* and *ban*: Liu, pp. 232–233; Qian, pp. 267–268. A change of expression: cf. 7.21; see also Chin, pp. 179–180.
159 **10.26:** Liu, pp. 234–235; Chin, p. 179.
159 **10.27:** Qian, pp. 269–271; Liu, pp. 235–236; *Mencius*, 5B.1.

BOOK ELEVEN

161 **11.1 "Before" and "after":** Cf. 7.7, 9.6, 9.7; see also Liu, pp. 236–237; Qian, pp. 275–276. *Yeren* and *junzi*: Liu, pp. 236–237; Zhu Xi, p. 123; Qian Mu, pp. 275–276; Chin, p. 77.
162 **11.2:** Qian, pp. 276–277; *Mencius*, 7B:18; Liu, p. 238.
162 **11.3:** Liu, pp. 238–239; Qian, p. 277.
163 **11.5:** Liu, pp. 239–240; Ban Gu, *Hanshu*, biography of Du Ye, 85:3447; *Hanshi waizhuan*, 2:5 (4a).

163 **11.6:** Cf. 5.2.
164 **11.8:** Chin, pp. 74–76.
164 **11.9:** Chin, pp. 74–76.
164 **11.10:** Chin, pp. 74–76.
165 **11.11:** Chin, pp. 74–76.
165 **11.12:** Liu, p. 243; *Mencius*, 7A:2; Qian, pp. 285–286.
166 **11.13:** *Zuozhuan,* Duke Ai, 15th year, pp. 1694–1696; Liu, pp. 243–244; Chin, pp. 81–82.
166 **11.14:** Liu, pp. 244–245; *Zuozhuan*, Duke Zhao, 25th year, pp. 1456–1466; Chin, pp. 58–62.
167 **11.15:** Cf. 9.29, 12.12; see also Liu, p. 245; Cheng, pp. 770–772; Liu Xiang, *Shuoyuan jiaozheng*, chapter 19, *Xiuwen*, pp. 508–510; Chin, p. 80.
168 **11.16:** Liu, pp. 245–246; *Liji xunzuan*, p. 745; p. 773; Chin, pp. 131–136.
168 **11.17:** Liu, pp. 246–247; *Zuozhuan*, Duke Ai, 12th year; *Gongyangzhuan*, Duke Xuan, 12th year (SPPY), 16:8a–b; *Guliangzhuan*, Duke Xuan, 12th year (SPPY), 12:15a; *Mencius*, 3A:3; Chin, pp. 123–126.
169 **11.18:** Cf. 5.22, 7.15, 11.16, 13.21; see also *Mencius*, 7B:37; Liu, p. 247; Zhu Xi, p. 127; *Zuo Commentary*, Duke Ai, 15th year, pp. 1694–95; *Kongzi jiayu*, chapter 12, *Dizixing* ("Conduct of the Disciples").
170 **11.19:** Cf. 5.9, 6.11, 9.11, 11.6, 12.8 14.29.
170 **11.20:** Liu, p. 249.
171 **11.21:** Cf. 4.22, 4.24, 5.5, 12.20, 17.13; see also Cheng, pp. 786–787; Zhu Xi, p. 128.
171 **11.22:** Cf. 3.6, 5.7, 6.4, 6.12, 7.11, 11.17; see also Chin, pp. 77–83.
172 **11.23:** Cf. 7.11, 9.5; see aso Liu, p. 250.
173 **11.24:** Cheng, p. 792; Liu, pp. 250–251.
174 **11.25:** Cf. 5.5, 6.9, 11.18.
175 **11.26:** Chin, pp. 139–140; Wang Yangming, *Wang Yangming quanshu*, 1:12.

BOOK TWELVE

178 **12.1: "If for one day . . .":** Qian, p. 303; Cheng, pp. 817–821. **"It is up to the self . . .":** Cf. 17.11; see also Chin, pp. 167–168.
179 **12.2:** Chin, pp. 168–169.
180 **12.3:** Cf. 7.23; see also *Mencius*, 5A:8; Liu, pp. 263–264; *Zuozhuan*, Duke Ding, 10th year (p. 1582), and Duke Ai, 14th year (pp. 1686–1688); Chin, pp. 100–101.

181 **12.4:** Liu, p. 264; Qian, p. 307.
181 **12.5:** *Zuozhuan*, Duke Ai, 14th year (ed. Yang, pp. 1687–1688); Liu, pp. 264–265.
182 **12.6:** Lu Longqi, *Songyang jiangyi*, quoted in Cheng, p. 835.
182 **12.7:** Liu, pp. 266–267; Qian, pp. 310–311.
183 **12.8:** Chin, pp. 70–71.
184 **12.9:** Liu, pp. 268–270; *Xunzi jijie*, chapter 10, pp. 194–195; *Gongyangzhuan*, Duke Xuan, 15th year (SPPY), 16:8a–b; *Guliangzhuan*, Duke Xuan, 15th year (SPPY), 12:15a; *Zuozhuan*, Duke Xuan, 15th year, (ed. Yang, p. 766); cf. *Mencus*, 3A:3.
185 **12.10:** Cheng, pp. 853–855; Waley's translation, *Book of Songs*, p. 161.
186 **12.11:** Cf. 14.21, 16.12; Liu, pp. 271–272; *Zuozhuan*, Duke Zhao, 25th and 26th years; Duke Ai, 5th and 14th years.
187 **12.12:** Liu, pp. 272–273; Qian, pp. 315–316.
188 **12.13:** Cf. 2:3; see also Liu, p. 273.
188 **12.14:** Liu, p. 274; Cheng, p. 268.
189 **12.16:** *Dadai Liji*, chapter 49, *Zengzilishi* ("Master Zeng's Teachings"), p. 432.
189 **12.17:** Cf. 2.20, 12.18, 12.19, 13.13.
190 **12.18:** Cf. 12.19.
190 **12.19:** Liu, pp. 275–276; Qian, pp. 319–320.
191 **12.20:** Cf. 17.3; see also Liu, pp. 276–277.
192 **12.21:** The second sentence in Confucius' response: cf. 4.3, 12.6, 12.10; reason for this conversation: cf. 12.10; Liu, p. 277; Lau translation of *Analects*, p. 116; *Gongyangzhuan*, Duke Zhao, 25th year (SPPY), 24:4a; Qian, pp. 322–323.
193 **12.22:** Cf. 6.22; see also Liu, pp. 278–279; Qian, pp. 324–325.
195 **12.24:** Qian, p. 326.

BOOK THIRTEEN

196 **13.1:** Liu, pp. 279–280; *DaDai Liji*, chapter 65, *Zhangzi wen ruguan* ("Master Zhang Asked About How to Enter Government Service"), p. 802.
196 **13.2:** Liu, p. 280; *Lüshi chunqiu*, 17:198; *I Ching*, Lynn's translation, p. 206.
197 **13.3:** Liu, pp. 283–284; *Xunzi jijie*, chapter 22, p. 422.
198 **13.4:** Liu, pp. 284–285; *Mencius*, 3A:4 (slightly revised from Lau's translation, pp. 59–60).
199 **13.5:** Cf. 2.2, 3.20; see also *Zuozhuan*, Duke Xiang, 29th year (ed. Yang, pp. 1161–1166); and see David Schaberg's

discussion of Prince Jizha's performance in *A Patterned Past*, pp. 85–95.

200 **13.6:** Liu, p. 286; Qian, pp. 332–333; *Xunzi*, chapters 3 and 22.

200 **13.7:** Cf. 14.18, 15.7; see also Liu, p. 286; *Zuozhuan*, Duke Ai, 14th year (ed. Yang, pp. 1685–1686); Chin, pp. 87–89.

201 **13.8:** Cf. 3.4; 11.8, 11.11; see also Liu, pp. 286–287; *Zuozhuan*, Duke Xiang, 29th year (ed. Yang, p. 1166).

202 **13.9:** Liu, p. 287; *Mencius*, 1A:7 (revised from D. C. Lau's translation, p. 13); *Xunzijijie*, *Dalue* ("Great Compendium"), pp. 498–499.

203 **13.10:** Liu, pp. 287–288.

203 **13.11:** Liu, p. 288.

204 **13.12:** Liu, pp. 288–289; Cheng, p. 911.

204 **13.14:** Cf. 3.6, 6.12, 11.17; see also Liu, p. 289; Cheng, pp. 913–914; *Zuozhuan*, Duke Ai, 11th and 12th years (ed. Yang, p. 1658).

206 **13.15:** Liu, p. 290; *Shijing*, *zhuxi*, *Daming*, pp. 452–453 (Waley's translation in *Book of Songs*, p. 229); Sun Xingyan, *Shangshu jinguwen zhushu*, *Junshi*, p. 448; *Hanshi waizhuan*, 10:4 (3a–b) (see Hightower's translation, *Han Shih Wai Chuan*, pp. 321–322); *Guoyu*, *Wuyu*, vol. 2, p. 602.

207 **13.16:** Chin, p. 110; *Zuozhuan*, Duke Ai, 2nd and 4th years for the history of She (Fuhan) (ed. Yang, pp. 1618, 1625–1627); *Zuochuan*, Duke Ai, 16th year (ed. Yang, pp. 1700–1704) for Governor She's role in the court politics of Chu; see also Qian Mu's discussion of the history of She in his *Kongzi zhuan* (*Life of Confucius)*, pp. 54–55, and in his *Xianqin zhuzi xinian*, pp. 55–56.

208 **13.17:** *Xunzi jijie*, chapter 14, p. 174 (quoted in Liu, p. 291); *Lüshi chunqiu*, 15:164–165 (partly quoted in Liu, p. 291).

209 **13.18:** Zhu Xi, p. 146; Cheng Yaotian, *Shugong*, in *Lunxue xiaoji* ("Informal notes on the topic of learning"), found in his collected works, *Tongyi lu* (On understanding the art of things) (partly quoted in Liu, p. 292); Chin, pp. 110–112.

210 **13.19:** Cf. 12.14, 15.6, 17.6; see also Qian, p. 342.

210 **13.20:** Liu, pp. 293–294; Qian, pp. 343–344.

211 **13.21:** *Mencius*, 7B:37.

212 **13.22:** Liu, pp. 295–296; Cheng, pp. 932–935; *Yijing*, hexagram 32, *heng*; *Shijing*, Ode 195; *Liji xunzuan*, *Ziyi*, pp. 815–816; *Guodian chumu zhujian* (Guodian bamboo texts from a Chu tomb), *Ziyi*, p. 131.

213 **13.23:** Liu, pp. 296–297; *Zuozhuan*, Duke Zhao, 20th year (ed. Yang, pp. 1419–1420).

214 **13.24:** Cf. 12.20, 15.28; 17.18.

214 13.25: Cf. 18.10.
215 13.26: Cf. 13.20; see also Liu, p. 298; Qian Mu, *Zhuangzi zuanjian*, chapter 17, p. 130.
215 13.27: Cf. 4.22, 4.24, 5.5, 5.11, 8.7, 10.1; see also Liu, p. 298.
216 13.28: Liu, pp. 298–299; *Mencius*, 4B:30 (slightly revised from Lau's translation, p. 96); see also *Mencius* 4A:18, 5A:1, 5A:2, 5A:3.
216 13.29: Liu, p. 299; Qian, p. 350; Zhu Xi, *Lunyu jizhu, Sishu zhangju jizhu*, p. 148; Zheng Xuan, *Lunyu zhengshi zhu jishu, Tangchaoben* (Tang manuscript), p. 347.

BOOK FOURTEEN

218 14.1: Cheng, pp. 946–950; Liu, p. 300.
219 14.2: Liu, p. 300.
220 14.3: *Zhuangzi, Renjianshi* ("In the World of Men") (revised from Watson's translation, p. 55); Liu, p. 301.
220 14.4: Liu, p. 301; *Xunzi jijie*, chapter 5, p. 83, and chapter 23, p. 447 (quoted in Liu, p. 301).
221 14.5: Liu, pp. 301–304; Cheng, pp. 952–957; *Zuozhuan*, Duke Xiang, 4th year, and Duke Ai, 1st year (ed. Yang, pp. 936–938, 1605–1606).
222 14.6: Cf. 8.7, 14.1; see also Liu, p. 303.
222 14.7: Liu, pp. 303–304.
223 14.8: Liu, pp. 304–305; *Zuozhuan*, Duke Xiang, 31st year (ed. Yang, p. 1191).
223 14.9: Liu, pp. 305–306; Cheng, pp. 962–963; cf. *Zuozhuan*, Duke Xiang, 30th and 31st years, and Duke Zhao, 20th year (ed. Yang, pp. 1180–1181, 1192, 1421–1422); *Mencius*, 4B:2, 2A:1; Chin, p. 15, pp. 56–57.
224 14.10: Liu, pp. 306–307.
225 14.11: Liu, p. 307.
225 14.12: A different reading: Liu, pp. 307–308; Cheng, pp. 969–975. The four men: Sima Qian, *Shiji*, 70:2302; *Hanshi waizhuan*, 10:13 (9b–10a) (see Hightower's translation, pp. 334–335); *Zuozhuan*, Duke Xiang, 23rd year (ed. Yang, pp. 1082–1085).
226 14.13: Liu, pp. 308–309; *Liji yijie, Tangong*, p. 134.
227 14.14: *Zuozhuan*, Duke Xiang, 23rd year (ed. Yang, pp. 1082–1084).
228 14.15: Liu, pp. 309–310.
229 14.16: Liu, pp. 311–313; *Zuozhuan*, Duke Huan, 18th year (ed.

Yang, pp. 152–153), and Zhuang, 8th and 9th years (ed. Yang, pp. 176–180); *Cambridge History of Ancient China*, pp. 553–557.

230 **14.17:** Liu, pp. 314–316; Qian, pp. 367–369; *Guanzi* (*Master Guan*), chapters 18 and 20; *Cambridge History of Ancient China*, pp. 553–557.

231 **14.18:** Liu, p. 316; Chin, p. 89.

232 **14.20:** Liu, p. 317.

232 **14.21:** Liu, pp. 317–318; *Zuozhuan*, Duke Ai, 14th year (ed. Yang, pp. 1682–1686, 1689); Chin, pp. 128–129.

234 **14.22:** Liu, p. 318.

234 **14.23:** Liu, p. 318.

234 **14.24:** *Xunzi jijie*, pp. 12–13 (revised from Watson's translation, p. 21), quoted in Liu, pp. 318–319.

235 **14.25:** Liu, p. 319; Qian, pp. 374–375; *Zhuangzi*, *Zeyang* (Watson's translation, p. 288); Chin, pp. 92–93.

236 **14.28:** Qian, p. 377.

237 **14.29:** Cf 5.9, 11.16, 11.19; see also Liu, p. 320; Qian, pp. 377–378.

237 **14.30:** Cf. 1.1, 14.24.

238 **14.32:** Cf. 14.2; see also Liu, pp. 320–321; Qian, pp. 379–380.

238 **14.33:** Liu, p. 321.

239 **14.34:** Liu, p. 321; *Liji xunzuan*, *Biaoji*, pp. 783–784; Wu Jiabin, *Lunyushuo* (quoted in Liu, p. 321).

239 **14.35:** Cf. 14.23, 17.19; see also Qian, pp. 382–383; *Xunzi jijie*, chapter 3, p. 28.

240 **14.36:** Liu, pp. 322–324.

241 **14.37:** Cf. 18.8; see also Liu, p. 324.

242 **14.39:** Cf. 14.37, 14.38, 18.5, 18.6, 18.7, 18.8; see also Liu, pp. 325–326; Chin, pp. 117–118.

243 **14.40:** On the three-year mourning period: Liu, pp. 326–329; *Liji xunzuan*, *Sannianwen* ("Questions About the Three-Year Mourning"), pp. 842–843, and chapter 22, *Sangdaji* ("The Greater Record of Mourning Rites") (revised from Legge's translation, p. 191); Sun Xingyan, *Shangshu jinguwen zhushu*, *Wuyi* ("Against Luxurious Ease"), pp. 435–438; on Gaozong and Fuyue: *Guoyu*, *Chu Yu*, p. 554; Sima Qian, *Shiji*, *Yin benji*, 3:103; *Qinghua zhujian*, *Yueming*, vol. 3, pp. 121–131.

244 **14.41:** Cf. 2.1, 12.17, 13.3, 14.40.

244 **14.42:** Liu, p. 329; Qian, pp. 391–392; *Liji xunzuan*, chapter 31, *Zhongyong*, p. 780.

245 **14.43:** Liu, pp. 329–330; Qian, pp. 392–393.

246 **14.44:** Liu, p. 330.

BOOK FIFTEEN

247 15.1: Cf. 3.13, 6.28, 12.17, 13.29, 13.30; see also Liu, p. 331; Chin, p. 96, 99–100.

247 15.2: Cf. 14.36; see also *Xunzi jijie*, chapter 28, *Youzuo*, pp. 345–346; Qian Mu, *Zhuangzi zuanjian*, chapter 20, *Shanmu*, pp. 159–160; Sima Qian, *Shiji*, 47:1930–1932; Chin, pp. 105–109.

248 15.3: Cf 2.2; see also Liu, pp. 333–334; Qian, pp. 397–398.

249 15.4: Qian, pp. 398–399.

249 15.5: Qian, pp. 399–400; *Laozi*, chapter three; *Xunzi jijie*, chapter 21, p. 400.

250 15.7: Liu, pp. 335–336; *Hanshi waizhuan*, 7:21; *Zuozhuan*, Duke Xiang, 14th and 26th years (ed. Yang, pp. 1012, 1112) (both quoted in Liu).

251 15.8: Liu, pp. 336–337; Qian, p. 402; Xu Gan, *Balanced Discourses* (*Zhonglun*), chapter 6, *Guiyan* ("Valuing Words") (John Makeham's translation, pp. 72–77).

252 15.9: Liu, p. 336; Qian, pp. 402–403; *Mengzi zhengyi*, pp. 783–784; Annping Chin, "*Shigui huoshi wanggui: Mengzi yu Qi Xuan Wang de duihua*" (Is a *shi* nobler than a king: conversations between Mencius and King Xuan of Qi), *Mengzi sixiang de dangdai jiazhi guoji xueshu taolunhui* (International Conference on the Thought of Mencius), conference volume, 2006, pp. 445–449 (the essay's Chinese translation is in Zhongguo ruxue 2 (2006), pp. 67–78).

253 15.11: Cf. 3.25, 7.14, 17.18; see also Liu, pp. 337–340; Qian, pp. 404–406; *Cambridge History of Ancient China*, pp. 19–20; Chin, *Authentic Confucius*, pp. 149–151.

254 15.12: Qian, p. 406.

255 15.14: Cf. 18.2, 18.8; see also Qian, p. 407, Cheng, pp. 1094–1097.

255 15.15: Liu, pp. 340–341; Dong, *Chunqiu fanlu yizheng*, *Renyifa*, pp. 255–256; *Lüshi chunqiu*, 19:252.

256 15.16: Liu, p. 341.

257 15.20: Liu, p. 342;, Sima Qian, "Biography of Po Yi and Shu Qi," in *An Anthology of Chinese Literature*, trans. and ed. Stephen Owen, p. 144.

258 15.21: Cheng, pp. 1103–1104.

258 15.22: Cf. 4.10; see also Liu, p. 343.

259 15.23: Liu, p. 343.

259 15.24: Cf. 5.12.

260 15.25: Qian, pp. 413–414.

260 **15.26:** Liu, pp. 344–345; Ban Gu, *Hanshu*, *Yiwenzhi*, p. 1721 (quoted in Liu); Chin, p. 3.
261 **15.27:** Cf. 4.3, 7.8, 7.11; see also Liu, p. 345; Cheng, pp. 415–416; Zhu Xi, *Lunyu jizhu*, *Sishu zhangju jizhu*, p. 167.
261 **15.29:** Liu, pp. 345–346; *Liji xunzuan*, chapter 31, *Zhongyong* ("Doctrine of the Mean"), p. 778; Ban Gu, *Hanshu*, 56 *juan*, biography of Dong Zhongshu, pp. 2499–2500 (passages from the *Zhongyong* and the *Hanshu* are quoted in Liu).
262 **15.30:** Cf. 6.3; see also Liu, p. 346.
262 **15.32:** Liu, p. 346.
263 **15.33:** Qian, pp. 419–420.
264 **15.34:** Liu, p. 347; Zhu Xi, *Lunyu jizhu*, *Sishu zhangju jizhu*, p. 168.
264 **15.35:** Liu, p. 348; Cheng, pp. 1123–1124; *Mencius*, 7A:23.
265 **15.36:** Liu, p. 348; Dong, *Chunqiu fanlu yizheng*, *Zhulin* ("Bamboo Forest"), pp. 51–55; *Gongyangzhuan*, Duke Xuan, 15th year; Chin, pp. 145–146.
266 **15.37:** Liu, p. 348; Qian, p. 422; *Mencius*, 7A:26 (quoted in Liu).
266 **15.38:** Cf. 15.32; see also Liu, p. 348; Qian, p. 423; *Liji xunzuan*, *Biaoji*, p. 797.
266 **15.39:** Liu, pp. 348–349; Qian, p. 423; Cheng, p. 1126; Slingerland, trans., *Confucius Analects*, p. 189.
267 **15.40:** Liu, p. 349; *Mencius*, 5B:1.
268 **15.41:** Liu, p. 349.
268 **15.42:** Liu, p. 349; Chin, pp. 142–143.

BOOK SIXTEEN

269 **16.1:** Liu, pp. 350–354; Cheng, pp. 1130–1141; Qian, pp. 426–429; *Zuozhuan*, Duke Xi, 21st year (ed. Yang, pp. 391–392); Zhu Xi, *Lunyu jizhu*, *Sishu zhangju jizh*, pp. 169–171.
271 **16.2:** Liu, pp. 354–356; Chin, pp. 41–42.
273 **16.3:** Cf. 17.1, 17.5; see also Liu, pp. 353–354; *Zuozhuan*, Duke Wen, 18th year, and Duke Zhao, 32nd year (ed. Yang, pp. 631–633, 1519–1520.
273 **16.4:** Cf. 5.25; see also Liu, pp. 357–358.
274 **16.6:** Liu, p. 359; Qian, p. 433; *Xunzi jijie*, chapter 1, *Quanxue* ("Encouraging Learning"), pp. 17–18.
275 **16.7:** *Mencius*, 2A:2 (see Lau's translation, pp. 32–33); *Xunzi*, chapters 21, 22, 23 (see Watson's translation, pp. 121–171).
275 **16.8:** Liu, pp. 359–360.
276 **16.9:** Cf. 15.39, 17.2.

276 **16.10:** Liu, p. 361; *Mencius*, 6A:15.
277 **16.11:** Cf. 9.21, 11.7, 11.19; see also Qian, pp. 437–438.
277 **16.12:** Cf. 5.23, 7.15, 12.11, 18.3; see also Liu, pp. 362–363; Qian, pp. 438–439; Zhu Xi, *Lunyu jizhu, Sishu zhangju jizh*, p. 136.
278 **16.13:** Cf. 17.9, 17.10; see also Liu, pp. 364–365.
279 **16.14:** Cheng, pp. 1170–1173; Qian, p. 441.

BOOK SEVENTEEN

280 **17.1:** *Zuozhuan*, Duke Ding, 8th year (ed. Yang, pp. 1563, 1568–1570); Chin, pp. 32–35.
281 **17.2:** Cf. 15.39, 16.9; see also Qian, p. 444; Cheng, pp. 1177–1184.
281 **17.3:** Cf. 16.9; see also Liu, p. 368.
282 **17.4:** Liu, p. 369.
283 **17.5:** Cf. 17.1, 17.7; see also *Zuozhuan*, Duke Ding, 12th year (ed. Yang, pp. 1585–1587); Chin, pp. 29–36.
284 **17.6:** Liu, p. 371; Qian, pp. 447–448.
284 **17.7:** Liu, pp. 371–373; *Zuozhuan*, Duke Ding, 13th year, and Duke Ai, 3rd and 5th years (ed. Yang, pp. 1589–1591, 1622–1623, 1630).
285 **17.8:** Liu, pp. 373–374; *Xunzi jijie*, chapter 21, *Jiebi*, pp. 386–410 (Watson's translation, "Dispelling Obsessions," pp. 120–138).
286 **17.9:** Liu, pp. 374–375.
287 **17.10:** Liu, p. 375.
288 **17.11:** Liu, pp. 375–376.
288 **17.13:** *Mencius*, 7B:37; Chin, pp. 154–155.
289 **17.14:** Liu, p. 377; *Xunzi jijie*, chapter 1, *Quanxue*, pp. 12–13 and p. 509.
291 **17.17:** Liu, pp. 377–378.
291 **17.18:** Liu, p. 379.
291 **17.19:** Liu, pp. 379–380; *Xunzi jijie*, *Tianlun* ("A Discussion of Heaven") (slightly revised from Watson's translation, p. 80), and *Bugou* ("Nothing Indecorous"), p. 28.
292 **17.20:** Qian, pp. 458–459.
292 **17.21:** Cf. 14.40; see also Chin, p. 67.
294 **17.22:** Cf. 15.17; see also Liu, pp. 383–384; Qian, pp. 461–462.
294 **17.23:** Liu, p. 384; *Liji jijie*, chapter 48, p. 947; *Xunzi jijie*, chapter 4, *Ronru* ("Of Honor and Disgrace"), p. 56, quoted in Liu).
295 **17.24:** Liu, pp. 384–386.
295 **17.25:** Qian, p. 646; Chin, pp. 96–99.
296 **17.26:** Cheng, pp. 1245–1246.

BOOK EIGHTEEN

297 **18.1:** Liu, pp. 386–388; Xu Gan, *Balanced Discourses* (*Zhonglun*) (John Makeham's translation, p. 117), also quoted in Liu.
299 **18.2:** Cf. 18.8; *Mencius*, 2A:9 (slightly revised from Lau's translation, p. 40).
299 **18.3:** Liu, pp. 388–389; *Mencius*, 5B:1 (see Lau's translation, pp. 111–113).
300 **18.4:** Chin, pp. 26–32, 39–40; *Mencius*, 6B:6; Sima Qian, *Shiji*, 47:1918; *Zuozhuan*, Duke Ding, 12th year (ed. Yang, pp. 1585–1587).
301 **18.5:** Liu, pp. 390–391; Chin, pp. 113–114; Qian Mu, *Zhuangzi zuanjian*, *Renjianshi* ("In the World of Men"), p. 38.
302 **18.6:** Liu, pp. 391–393.
304 **18.7:** Liu, pp. 393–395; Qian, pp. 473–475; Chin, pp. 115–116.
305 **18.8:** Cf. 5.23, 7.15, 16.12, 18.2; see also Liu, pp. 395–397; Qian, pp. 475–477; *Liji xunzuan*, *Zaji* ("Miscellaneous Records"), p. 634; Chin, pp. 116–117.
307 **18.9:** Liu, pp. 397–399; Chin, pp. 140–141.
307 **18.10:** Chin, p. 48.
308 **18.11:** Qian, pp. 479–480.

BOOK NINETEEN

309 **19.1:** Cf. 12.6, 12.10; see also Qian, p. 481.
310 **19.3:** Cf. 17.6, 19.4, 19.7, 19.12, 20.2; see also Liu, pp. 401–402.
311 **19.4:** Liu, p. 402; Qian, pp. 483–484.
311 **19.5:** Liu, p. 402.
312 **19.8:** Cf. 19.21; *Mencius*, 2B:9 (quoted in Liu, p. 403).
313 **19.9:** Qian, pp. 486–487.
313 **19.10:** Cheng, pp. 1315–1316.
313 **19.11:** Cf. 5.16, 14.8, 14.9; sèe also Liu, p. 404; *Book of Documents*, *Jiugao* ("The Announcement About Drunkenness"), in Sun Xingyan, *Shangshu jinguwen zhushu*, p. 376; Dong, *Chunqiu fanlu yizheng*, *Yuying*, pp. 79–80.
314 **19.12:** Cf. 9.7; see also Qian, pp. 488–490; Liu, pp. 404–405; Cheng, pp. 1319–1324.
315 **19.13:** Cf. 9.6, 9.7, 18.6, 18.7.
316 **19.14:** Cf. 11.8–11.11; see also Cheng, pp. 1325–1326; Qian, p. 491.
316 **19.16:** Cf. 2.18, 12.10, 12.20; see also Liu, p. 406.
316 **19.17:** Cf. 2.5; see also *Mencius*, 3A:2; Cheng, p. 1329.

317 **19.18:** Cf. 2.5; see also Qian, pp. 493–494.
317 **19.19:** Cf. 2.3, 12.17–12.19, 13.11, 13.12; see also Cheng, pp. 1330–1332.
318 **19.20:** Cf. 18.1; see also Liu, pp. 407–408; *Liezi* (slightly revised from A. C. Graham's translation in *The Book of Lieh-tzu*, pp. 150, 151).
319 **19.22:** Liu, p. 408.
319 **19.23:** Liu, pp. 408–409.
320 **19.24:** Liu, p. 410; Qian, pp. 498–499.
321 **19.25:** Chin, pp. 187–188.

BOOK TWENTY

322 **20.1A:** *Shanghsu, Yaodian; Baoxun* ("Treasured Instructions"), in the *Qinghua daxue cang zhanguo zhujian* (Tsinghua University Collection of the Warring States Bamboo Texts), Vol. 1B: 142–148; Liu, pp. 411–414; Qian, pp. 503–508.
324 **20.1B:** Liu, pp. 414–417.
325 **20.2:** Cf. 7.15, 7.38, 13.26, 19.10; see also Cheng, pp. 1370–1374; Qian, pp. 509–511.
326 **20.3:** *Mencius*, 2A:2 (Lau's translation, p. 33), and 7A:2 (Lau's translation, p. 145); Qian, pp. 511–512.

Bibliography

MAJOR COMMENTARIES CONSULTED

Liu Baonan was my guide from beginning to end. Cheng Shude gathered more materials and introduced more disparate interpretations in his four-volume edition, though much of his work was built on that of Liu Baonan. Qian Mu, being versed in the scholarship of the past, brought freshness—and often a surprising point of view—to the discussion.

Liu Baonan (劉寶楠). *Lunyu zhengyi* (論語正義) (Collected commentaries on the *Analects*). In *Xinbian zhuzi jicheng* (新編諸子集成) (New edition of the works of the early philosophers). Vol. 1. Taipei: Shijie shuju, 1974.

Cheng Shude (程樹德). *Lunyu jishi* (論語集釋) (Collected glosses on the *Analects*). 4 vols. Beijing: Zhonghua shuju, 1990.

Qian Mu (錢穆). *Lunyu xinjie* (論語新解) (New explication of the *Analects*). Beijing: Sanlian Shudian, 2002.

OTHER SOURCES

Ames, Roger, and Henry Rosemont, Jr., trans. *The Analects of Confucius: A Philosophical Translation*. New York: Ballantine Books, 1998.

Ban Gu (班固). *Hanshu* (漢書) (History of the former Han). Vol. 6. Beijing: Zhonghua shuju, 1962.

Beijing daxue cang Xi Han zhushu (The Peking University Collection of the Western Han Bamboo Manuscripts). Vol. 1, edited by Han Wei. Shanghai: Shanghai Guji shubanshe, 2012.

Brooks, E. Bruce, and A. Taeko Brooks, trans. and comm. *The*

Original Analects: Sayings of Confucius and His Successors. New York: Columbia University Press, 1998.

The Cambridge History of Ancient China: From the Origins of Civilization to 221 B.C. Edited by Michael Loewe and Edward L. Shaughnessy. Cambridge: Cambridge University Press, 1999.

Cheng Yaotian (程瑤田). *Tongyi lu* (通藝錄) (On understanding the art of things). Yangzhou: *Jiangsu guangling guji*, 1991.

Chin, Annping. *The Authentic Confucius: A Life of Thought and Politics*. New York: Scribner, 2007.

Chuci duben (楚辭讀本) *(Songs of Chu)*. Annotated by Fu Xiren 傅錫壬. Taipei: Sanmin shuju, 1976.

Chunqiu Gongyangzhuan zhushu (春秋公羊傳注疏) (The Gongyang commentary on the *Spring and Autumn Annals*). Annotated by He Xiu (何休). Sibu beiyao (四部備要) (SPPY) edition. Shanghai: Zhonghua paiyin ben, 1933.

Chunqiu Guliangzhuan (春秋穀梁傳) (The Guliang commentary on the *Spring and Autumn Annals*). Annotated by Fan Ning (范甯). Sibu beiyao (四部備要) (SPPY) edition. Shanghai: Zhonghua shuju, 1930.

Chunqiu Zuozhuan zhu (春秋左傳注) (The *Spring and Autumn Annals* with the *Zuo Commentary*), 4 vols. Edited by Yang Bojun (楊伯峻). Beijing: Zhonghua shuju, 1990.

Creel, Herrlee. *Confucius and the Chinese Way*. New York: Harper & Row, 1960.

DaDai Liji huijiao jijie (大戴戴禮記匯校集解) (Collected commentaries on the *Elder Dai's Book of Rites*). Edited by Fang Xiangdong. Beijing: Zhonghua shuju, 2008.

Dai Zhen (戴震). *Mengzi ziyi shuzheng* (孟子字義疏證) (An evidential study of the meaning of terms in the *Mencius*). Taipei: Guangwen shuju, 1978.

Dawson, Raymond, trans. *The Analects*. Oxford: Oxford University Press, 1993.

Dingzhou Han mu zhujian Lunyu (定州漢墓竹簡論語) (The bamboo-strip *Analects* manuscript from the Han tomb at Dingzhou). Edited by the Hebei wenwu yanjiusuo. Beijing: Wenwu chubanshe, 1997.

Dong Zhongshu (董仲舒). *Chunqiu fanlu yizheng* (春秋繁露義證) (Luxuriant gems of the *Spring and Autumn Annals* with annotations), edited by Su Yu (蘇輿). Beijing: Zhonghua shuju, 2002.

Eno, Robert. "The Background of the Kong Family of Lu and the Origins of Ruism." *Early China* 28 (2003): 1–41.

Falkenhausen, Lothar von. *Chinese Society in the Age of Confucius (1000–250 B.C.)*. Los Angeles: Cotsen Institute of Archaeology, UCLA, 2006.

Fingarette, Herbert. *Confucius—the Secular as Sacred*. New York: Harper & Row, 1972.

Gao Shiqi (高士奇). *Zuozhuan jishi benmo* (左傳紀事本末) (The ins and outs of the events recorded in the *Zuo Commentary*). 3 vols. Beijing: Zhonghua shuju, 1979.

Graham, A. C., trans. *The Book of Lieh-tzu*. New York: Columbia University Press, 1990.

———. *Disputers of the Tao*. La Salle: Open Court, 1989.

Gu Derong (顧德融) and Zhu Shunlong (朱順龍). *Chunqiu shi* (春秋史) (History of the Spring and Autumn period). Shanghai: Renmin chubanshe, 2001.

Guanzi (管子). Edited by Dai Wang (戴望). Vol. 5 of *Xinbian zhuzi jicheng* (新編諸子集成) (New edition of the works of the early philosophers). Taipei: Shijie shuju, 1974.

Guodian chumu zhujian (郭店楚墓竹簡) (The Guodian bamboo texts from a Chu tomb). Edited by Jingmen Bowuguan (荊門博物館). Beijing: Wenwu chubanshe, 1998.

Guoyu (國語) (Sayings of the states). 2 vols. Shanghai: Guji chubanshe, 1978.

Hanfeiizi jijie (韓非子) (Collected commentaries on *Hanfeizi*). Edited by Wang Xianshen (王先慎). Vol. 5 of *Xinbian zhuzi jicheng* (新編諸子集成) (New edition of the works of the early philosophers). Taipei: Shijie shuju, 1974.

Hanshi waizhuan (韓詩外傳) (The outer chapters of Han Ying's commentary on the *Book of Poetry*). In *Jifu congshu* (畿輔叢書), 94:6–8. Taipei: Yiwen yinshuguan, 1966.

Hightower, James. *Han Shih Wai Chuan: Han's Ying's Illustration of the Didactic Application of the* Classic of Songs. Cambridge: Harvard University Press, 1952.

Hsu, Cho-yun. *Ancient China in Transition: An Analysis of Social Mobility, 722–222 B.C.* Stanford: Stanford University Press, 1965.

Huang, Chichung, trans. *The Analects of Confucius*. New York and Oxford: Oxford University Press, 1997.

I Ching. *The Classic of Changes: A New Translation of the* I Ching *as Interpreted by Wang Bi*. Translated by Richard John Lynn. New York: Columbia University Press, 1994.

Knoblock, John, trans. *Xunzi: A Translation and Study of the Complete Works*. 3 vols. Stanford: Stanford University Press, 1988–1994.

Kongzi jiayu (孔子家語) (Recorded conversations from the private collections of the Kong family). Commentary by Wang Su (王肅). Vol. 2 of *Xinbian zhuzi jicheng* (新編諸子集成) (New edition of the works of the early philosophers). Taipei: Shijie shuju, 1974.

Laozi Daodejing (老子道德經). Vol. 3 of *Xinbian zhuzi jicheng* (新編諸子集成) (New edition of the works of the early philosophers). Taipei: Shijie shuju, 1974.

Lau, D. C., trans. *The Analects (Lun yü) / Confucius*. Harmondsworth: Penguin Books, 1979.

———, trans. *Lao Tzu, Tao Te Ching*. Harmondsworth: Penguin Books, 1963.

———, trans. *Mencius*. Harmondsworth: Penguin Books, 1970.

Legge, James, trans. *The Chinese Classics. Vol. 1, Confucian Analects; The Great Learning; The Doctrine of the Mean. Vol. 2, The Works of Mencius. Vol. 3, The Shoo King (Shujing)*. Oxford: Clarendon Press, 1893–1895. Reprint. Hong Kong: Hong Kong University Press, 1960.

———, trans. *Li Chi (Liji): The Book of Rites*. 2 vols. Oxford: Clarendon Press, 1885.

Leys, Simon, trans. *The Analects of Confucius*. New York: W. W. Norton, 1997.

Li, Feng. "'Feudalism' and Western Zhou China: A Criticism." *Harvard Journal of Asiatic Studies* 63, no. 1 (June 2003): 115–144.

———. *Landscape and Power in Early China: The Crisis and Fall of the Western Zhou, 1045–771 B.C.* Cambridge, MA: Cambridge University Press, 2006.

Li, Wai-yee. *The Readability of the Past in Early Chinese Historiography*. Cambridge, MA: Harvard University Asia Center, 2007.

Liji shijie (禮記釋解) (The *Book of Rites* with modern Chinese explication). Edited by Wang Wenjin (王文錦). 2 vols. Beijing: Zhonghua shuju, 2001.

Liji xunzuan (禮記訓纂) (Collected commentaries on the *Book of Rites*). Edited by Zhu Bin (朱彬). 2 vols. Beijing: Zhonghua Shuju, 1998.

Liji Zheng zhu (禮記鄭注) (The *Book of Rites* with Zheng Xuan's commentary). Edited, with commentary, by Zheng Xuan (鄭玄). Sibu beiyao (SPPY) edition. Shanghai: Zhonghua shuju, 1936.

Liu Xiang (劉向). *Shuoyuan jiaozheng* (說苑校證) (The *World of Stories* with annotations). Collated by Xiang Zonglu (向宗魯). Beijing: Zhonghua shuju, 1987.

Lü Simian (呂思勉). *Xianqin shi* (先秦史) (History before the Qin dynasty). Hong Kong: Taiping shuju, 1962.

Lunyu Zhengshi zhu jishu (論語鄭氏注輯述) (The *Analects* with Zheng Xuan's commentary based on the excavated manuscript from the Tang). Edited and annotated by Cheng Ching-jo, Taipei, Xuehai Chubanshe, 1981.

Lüshi Chunqiu xinjiaozheng (吕氏春秋) (Newly edited commentary on *Mr. Lü's Spring and Autumn Annals*). Collated by Bi Yuan (畢沅), with commentary by Gao You (高誘). Vol. 6 of *Xinbian zhuzi jicheng* (新編諸子集成) (New edition of the works of the early philosophers). Taipei: Shijie shuju, 1974.

Makeham, John. *Transmitters and Creators: Chinese Commentators and Commentaries on the* Analects. Cambridge, MA: Harvard University Asia Center, 2004.

Mengzi zhengyi (孟子正義) (Collected commentaries on the *Mencius*). Edited, with commentary, by Jiao Xun (焦循). Vol. 1 of *Xinbian zhuzi jicheng* (新編諸子集成) (New edition of the works of the early philosophers). Taipei: Shijie shuju, 1974.

Nivison, David. *The Life and Thought of Chang Hsüeh-ch'eng (Zhang Xuecheng)*. Stanford: Stanford University Press, 1966.

Owen, Stephen, trans. and ed. *An Anthology of Chinese Literature: Beginnings to 1911*. New York: W. W. Norton, 1996.

Pines, Yuri. *Foundations of Confucian Thought: Intellectual Life in the Chunqiu Period, 722–453 B.C.E.* Honolulu: University of Hawaii Press, 2002.

Qian Mu. (錢穆). *Kongzi zhuan* (孔子傳) (Life of Confucius). Beijing: Sanlian shudian, 2002.

———. *Xianqin zhuzi xinian* (先秦諸子繫年) (A study of the dates of events in the lives of the pre-Qin philosophers). Beijing: Shangwu Yinshuguan, 2001.

———. *Zhuangzi zuanjian* (莊子纂箋) (Commentary on the *Zhuangzi*). Taipei: Dongda tushu, 1985.

Qinghua daxue cang zhanguo zhujian (清華大學藏戰國竹簡) (The Tsinghua University Collection of the Warring States Bamboo Texts). Vols. 1 and 3, edited by Li Xueqin (李學勤). Shanghai: Zhongxi shuju, 2010–2013.

Schaberg, David. *A Patterned Past: Form and Thought in Early Chinese Historiography*. Cambridge, MA: Harvard University Asia Center, 2001.

Schwartz, Benjamin. *The World of Thought in Ancient China*. Cambridge, MA: Belknap Press of Harvard University Press, 1985.

Shanghai bowuguan cang zhanguo Chu zhushu (上海博物館藏戰國楚竹書) (The Shanghai Museum Collection of the Warring States Chu Bamboo Manuscripts). Edited by Ma Chengyuan (馬承源). 9 vols. Shanghai: Shanghai guji chubanshe, 2001–.

Shaughnessy, Edward. *Before Confucius: Studies in the Creation of the Chinese Classics*. Albany: State University of New York Press, 1997.

———. *Rewriting Early Chinese Texts*. Albany: State University of New York Press, 2006.

Shijing zhuxi (詩經注析) (The *Book of Poetry* with annotations and analysis). Edited by Cheng Junying (程俊英) and Jiang Jianyuan (蔣見元). 2 vols. Beijing: Zhonghua shuju, 2005.

Shirakawa, Shizuka (白川靜). *Kōshi den* (孔子傳) (Life of Confucius). Tokyo: Chuō kōronsha, 1991.

Sima Qian (司馬遷), (*Shiji* 史記) (*Records of the Grand Historian* with collected annotations). 10 vols. Beijing: Zhonghua chubanshe, 1959.

Slingerland, Edward, trans. *Confucius Analects, with Selections from Traditional Commentaries*. Indianapolis: Hackett Publishing, 2003.

Sources of Chinese Tradition. Compiled by Wm. Theodore de Bary and Irene Bloom. 2nd ed. Vol. 1. New York: Columbia University Press, 1999.

Sun Xingyan (孫星衍). *Shangshu jinguwen zhushu* (尚書今古文注疏) (Commentary on the *Book of Documents*). Beijing: Zhonghua shuju, 1986.

Waley, Arthur, trans. *The Analects of Confucius*. London: Allen & Unwin, 1938. Reprint. New York: Random House, n.d.

———, trans. *The Book of* Songs. Edited, with additional translations, by Joseph Allen. New York: Grove Press, 1996.

Wang Chong (王充). *Lun heng* (論衡) (Disquisitions weighed in the balance). Vol. 7 of *Xinbian zhuzi jicheng* (新編諸子集成) (New edition of the works of the early philosophers). Taipei: Shijie shuju, 1974.

Wang Yangming (王陽明). *Wang Yangming quanshu* (王陽明全書) (Complete works of Wang Yangming). Vol.1. Taipei: Zhengzhong shuju, n.d.

Watson, Burton, trans. *The Analects of Confucius*. New York; Columbia University Press, 2007.

———, trans. *Basic Writings of Mo Tzu (Mozi), Hsün Tzu (Xunzi), and Han Fei Tzu (Hanfeizi)*. New York: Columbia University Press, 1967.

———, trans. *The Complete Works of Chuang Tzu (Zhuangzi)*. New York: Columbia University Press, 1968.

———, *Ssu-ma Ch'ien Grand Historian of China*. New York: Columbia University Press, 1958.

Xu Gan (徐幹). *Balanced Discourses* (*Zhonglun*), translated by John Makeham. New Haven: Yale University Press, 2002.

Xu Shen (許慎). *Shuowen jiezi* (說文解字) (Etymological dictionary), with annotations by Duan Yucai. Taipei: Shuming chuban gongsi, 1990.

Xunzi jijie (荀子集解) (Collected commentaries on the *Xunzi*). Edited by Wang Xianqian (王先謙). Vol. 2 of *Xinbian zhuzi jicheng* (新編諸子集成) (New edition of the works of the early philosophers). Taipei: Shijie shuju, 1974.

Zhang Taiyan (章太炎). *Guogu lunheng shuzheng* (國故論衡疏證). Beijing: Zhonghua shuju, 2008.

Zhang Xuecheng (章學誠). *Wenshi tongyi* (文史通義) (General principles of literature and history). Vol.1. Taipei: Guangwen shuju, 1967.

Zhu Xi (朱熹). *Sishu zhangju jizhu* (四書章句集注) (Commentaries on the Four Books). Beijing: Zhonghua shuju, 1986.

Zhuangzi jijie (莊子集釋) (Collected commentaries on the *Zhuangzi*). Edited by Wang Xianqian (王先謙). Vol. 3 of *Xinbian zhuzi jicheng* (新編諸子集成) (New edition of the works of the early philosophers). Taipei: Shijie shuju, 1974.

Zufferey, Nicholas. *To the Origins of Confucianism*. Bern: Peter Lang, 2003.